U0555237

• 文汇教程 · 新闻与传播实用实训系列
• 总策划 & 主审　白　宇

新闻采访实用实训教程

周胜林
吕继红　编著

文匯出版社

目　　录

第一章　记者工作的性质、任务和记者修养

第一节　记者工作的性质

一、新闻记者与新闻工作

新闻记者这个名词，是随着现代新闻事业的出现而出现的，至今大约有 400 多年了。这一专用名词有广义和狭义两种理解。

广义的新闻记者，泛指新闻工作者，也就是新闻从业人员。历史上，曾称之为“报人”。现在广播、电视等新闻媒体大大发展，“报人”的称呼已远远不能概括“新闻记者”这一名词概念了。当今的新闻从业人员，包括报社、通讯社、电台、电视台的外勤记者、内勤记者即编辑和通联工作人员、评论员，以至总编辑、社长、台长、主编、主笔等等，有一部分互联网的记者也包括在内，统称“新闻记者”。这在美国，称为 News Paperman；在英国，称为 Journalist。

狭义的新闻记者，是单指从事新闻采访和写作的专职人员，也就是跑外勤的新闻工作者。这种人的主要工作，就是每天外出采访新闻人物和采集新闻素材，写成报道或摄成图像，在报纸上发表，在电台、电视台和互联网上传播，为广大读者、听众、观众、网民服务。历史上，曾称他们为访员、访事、访事人。这种外勤记者是相对于在新闻单位从事编辑和通联等内勤工作人员而言的。在西方，称这种外勤记者为 Reporter（报导者）。我们这里所谈的记者，就是指这种狭义的新闻记者。

社会上对新闻记者的工作，往往有许多误解。这些误解来自两个方面，一方面，有不少人认为记者工作很“吃香”，在社会上活动得开、

“兜得转”，“背个照相机，看看多神气，想到哪里就到哪里，别人还要拍马屁”；另一方面，社会上也有不少人看不起新闻记者，认为新闻记者“油头滑脑”，“嘴尖皮厚”，看风使舵，无真才实学。在不少文艺作品中，新闻记者的形象是反面的，是被嘲弄的角色。应当说，这两方面的认识都是错误的，是对记者工作缺乏了解。

那么，怎样认识新闻记者的工作呢？

记者工作的性质，就是传播信息、反映社会舆情、惩恶扬善、介绍典型人物和经验的意识形态工作。而新闻信息和典型人物、经验之得来，又需要通过深入实际、深入群众的调查研究。记者对社会上各种各样的人，各种各样的事，都十分关心，充满好奇，都要问个“怎么样”、“为什么”，都要调查研究一番。所以，从这个意义上又可以说，记者工作就是调查研究工作。记者是专业的调查研究人员，他们一生都在奔波不歇地采访、调查研究。这方面，曾任新华社社长的郭超人有深切的体会。他在西藏和四川工作的年代里，作了大量扎扎实实的调查研究工作，因此笔下新闻报道硕果累累，并出版了几本新闻报道著作。他对贬低和反对调查研究的倾向感到焦虑，说：“我听到过这么一种理论，说新闻报道的任务就是客观地‘传播’讯息，如同一根电话线，把声音从甲地‘传播’到乙地一样。因此，新闻记者是做‘传播’工作的，是不需要调查研究的。对这种论调，实在不敢苟同。新闻报道在一定程度上讲，确实具有‘传播’的职能。但这种‘传播’也有两种情况：一种是严肃的，认真的，对人民高度负责的，因而是准确的真实的‘传播’；一种是不严肃的，不认真的，对人民极不负责的，因而是不准确、不真实，甚至歪曲性的‘传播’。就拿电话线路来说吧，电话从甲地‘传播’到乙地，传播时的音色、音质、音调，也要受线路技术质量的影响。线路好，声音就清楚。线路不好，声音就不清楚。我想，无产阶级的新闻报道只能是前一种情况的‘传播’，决不能是后一种情况的‘传播’。这就决定了无产阶级的记者不仅工作态度必须是认真的、负责的，而且工作方法也必须是科学的、严谨的。要做到这点，只有老老实实地进行调查研究，在调查研究的基础上进行报道。”这段话，实际上是讲明了记者工作的性质问题。

当然，新闻记者的调查研究工作与实际工作部门的调查研究工作又不完全相同。记者工作调查研究的特点是：

（1）突击性。速战速决，讲究时效，直接为新闻报道和内部参考写作服务。

（2）新闻性。调查的对象为新闻性的事件、问题或人物，内容紧扣当前现实生活。

（3）专题性。就一次调查采访来说，范围不十分广泛，指导思想比较明确，一般不搞概况式、总结式的调查。当然，从整个记者采访生涯来说，调查的内容又是十分广泛、丰富、多样的。

新闻记者每天在各条战线采访，眼观六路，耳听八方，交游广泛，接触各种各样的人物，了解各种各样的事件、经验、问题等等。这种条件，使记者工作在整个国家和社会生活中能够发挥特殊的作用，具有十分重要的意义。

新闻记者是党和政府的耳目喉舌。党和政府依靠自己的一大批新闻记者，了解实际生活和人民群众中的各种情况，了解党的方针政策在下面是如何贯彻执行的，有什么成就、经验和问题。这些情况，可以成为党和政府决策的依据。而党的方针政策、工作任务和工作方法，又可以通过记者的新闻报道，迅速地、广泛地和广大群众见面；党和政府的许多话，可以直接或间接地通过新闻报道传达下去。新闻记者也是人民群众的耳目和喉舌。人民群众想要了解周围世界发生了什么新的变动，有什么新的信息，有什么愿望、要求、意见、呼声需要表达，都可以通过新闻记者的工作来实现。记者是社会上接通上下两头和左右各方的人物，是社会活动家。他们的全部工作就是不断地“从群众中来，到群众中去”。这样，通过新闻报道做到上情下达，下情上达，渠道畅通，党和政府以及各行各业的工作就做活了。

新闻工作有强烈的政治性和政策性。新闻与宣传这两个概念，自然是有所不同的。不能说所有的新闻都是宣传，也不能说所有的宣传都是新闻。但作为新闻总体来说，作为新闻的主要内容来说，却是离不开一定的宣传目的，它是党的宣传工作的重要组成部分。这是基本的原则。记者工作面对丰富复杂的实际生活，报道什么，不报道什么，怎样报道，都要从政治上考虑问题。新闻不能“有闻必录”，总是有所选择、有所为而发的。这就体现了记者工作的政治性质。新闻工作是社会上层建筑的一种，是为一定的政治、一定的经济基础服务的，任何人都不能“超脱”。西方记者往往竭力否认自己工作的政治性，标榜自己客观、公正，严守中立，不偏不倚地为整个社会服务，为每一个读者、听众、观众效劳，只传播信息、提供事实，不涉及政党、政治。实际上，他们都自觉或不自觉地为一定的政治服务，为一定的利益集团服务。从来不存在什么“为新闻而新闻”，“为传播而传播”。我国的新闻事业要求新闻记者站在党和人民大众的立场上，为我国的经济建设、改革开放服务，为社会主义事业服务。

二、新闻记者不是“无冕之王”

记者工作的这种性质，决定了新闻记者必须全心全意为人民服务，而不是什么“无冕之王”。新闻记者的工作虽然活动性强，上下左右、四面八方几乎是无所不至，堪称为“社会活动家”；但他们这种活动，却是有着准绳的，是受着一定的思想和纪律制约的，不是为所欲为，想到哪里就到哪里，想怎么样就怎么样。新闻记者不应当也不允许做对国家对人民不利的事，也不应当说对国家对人民不利的话。他们的一切活动必须符合四项基本原则，在行动上，要有组织，守纪律，不搞无政府主义。我们在一些报刊上看到文章和报道，称新闻记者是“无冕之王”。如某报报道宣传系统招聘，在头版就作出标题：《3 000 学子竞聘“无冕之王”》；有的记者为民呼吁，沟通市领导解决了一个问题，在副刊写文章，题为《“无冕之王”的权力》；有的出版社出版的著作，书名就是：《“无冕之王”》、《无冕女王》……

新闻记者果真是“无冕之王”吗？非也。

据《新闻学大辞典》（甘惜分主编，河南人民出版社出版）关于“无冕之王”的解释是：“西方新闻界自诩记者社会地位崇高，享有凌驾于社会之上的特殊地位。此语出于 19 世纪英国《泰晤士报》三大主笔时期。当时，被称为‘大力神’的《泰晤士报》成为英国舆论领袖，主笔辞职后，常被内阁吸收为阁员，地位很高，人们称他们为‘无冕之王’，这种泛称今天仍对新闻界有影响。”在西方，资产阶级新闻学者曾竭力鼓吹新闻记者是“无冕之王”这一说法。他们的目的是鼓吹资本主义国家的“新闻自由”，提倡记者的“独立性”，鼓吹媒体是独立于立法、司法、行政之外的“第四势力”。但他们的“无冕之王”工作有时也要受到政府的不正当干预。如，伊拉克战争中美国有些媒体和记者，被“规范”成不报道美军轰炸平民，不报道美军伤亡被俘以及不报道其他不利于美国的事实。

说新闻记者是“无冕之王”，是我国一部分新闻工作者的自我陶醉。新闻记者特别是资深记者，都十分清楚自己的角色定位，心知肚明自己不是什么“无冕之王”。记者当然有自己的荣耀和社会地位，也受到社会上许多人的尊敬。但记者的“角色”也是多面性的：除了荣耀和受尊敬之外，也有坐冷板凳、吃闭门羹、被骂、被打的情况。我们的媒体是党和人民的耳目和喉舌，记者是“专业的调查研究人员”（刘少奇语），记者是“社会活动家”（斯大林语）。这才是新闻记者的正确定位。采访是记者的本职工作，是一种特殊的调查研究活动，调查研究要认真细心，甘当小学生，要能正确对待自己、对待别人。

说新闻记者是“无冕之王”，是社会上一些人对新闻记者工作的误解、误读和误用。社会上确实有一些人认为新闻记者了不起，很有能耐，很能解决问题。特别是记者主持正义取得良好效果时，更容易产生一般人对于记者的崇拜。这是可以理解的，社会上一般人并没有学过新闻学理论，他们往往只是从自己的见闻和经验出发来认识和评价事物。这里难免有偏颇之处。有的只看到记者起好作用的实例，而未看到记者也有受批评的情况。有的只看到记者荣耀的一面，而没看到记者艰辛的一面。客观上讲，这是由于现代社会媒体影响广泛，新闻记者数量众多，与社会方方面面接触频繁而造成的。因此有必要在社会上开展现代传媒的教育，以利于传媒更正确更健康地发挥应有的作用。

不可否认，西方新闻学关于新闻记者“无冕之王”的思想在我们一部分新闻工作者中还有一定影响。他们认为有了一张记者证什么地方都可以去，什么人都可以找，什么材料都可以拿，想怎么干就怎么干，甚至以记者身份来谋取私利。这是非常错误的。据说有一位记者，在火车上一定要列车长解决卧铺问题，没有给他解决，他就声称“明天报纸上见”。果然报纸上登出了该次列车餐厅饭菜里有苍蝇的批评稿。这个新闻记者如此为所欲为的行为是决不允许的。

我们一定要把组织性、纪律性与主动性、创造性结合起来。只知道“循规蹈矩”、照章办事的人，是不可能当好一个新闻记者的。记者应当是独立思考的模范，不唯上，不唯书，只唯实，坚持真理，联系实际，从实际出发提出问题和解决问题。记者是在生活的前沿阵地瞭望的哨兵，是勇敢的探宝人，是时代潮流的“弄潮儿”，是向社会主义现代化建设进军的先锋。他们以维护国家和人民的利益为己任，以天下为己任，随时准备出击，像上弦待发的箭矢。只有这样，才能不负时代和人民的要求、期望和重托。

第二节 记者工作的任务

记者工作的任务，与整个新闻工作的任务分不开。

一、采写新闻

能否及时地、经常不断地采写新闻，这是记者工作好坏的一个标志。一个新闻记者，很少出去采访，也很少动笔写报道，能够成为一个好记者吗？决不能。人民群众是从新闻报道来评判记者的工作的。任何一个名记者，他的身后都有大量的、被读者称颂的好新闻。过去有的同志为了强调反映情况的重要，就把反映情况列为记者工作任务的第一条；有的同志为了强调群众工作的重要，便把群众工作列为记者工作任务的第一条。这都是不适当的，也是不科学的。反映情况和群众工作都很重要，但第一位的还是采写新闻报道，因为记者是通过新闻报道来为社会服务的。为社会大众采写的报道多、好、快，就是尽了自己的主要职责；而如果新闻报道不出色，就很难说他是一个好记者或称职的记者；如果应该抓的新闻没有抓到，应该快发的消息发迟了，那就是记者工作的失职。

有些记者不集中精力抓新闻报道，只注意写内参，认为内部情况比较“高级”，领导重视，作用大，这是有片面性的。也有些记者比较重视通讯员工作，但自己很少采写新闻，只是组织别人写稿，造成“记者不采，记者不记，记者不写”的现象，这也是不适当的。记者就是采访者、报道者。记者熟悉新闻业务，是专业的新闻工作者，应当为读者提供源源不断的新闻作品。在抓新闻的问题上，每一个记者都责无旁贷，应毫不谦让，奋勇当先。

提出记者工作的第一任务是采写新闻报道，会不会助长记者的名利思想？这种担心是不必要的。记者应当出名，应当在社会上有一定的影响，为大家所熟悉。这样，这个“社会活动家”才便于活动，记者的新闻线索、消息来源就会多、会广。

我们应创造条件让记者为大家所熟悉，而不是害怕记者“出名”。要培养出一批名记者，使群众一碰到什么事就想到去找某某记者；使读者、听众、观众一听到、看到某某记者的名字或面孔就特别专心致志，每个字、每句话都认真读、认真听。当然，我们讲记者要出名，并不是提倡记者不择手段地去钻营，也不是硬性地拔苗助长。记者的出名要靠扎扎实实的、艰苦的采访和写作，要靠付出大量的汗水和心血，要靠真正经得起实践检验和时间考验的深刻动人的新闻报道。只知道沽名钓誉的人，是永远不会取得成功的。

应当说，记者能写出出色的新闻报道，关键在于记者对自己的工作任务要有主心骨，有主攻方向，明确自己是通过采写新闻报道来为人民服务的，其他任务，也应是围绕新闻报道，在一定意义上为新闻报道服务。现在有一些新闻记者热衷于搞"多种经营"，热衷于办俱乐部、办公司，热衷于做生意，当经理，拉广告，放松和放弃自己的主要职责。这种倾向应该引起重视。报纸、电台、电视台，当然可以搞一点"多种经营"，但在数量和时间、精力上，不宜过多，切不可"一切向钱看"，影响人民赋予我们的光荣任务的完成。有些人认为，在新的形势下对记者工作的任务应当有新的认识，新的观念。这当然有一定道理。时代在前进，人们的实践在前进，在观念上也应有所变化，但我们认为，社会主义新闻事业的基本观点、记者工作的光荣传统、新闻采访的基本任务，并没有根本改变，也不会过时。我们就是依靠这些基本观点来建立新闻采访学和新闻写作学的。特别是初学新闻的人，更要牢固地树立社会主义新闻学的一些基本观点，为今后的新闻工作打下一个扎实的基础。

二、反映情况

报纸、电台和电视台的编辑部，每个时期都要制订报道的计划。这种报道计划必须建立在大量情况的基础之上，才能切实有效。这些情况可以从许多渠道获得，其中最重要的渠道就是依靠每天活跃在第一线的新闻记者。记者应当经常地、及时地把实际生活中的种种情况向编辑部汇报，使编辑部耳聪目明，开阔思路，形成报道思想，制订报道计划。这种情况包括：政治经济形势，社会思想动向，各条战线的新成就、新人物、新事物、新经验，党的方针政策贯彻执行中的情况和问题，读者、听众和观众对新闻宣传的意见、建议、要求、批评等等。这样，编辑部胸中有全局，就能在宣传报道上打主动仗，抓问题才能抓到痒处，说话才能说到点子上，也就能站在实际工作和人民群众的前列，引导群众前进。这一切，都应以客观情况的不断变化为依据。不掌握情况，怎能做到心中有数呢？又怎能做到有的放矢、获得最好的宣传效果呢？

在不断变化的现实生活前，编辑部如果情况不明，就一定会犯错误，给实际工作和人民群众带来损害。

记者反映情况对于自己从事的新闻报道也有极重要的意义。情况是报道工作的基础。为了搞好新闻报道，必须掌握大量的情况。新闻记者人人要做到心中有数，然后才能明确报道的目的性、针对性，才能有的放矢地做好新闻报道工作；也只有掌握了大量情况，才能更好地选择和报道典型，使新闻扎实有力。所以，情况与报道是紧密联系、相辅相成的。新闻记者一时一刻也不能脱离情况，脱离情况就脱离了实际，也脱离了群众。有的老记者说，新闻记者是靠情况吃饭的。这句话有它一定的道理。有的还说，我们向来是两手抓：一手抓情况，一手抓报道；我们向来是办两张报：一张公开报纸，一张内部参考。所以，要反对片面性、单打一、只重视报道不重视情况的现象。

记者在了解实际生活各种情况的过程中，常常会发现一些对党和政府以及有关部门有重要参考作用的情况，包括正面的和反面的情况。这时，记者就应当采取内部反映的方式及时写成内参稿件向上反映。有不少情况，有时通过其他渠道反映不上来，或者了解不到，这就更加要求新闻记者发挥主观能动性，以高度的事业心和责任感，积极向上级党委直至中央反映情况。如 2008 年 5 月 12 日四川汶川发生八级地震，各大媒体除了向公众迅速报道灾情、抗灾、救灾事迹外，还要利用记者在第一线采访的有利条件，将见闻、体会、认识，向领导部门反映情况。有些情况如救灾物资运转中违法违规，一时不适宜于在大众媒体全盘刊登，便可写成内参向上反映；有些认识只适宜于领导决策讨论，也可写成内参向上反映，以使上级领导情况明、决心大、方法对。

记者向上级反映情况，要敢于面对事实，敢于说真话。情况贵在一个“真”字，决不能看风使舵，曲意迎奉，主观片面，弄虚作假。要有忠于事实、坚持真理的勇气和气节，不怕得罪人，不怕打击报复，也不怕别人不理解，唯一的宗旨就是赤胆忠心为国家为人民，不惜牺牲个人的利益，置个人的得失、荣辱以至生死于不顾。这样的记者才是真正的社会主义的记者、人民的记者。

[实例 1]

几年前，安徽电视台曾经专为记者开辟了一个栏目，名叫《记者档案》，曾被评为中国新闻名专栏。中国青年出版社于2005 年 2

月汇集有关篇章出了一本书《记者档案之聚焦新闻大事件》。打开这本书的目录，大都是新闻记者勇于直面真实、奋不顾身作出出色报道的事迹：

笔锋直捣地下血库——新华社浙江分社记者慎海雄

亲历打拐行动——中央电视台记者沙碧红

目击高考舞弊——中央电视台赵世龙

独闯毒穴三十天——《南方日报》梁文祥

“大头娃娃”追踪记——新华社安徽分社周立民

卧底披露非常传销——《楚天都市报》陈世昌、潘勤

揭秘“西安宝马体彩事件”——中央电视台徐婵娟、张鸿勋

……

上述优秀记者的优秀新闻报道，涉及内容尖锐、重要，大都是先作了内参情况反映，然后再在大众传媒上公开报道的。

记者反映情况，要有全面观点：既不能报喜不报忧，也不能专门热衷于挖掘“阴暗面”，写“谴责小说”。要不怕反映消极的东西，不怕揭露尖锐的问题；同时要注意着眼于现实生活中新的、萌芽状态的东西，尚未定论需要研究的东西，有积极作用又有弊病的东西。总之，是供领导机关参考和研究的有价值的东西。记者反映情况的全面观点，既表现在对某一事物的反映上，更表现在整个记者工作上。要注意避免两种片面性：一种是认为只有反映新事物，歌颂新人物，才是抓住了主流和本质，才算履行了新闻记者的职责；一种则认为记者要做人民的代言人，就必须揭露“阴暗面”，只有勇于揭露“阴暗面”，才称得上是光荣的代言人。我们主张实事求是，从实际出发，有什么情况和问题就反映什么情况和问题，全面地、负责任地完成记者反映情况的任务。

三、群众工作

记者每天在第一线活动，每天接触群众，在完成自己采访任务的同时，要注意做好群众的工作，也要注意帮助和培养通讯员采写稿件。通过这些工作，进一步加强报纸、电台、电视台与广大群众的联系，并实现全党办报、群众办报（台）。

当采访对象对党的方针政策不理解时，记者要通过采访活动，自然得体地宣传和解释政策，或提供一些外界情况，启发和帮助采访对象打

开思路，跟上形势。一般地说，采访对象都知道新闻记者消息灵通，见多识广，愿意听取记者的意见，因而记者既要热心帮助，又要自然得体，不可卖弄、炫耀自己，应以平等态度交谈、交流。

当采访对象工作中有困难、有顾虑时，记者要急人所急，忧人所忧，在可能条件下帮助采访对象解决一些实际问题和思想问题，使他们感到记者是与他们同命运，是可以信赖的，有共同语言的，向上级反映情况也是一种帮助。

当采访对象有盲目乐观和骄傲自满情绪时，记者要清醒识别，适当提醒，注意引导，使有关单位和个人能沿着正确的轨道健康地发展或成长。如果发现意见不能统一，要适可而止，不必开展针锋相对的辩论或争论。因为记者的任务是采访，在采访中适当提醒和引导，是为了对采访对象负责。记者的任务不是驳倒采访对象，也不是教训采访对象。

当采访对象处于受冤屈、被打击的地位而苦闷痛苦时，记者要满腔热情地、旗帜鲜明地给予精神上的支持，并以自己的实际行动与种种错误行为或邪恶势力作斗争，真正成为群众可依靠的贴心人。有不少人处在受冤屈、被打击的地位，不便于在单位讲，而愿意与新闻记者讲，记者要珍惜这种有利条件，做好工作；并运用自己手中的笔，写好公开报道或情况反映。记者这方面工作做得好，那些受冤屈、被打击的人会感到这是党和政府的关怀而由衷地感谢政府、拥护党；新闻机构也会因此而提高威信。

记者采写批评性报道，更要注意尽可能做好多方面的工作，变阻力为动力，化消极因素为积极因素。新华社记者采写的批评稿《北京东郊火车站野蛮装卸》，就做了大量的思想工作、群众工作。

［实例2］

……他们得知北京东郊火车站在装卸上海冰箱厂运来北京参加展销会的一批冰箱时，由于野蛮装卸造成严重损失。货主拍了现场照片，迫切希望新闻单位披露这件事。稿子写好后，“受害”的货主突然表示要求不发表。记者认真听取他们意见，原来是有二怕：一怕得罪“铁老大”，以后再打交道更困难；二怕报纸张扬出去，本厂产品声誉和销路受到影响。记者更感到批评的必要，但又尽可能做好货主的思想工作。货主坚持不发，还千方百计找关系说服记者不要发表。记者就一边做工作，一边把报道做得更细致谨慎，不提产品牌号，不提厂家，不提到京参加什么展销，批评事实有根有据，有照片为证，并加编者按，把货主怕“铁老大”的顾虑点出来。经过反复做思想说服工作，货主表示“理解”，被批评单位也表示“服气”。

可见，一篇稿件的背后，往往有大量深入细致的群众工作。

当然，以上这一切，都以不随便插手和干涉其他单位的工作为原则。记者是根据自己职责范围和可能条件来做这些工作的。也就是说，记者不是实际生活、人民群众的冷漠旁观者，而是有头脑、有活力的热心参与者。

联系、培养通讯员的工作，也是记者群众工作的一个重要内容。记者经常要与通讯员打交道，要依靠他们提供情况和线索，依靠他们协助采访，依靠他们写作一些新闻报道。通讯员实际上是业余的新闻记者，专业记者与业余记者协作配合，才能把新闻报道搞得更及时、更出色。通讯员队伍是一支不可忽视的新闻队伍，我们一贯注意教育、培养和依靠这支队伍。毛泽东曾提出全党办报、群众办报的方针。他主张开门办报，不要关起门来依靠少数人办报。其重要的一个方面就是指要依靠活跃在各条战线上的广大通讯员办报（包括办电台、电视台）。他们是业余的新闻记者，是报纸、电台、电视台工作的柱石。只有把这些直接生活工作在第一线的广大通讯员的积极性调动起来，发挥出来，报纸、电台、电视台的新闻报道才会源源不断、丰富多样。专职的新闻记者毕竟人数有限，纵有三头六臂，也难掌握社会上随时发生的所有重要信息。专职记者又不直接生活在基层群众之中，有不少情况和信息，待记者去采访已经太晚了。新闻机关常常发生重要新闻漏报的情况，并为此而苦恼，其重要原因就是通讯网络不健全，最新情况不能及时反馈到编辑部里来。所以，一定要依靠广大通讯员，要耐心地、积极地、经常地做好培养通讯员的工作，给他们传达报道意图，帮助他们分析素材和修改文章，有时可以向通讯员组稿、约稿，有时可以与通讯员合作写稿，有时可以把某一地区、部门或某条战线的通讯员集中起来给他们讲点业务辅导课。在处理稿件时，尽可能多用他们的稿件，切忌采取“实用主义”态度，招之即来，挥之即去，有稿有来往，无稿无来往。有的记者从通讯员那里要来情况、素材和各种书面材料，自己不深入采访，编编摘摘就成为新闻，发出去出了差错反而怪通讯员不好；有的记者把通讯员的稿子稍作改写就作为自己个人的作品，把通讯员一脚踢开；有的记者下去采访，依靠通讯员安排好的吃、住、行，走的时候还要“带”……广大通讯员是专业记者的耳目和助手，他们是实际工作的参与者，情况熟悉，材料丰富，对实际工作中各种问题的感受比较强烈。在通讯员身上，有许多记者所缺少的东西。所以要很好地尊重他们，为他们服务。专业的和业余的新闻报道人员结合起来，常常能出高质量的新闻报道。不少通讯员本身就热爱新闻工作，多年从事新闻报道，在业务上也是“内行”。专业的应当多向业余的学习，取人之长补己之短；同时帮助通讯员在采写实践中不断提高业务水平，更好地完成报道工作。记者如果单枪匹马地干，往往事倍功半，容易顾此失彼，线索枯竭，打不开局面。

在当今信息时代，社会上每个人都可以利用手机、电脑、电话发信息或报告新闻线索。许多媒体都设有“新闻热线”或“报料专线”，这使得媒体的新闻线索、新闻来源更广泛了。从某种意义上说，人人都可以当“记者”。媒体和工作人员更要重视这些线人、博客的作用，使媒体如虎添翼，耳聪目明。

当今新闻信息的传播因互联网存在而异常敏捷快速，有时甚至是同步传播、即时传播。许多重要新闻，是非正式的新闻记者首先传播出来，然后为传播媒体和其他媒体所广泛传播。如克林顿性丑闻、伦敦地铁发生爆炸等等，都是民间首先传播报道。互联网时代使人人都成为非正式的新闻记者，随时随地随便什么人都可以发布新闻。这种“民间记者”或“新闻线人”的作用不可低估，传统媒体不能不重视他们，帮助他们，提高他们，并充分发挥和利用他们的优势做好自己的工作。下面即为正式的新闻记者如何重视和利用民间非正式的“记者”或“线人”的一例。

[实例3]

一篇网上帖子“击落”公路局长

《中国青年报》7月4日刊登记者专稿说，日前，深圳市宝安区公路局长因修建豪华门“事件”被免职。

事件的起因源于一个网络帖子。5月14日，一个标题为《耗资千万元豪华大门为何拆拆建建?》的帖子在深圳新闻网出现。两日后，该帖被人民网转载。

帖子反映深圳市宝安区公路局新大门在新修仅仅三年后推倒

重修，耗资 3 000 万元，并将公路局外观和内部装修的奢华景况用图片的形式展示出来。在网文作者眼里，这显然是一处奢华的建筑：1 200 平方米的办公楼大堂，每年的保养费用就是 30 万元，而一棵松石配的假山景观竟然耗资超过百万元……

当地多家媒体随后对此事进行跟踪报道，最终将"豪华门事件"推向了风口浪尖。经深圳市监察局调查，该改造工程存在着未履行立项审批(核准)和施工报建手续、未经批准直接将工程交由下属公司负责施工的问题。经审理并函询市有关主管部门，上述行为违反了有关规定。张助浪同志作为宝安区公路局局长、宝安区公路管理中心大楼配套改造工程领导小组组长，对此负有主要领导责任。

记者工作的三项任务，是紧密联系、相辅相成的。在实践中，可能有的记者在某一方面做得出色一些，在其他方面显得一般些。但从总体上看，必须三者兼顾，而不能抓了一项丢了其他两项，或抓了两项丢了第三项。如果不注意三者兼顾，那么，他哪一项也不能长期取得好成绩。不能形成这样的印象：某某是专搞公开报道的，某某是专搞情况反映的，某某是专搞群众工作的，更不能在这里搞等级观念。这样的"专"，越走路子越窄，越没有前途。我们衡量一个记者工作的好坏，必须兼顾三项任务来全面衡量。

现在大家都在谈论培养名记者的问题。名记者的培养，自然主要通过采写新闻报道，但采写新闻报道又怎能离开情况反映和群众工作呢？实践证明，我国解放后培养的许多名记者，不仅以出色的报道得到广大读者的好评，而且不少人以经常反映实际生活和工作中的重要情况而得到上级领导的称赞，也以广交朋友、耐心做许多群众工作得到人们的表扬。不过后二者因为宣传得不多，常常不为大家所了解罢了。有的记者，各行各业都有朋友，走到哪里都有人向他反映情况，提供线索，或提出意见、建议；有的记者得到群众的信任，经常处理一些"打官司"的事件，以致家中成了"采访接待站"、"律师事务所"；有的记者为人民群众做了大量服务工作。这些记者，是真正的社会活动家，而不是写稿匠。他们活动得开，局面打得开，成才也快，成就也大。从名记者成才的实践中，我们可以看到记者工作三项任务的内在联系，看到记者工作成功的某些奥秘和规律。

第三节 记者的修养

记者工作的性质和任务，决定了新闻记者必须具有多方面的修养。每一个立志于献身祖国新闻事业的人，都要自觉地、不断地加强自己各方面的修养，以适应时代的需要，工作的需要，党和人民的需要。记者的修养，有四个方面，就是：理论修养、道德修养、知识修养、作风修养。

一、理论修养

记者工作政治性强，政治上要敏锐，有远见卓识，为此，必须有理论上的修养，这是记者工作的百年大计。

新闻记者的理论修养，要求记者能够懂得马列主义、毛泽东思想、邓小平理论、"三个代表"重要思想和科学发展观的基本原理和原则。这是我们正确进行新闻报道的根本保证。我国有一大批新闻记者，特别是一些久经锻炼和考验的老记者，在理论方面有很好的修养。他们能以马克思列宁主义、毛泽东思想和邓小平理论为武器，观察世界，分析事物，写出了大量正确的、指导性强的新闻报道。这些记者是我们国家的宝贵财富，是我国新闻事业的顶梁柱。但是，也有些搞新闻工作的人，轻视理论，认为新闻记者就是采访写作，如实反映新近变动的事实，只是一个"信息传播者"，何必懂那么多的政治理论？这种认识是不正确的。新闻记者当然不需要写许多哲学论文、政治经济学论文，不是当理论教员，而是报道客观存在的事实；但客观存在的事实千千万万，在生活的大海里，你选择什么，不选择什么，什么该抢，什么该压，一个事实有现象、有本质、有主流、有支流，有衰亡因素、有新生萌芽，怎么样去报道？这就涉及一个指导思想问题，涉及记者的立场、观点、方法，都离不开理论。我们有许多新闻报道，常常不全面，不深刻，出偏差，究其原因，往往在于新闻记者理论水平不高。理论上的不清醒，必然带来观察问题、分析问题上的种种弊病：如片面性、表面性、绝对化、一窝蜂、左右摇摆等等。如股市很火的时候，有的媒体就正面报道大学生炒股，这就是误导。毛泽东曾说过："记者头脑要冷静。""……不要把任何一件事绝对化。好事情不要全信，坏事情也不要只看到它的消极的一面"。"不能人家说什么，你就反映什么"。这就包含了丰富的哲学思想，要求有一定的理论水平。

新闻记者头脑机灵，思路开阔，反应迅速，这都是可贵的、必备的条件。凭借这些条件，可以很快地抓住现实生活中某些新的东西。但如果对这些新东西缺乏深刻的认识和理解，仍然不能很好地报道它。认识肤浅，没有达到理性的高度，就事论事地报道出来，其新闻价值就小，效果就差；认识片面或错误，写出来的报道就要出问题，就会给实际工作和人民群众带来损失。天下的事情是丰富复杂的。新闻报道要见微知著，以小见大，从今天预测明天，甚至要纵论国家大事、国际风云，这决不是没有理论功底的人所能胜任的。有许多优秀的新闻作品，看起来很简单，但却是用正确的立场、观点、方法，分析判断事实的产物，所以能够经受时间的考验和实践的检验，对人民群众产生深刻的指导作用。正如《人民日报》副总编辑梁衡所说："信息——知识——理论，这是一个人对事物认识渐深的过程，信息是事物向外界发出的信号，知识是人们对各种信号分析之后得出的认识，理论则是对知识的进一步系统化，是对事物规律和本质的认识。……虽然记者的采写工作是表现在信息这一层，但他的认识却要建立在对信息的理解上，也就是要建立在知识层、理论层上。只有掌握了一定的理论知识，记者在处理、传递信息的实践中才能摆正方向，分清真伪，做到游刃有余，举重若轻。"

新闻记者在采访工作中的理论修养，不仅表现在报道对象涉及理论问题时的清醒，符合理论政策规范，而且表现在记者在一些突发性事件面前应有的干练、成熟和深谋远虑。特别是在报道社会热点事件上，许多记者常常不理性，跟风炒作，推波助澜，为吸引眼球而误导大众。轰动全国的"华南虎"事件，就是"拿鸡毛当令箭"，把蚂蚁炒成大象；"史上最牛钉子户"事件，媒体舆论一边倒，有些记者将一场拆迁纠纷吹成天大的肥皂泡以赚取"眼球"……诸如此类，媒体责任感的缺失，其深层原因是利益驱动和理论修养的浅薄。否则，在紧急状态之下往往会迷失方向，没有主心骨，因而也难采写出正确有力的新闻报道。

2007 年 6 月 6 日，下午 2 时 50 分许，上海市公安局 110 指挥中心接到报警称，上海武宁路、杨柳青路口的一家"肯德基"快餐店内一名男子持刀劫持一名 4 岁女孩。

公安人员迅速前往现场处置。警方与歹徒进行了近 7 个小时的谈判与沟通，但歹徒极不配合。晚上 9 时 40 分许，当歹徒正要举刀行凶时，公安特警果断实施强攻，一枪击毙歹徒，被劫持的小女孩安然无恙。

新华社上海分社记者杨金志在采访报道这一事件时，就碰到如何对待这一事件以及如何报道的问题。他在回忆这一事件的报道时，感悟到必须要有人道主义情怀。《新华每日电讯》6 月 30 日登载他的回忆报道时，有如下几段文字：

[**实例 4**]

必须要有人道主义情怀

人们常在讨论，劫持人质事件中，什么情况下可以开枪？这个问题，我请教过很多专家，他们也是见仁见智。这些年来，国内发生过一些劫持人质事件。自 2005 年以来，上海发生过 4 起劫持人质事件，被劫持者无一例外都是儿童。这些事件发生后，我大多赶到过现场进行采访。

在我看来，歹徒的生命权受到尊重是毋庸疑问的。在有的情况下，歹徒并没有杀害人质的企图，有的歹徒行事动机可能是出于激愤。如果有和平解决的可能，就不要放弃这个希望。毕竟，击毙歹徒也会导致一个生命的逝去，而且给人质造成的心理阴影会更大。但是，开枪并不等于不尊重生命，关键还在于现场情况，有没有和平解决的可能，歹徒有没有伤害举动。

另一个问题是，要不要暴露被害人和狙击手的身份？这次劫持人质事件发生后，一些媒体把孩子父母和狙击手的姓名公布于众，还对狙击手所属警队等情况作了详尽的描述。我认为，哪怕狙击手个人没有顾虑，媒体也应该把他没有考虑到的事情加以细酌。在公众知情权上，还必须考虑报道对象的安全和隐私。

再者，人们必须关心被劫持孩子的心理。击毙歹徒是不得已而为之，付出这么大的代价，目的是什么？不就是为了孩子今后还能够健康成长吗？我采访过一些心理专家，都强调要重视孩子今后的心理问题。

劫持人质事件处置完了，它带给我的思考是：不论是作为一个公民，还是一个记者，考虑问题、采写报道必须要有人道主义情怀。否则“以其昏昏，使人昭昭”，是不行的。

总之，记者只有加强理论修养，才能在建设有中国特色的社会主义的事业中，作出自己必要的和可能的贡献。

二、道德修养

新闻记者的道德修养，主要有以下几个方面。

1. 尊重事实说真话

新闻记者一辈子和事实打交道，怎么处理记者与事实的关系，无疑是头等重要的事。事实是新闻的本源，记者一定要尊重事实，而不能随便捏弄事实，歪曲事实，颠倒事实，"制造"事实。各种形式的弄虚作假、"客里空"，都是违背记者道德的。"客里空"原是苏联卫国战争时期上演的一出话剧《前线》中一个新闻记者的名字。这个记者惯于夸夸其谈，捕风捉影，弄虚作假，1947 年延安《解放日报》上曾载这一剧本，并发表社论和一系列的文章，开展了一个"反客里空运动"。"客里空"是新闻记者们的大敌，必须坚决反对。周恩来同志曾经语重心长地说：只有忠于事实，才能忠于真理。新闻记者对待客观事实，一定要采取严肃态度，不能掉以轻心，马马虎虎。新闻记者的一支笔，关系重大。"笔下有财产万千，笔下有人命关天，笔下有是非曲直，笔下有毁誉忠奸"。决不能等闲视之。我们一定要实事求是，如实反映情况，说真话，不说假话。一切假话，都害人又害己。这种假话，再通过报纸、电台、电视台或互联网传播出去，那就更是祸害无穷了。任何情况下，都要根据事实说真话，这是记者起码的、应有的道德。否则终究有一天要离开这个岗位。关于新闻真实性问题我们下一章还要详细地讲解。

2. 不谋私利为人民，要立业为公

记者能否客观公正地向广大受众作真实正确的报道，除了理论政策水平之外，关键是要去私心，大公无私，把自己的工作看作是为人民服务，对社会负责，对党对人民负责。"心底无私天地宽"，陶铸同志这句名言，对记者工作特别重要。记者心胸要宽，视野要广，要关心和热爱祖国和人民的事业，有强烈的事业心，有崇高的理想。在这个基础上，才能产生新闻的敏感，发现可以表扬和批评的人和事，发现应该提出的问题和经验。如果记者利用自己的职业条件为自己谋取私利，那就会从根本上毁掉自己的事业和前途。应当说，记者工作要为自己谋私利是比较容易的，什么搞关系、开后门、变相贿赂等等，比其他一些职业方便得多。这就更加要求记者讲自律，讲道德。名记者范长江曾专门谈到记者的操守问题。他说："我想世界上很少人像新闻记者这样有更多诱惑与压迫的。一个稍稍有能力的记者，在他的旁边一方面摆着：优越的现实政治地位，社会的虚荣，金钱与物质的享受，温柔美丽的女人，这些力量诱惑他出卖贞操，放弃认识，歪曲真理。另一方面摆着：诽谤，污蔑，冷眼，贫困，软禁，杀头，这些力量强迫他颠倒是非，出卖灵魂。新闻记者要能坚持着真理的火炬，在夹攻中奋斗，特别是在时局艰难的时候，新闻记者果能坚持真理，本着富贵不能淫、贫贱不能移、威武不能屈的精神，实在非常重要。"这方面邹韬奋和范长江都有切身的体验。

[实例5]

邹韬奋和范长江这两位三十年代蜚声文坛的名记者思想左倾，坚持进步立场，共同为抗日和革命而英勇奋斗，这在社会上影响极大。以蒋介石为首的国民党反动势力，一方面打击他们，迫害他们，后来还下令逮捕他们；另一方面又想尽办法拉拢他们，利用他们。但他们两人都刚正不阿，坚贞不屈。

早在1936年初，蒋介石就派特务头目对邹韬奋以死相威吓，胁迫他放弃抗日救亡的正义主张，遭到邹韬奋的严词谴责；继而换手法，电令杜月笙亲自陪送（实为诱骗）邹韬奋到南京与蒋介石"当面谈一谈"。蒋介石原想借此机会把邹韬奋留在自己身边，同陈布雷一起为他做些文字工作。但邹韬奋早存戒心，不愿去南京，致使蒋的阴谋又一次破产。邹韬奋后来写道：三军可夺帅，匹夫不可夺志。宁作阶下囚，决不作"陈布雷第二"。表现了一个正直的新闻记者、报人的高风亮节。

1938年秋，国民党当局在范长江陕北之行后思想左倾的情况下，一方面对他的私人信件进行检查，并任意删削和拒登他的稿件；另一方面又通过大公报社的负责人拉拢他。先是培养他写社论，准备让他做大公报社的接班人。范长江写的第一篇社论《抗战中的党派问题》，就被总编辑张季鸾愤怒地"枪毙"。当时，国民党提出："一个党，一个主义，一个领袖"，而范长江笔下的社论却与此唱反调，主张民主团结，坚持抗战。张季鸾坚持《大公报》必须"以蒋先生的意见为意见"，范长江是《大公报》的人，认为应"以大公报的意见为意见"。范长江把这篇稿件送到邹韬奋处，邹韬奋予以坚决支持，在自己主编的《抗战》（三月刊）上发表了。从此范长江与张季鸾等裂痕加深。后来,《大公报》总经理胡政之等出面又找范长江,要范长江带一部电台随蒋介石的大本营行动,统一指挥《大公报》的战地记者,向重庆、香港两个大公报社发稿。他们答应配给范长江专用汽车一辆,条件是放弃拥护共产党的主张,完全以蒋介石的主张为主张。范拒绝拉拢,并立即公开宣布脱离《大公报》。这同样表现了一个正直的新闻记者的高风亮节。当然,在新闻史上,对张季鸾、胡政之等人还得有一个客观全面的评价。

今天的时代,自然与解放前不一样。但老一辈新闻工作者这种品质和精神,仍是值得我们永远学习的。今天的新闻记者,也会面临各种各样的考验。新华社优秀记者南振中在自己工作中定下了这样几条规矩:"第一,要抗拒虚荣心的诱惑。第二,要抗拒物质利益的诱惑。第三,要正确对待毁誉。"他认为,在每个新闻记者面前,都摆着两条路:一条路是追求财产、虚荣和安逸的生活;一条是追求理想和真理。为了防止自己滑到庸俗的道路上去,他决心过好三关:不接受被采访单位或个人的馈赠;不计较工资和待遇;不热衷于经营自己的安乐窝。他认为一篇有影响的报道出来,往往有毁有誉,记者如不能正确对待毁誉,就会"进亦忧,退亦忧",就会分散自己精力,影响事业的进展。这反映了我们新时期记者思想修养的重要特点。

3. 遵纪守法作表率

记者在社会上活动,除了工作必须的方便条件之外,作为一个普通的公民,必须遵守社会的各种准则和法规。记者决不能利用自己的职权、地位和其他有利条件在社会上为所欲为。违反党纪国法就要受到应有的惩处。不能认为记者是掌握批评大权的,自己不受什么约束。记者在采访活动中不能自视"特殊",不尊重实际工作部门的规章制度,想怎么样就怎么样。坐车船,打电话,找食宿,约谈话,借资料,看现场,拿票券……都应遵守一定的规章制度,谨慎周到。特别是记者常常一个人在外活动,更要求做到"慎独"。不要因周围同事不在,就随随便便,为所欲为。

4. 主持正义斗邪恶

新闻记者经常会接触到社会上的矛盾冲突,会遇到种种不平事。对此,要出以公心,敢作敢为,与一切错误、邪恶作斗争。记者应当是疾恶如仇的人,是有斗争性的人,是有正义感、有良知的人,是大无畏的人。决不应当是畏首畏尾、委曲求全、等因奉此、明哲保身的庸人。没有棱角，处世圆滑，该管的事情不管，该斗的邪恶不斗，那就是失职，就是违背记者应有的职业道德。近几年来，我国新闻界出现了一批敢于与各种不正之风作斗争的优秀新闻记者，坚持真理，实事求是，为党和人民的利益不屈不挠地斗争，得到了广大人民群众的好评。

[实例 6]

《中国经济时报》首席记者王克勤一次又一次的“调查性采访”，成就了他的“调查记者”的业绩和美名。有人因此称他是中国的林肯·斯蒂芬斯(美国著名的揭黑记者)。最惊心动魄的是，曾有黑社会组织悬赏 500 万元要他的人头，因此他又被传媒界誉为当代中国“身价”最高的记者。

2005 年 6 月 13 日，为探明造成村民 6 死几十人伤的河北定州血案的前因后果，王克勤与同事乔国栋奔赴事发现场绳油村进行实地采访。这个血案发生在 2005 年端午节(6 月 11 日)，闻风而至的媒体记者都未能突破当地政府组织的封锁线，即使赶到现场也无法报道出来——他们几乎都接到通知，说不能报道。

算起来，王克勤是第二个到现场的记者。其采访的艰难程度不言而喻，他必须躲避当地有关部门的围追堵截。首次进村就是一个考验，他马不停蹄于 14 日凌晨 3 点赶到了绳油村外。但“14 日凌晨，绳油村外，路皆封死，望村而叹”(乔国栋语)。

即便如此，敬业的王克勤并未退缩，他找人终于联系到村民带他进村。历尽艰难进入村后，王克勤迅速取得了村民的信任，在绳油村呆了 5 天 5 夜，不断穿梭往返各个受害者家庭，采访了大量村民，掌握了第一手材料。其间，同事乔国栋则赶往定州，采访当地政府。

6 月 18 日，王克勤从绳油村“逃”出来。最后一个留在村里的记者撤离时，整个村子已经全部被当地政府调派的人包围了，当时已有个别记者被当地有关部门扣押滞留。事后，王克勤讲述了当时逃离村庄的“紧张气氛”——临行前王克勤换上农民的衣服，再把头发搞乱，把笔记本电脑和相机藏到一个装满麸皮的麻袋里，然后和另外一个农民开着一辆手扶拖拉机扮成去邻县卖麸皮的农民。沿路一共经过了三个关卡，都是警车四处巡查拦截，王克勤靠着抽烟遮挡，最后终于成功地“逃”到了邻县。

到了邻县之后，他们到一家复印店准备复印一份仅存的材料。店主看了材料后说，接到通知，类似材料不能复印，还顺手拿起电话拨号。王克勤猛吼一声：放下电话，你要干吗！那店主当时还愣了，说要打电话给他老婆。还好，正说着话，他老婆进来了，原来他老婆才是真正老板。这位“老婆老板”还是不能同意复印，于是两个人立即出店分手，一个往村子奔，一个往北京赶。临别时，真农民对着假农民热泪横流，嘱咐一定要把征地血案的真实情况揭露出来。

事隔一年多回忆起来，王克勤的声音仍有些哽咽：“无法想象，我们在绳油村的那几天每天都是在哀乐中醒来。当我试图摆脱种种耳目，详细询问当事人姓名、事件发生经过时，有人对我说：‘老王，那么认真做什么？不就是一篇报道吗？’我对他讲，何止是一篇报道，我们干的可是良心活啊！”

令人欣慰的是，2005年6月21日，王克勤和乔国栋采写的题为《河北“定州村民被袭事件”调查》终于在《中国经济时报》头版刊发了，这是当时对此案最为详尽的报道。现在，定州绳油村血案审理已落下帷幕，包括市委书记和风在内的27名被告被判死刑、无期徒刑和有期徒刑。

三、知识修养

新闻记者必须具有广博的知识。中外新闻学著作，都十分强调新闻记者要有广博的知识。许多老记者也反复强调过这一点。“知识就是力量”。记者活动性强，接触面广，每天面临不同的人物、事件、问题，如果没有比较广博的知识，是很难胜任的。有些人说，记者应当是“杂家”，各种知识都懂一点。据报载，1985年4月9日，时任党中央总书记的胡耀邦在中南海会见赴京采访六届人大三次会议和全国政协六届会议的港澳记者时，说：“记者应该满天飞嘛！应该到许多地方采访……记者就应当是旅行家、历史学家、地理学家、文学家、社会活动家、政治家。”这是颇有道理的。

根据这种要求，新闻记者的知识结构大体上有以下几个方面：

(1) 基础知识。哲学、文学、历史学、政治学、经济学以及数理化基础知识等。

（2）专业知识。新闻基础理论、新闻业务（采写编评）、新闻史等。

（3）广博知识。科技、音乐、艺术、宗教、民俗、体育、美学、社会学、心理学等。

（4）社会知识。工业、农业、财经、教育、卫生、军事、衣食住行等有关知识。

（5）前沿知识。纳米、超导、生态、知识经济、电子商务、汇率利率、金融风险、危机公关、温室效应、国际引渡……

上述五方面知识中，基础知识和广博知识是基本的，是成材的主要条件。如果基础好，底子厚，思路就自然开阔，语汇就自然丰富，应变能力也必然会强，也就能运用自如地去发现和反映社会生活大海中闪光的东西，有生命力的东西。凡是新闻界卓有成就的记者，无不在这两方面具有深厚的基础和修养。专业知识和社会知识对于记者工作有直接的关系，它能使记者工作较快地打开局面，搞出新闻报道来。一个新闻记者，要较快地掌握专业知识和社会知识；同时要以较长的时间和不懈的毅力，掌握基础知识和广博知识。从长远的观点来看，基础知识、广博知识更为重要，是长期起作用的，后劲大。比如说你要写出精彩动人的通讯，就非得有深厚的文史知识的积累不可，新闻报道要向其他各个领域吸取营养。最后，由于时代发展飞速，新闻记者必须比其他行业的人更能与时俱进，掌握社会生活和科技前沿的最新知识，这样才能引领大众前进。

记者的知识修养，无论对采访还是对写作都有极重要的意义。采访没有广博的知识不行。一位新闻界前辈说，新闻工作者"难免肤浅，但需博爱"。另一位老报人说：过去我曾和一位老同行说笑话，判断一个记者是否合格，要看他与被访问者的谈话在一小时内是否露出"马脚"。举例说，无论遇到国学大师、书画名宿、佛教居士、历史学者，都能谈得入门，使对方觉得你是个水平线上的"通人"。这样才能引起对方的兴趣，打开他的心扉。这段话是经验之谈。在写作方面，凡是杰出的名记者，无不在他的作品中闪耀着知识的光华。范长江的西北通讯为什么有永存不衰的魅力？其中一个重要原因是知识丰富，历史典故、地理沿革、诗词歌赋，加上现场的目睹耳闻，组成了一幅幅色彩斑斓的画面。作品能旁征博引，有"厚度"，读起来就有味道。同样一件事或一个人，在具有不同知识的记者笔下，会大不一样：有的精细，有的粗陋；有的文采洋溢，有的捉襟见肘。

所以，记者应当是通才，是杂家，要努力向博大精深的方向努力。在当前形势之下，新闻记者要特别注意学习经济知识和法律知识。没有这方面的知识，要报道好社会主义物质文明、政治文明和精神文明的建设是不可设想的。如不久前一些网站报道《陆毅将当爸爸　宝宝是个女孩》，国家法律明令不能做胎儿性别鉴定，报道却说“陆毅妻子鲍蕾已怀孕4个月，宝宝是个女孩”，这种新闻究竟向受众传递什么信息？新闻工作者的知识要不断更新，才能使自己笔下的报道跟得上时代的步伐，并站在前头引导广大读者、听众和观众。例如，在改革中，跨地区、跨部门、跨行业的多种经济形式并存和相互渗透的横向经济联系大大发展了，过去那种以行政手段为主的纵向经济管理体制受到了冲击，经济活动和人民生活变化很大，不努力学习新知识，掌握新情况，就很难适应新形势，也很难当一个合格的新闻记者。

我国去南极采访的一批新闻记者，面临一个新的世界，新的领域，没有经验，又要独立作战。他们不仅要懂新闻，还要懂一点天文、气象、航海、水文、地质等有关知识。要一专多能，文字记者要学会摄影报道和卫星传输；摄影记者要会写文字报道和打灯光；各种媒体记者都要熟练网络传播……不努力成为多面手，就很难适应经济建设的需要。

四、作风修养

记者的作风对于工作影响极大。每次下去采访，一言、一行、一举一动，都为群众所关注。有许多新闻素材，没有好的作风也抓不到。所以，要在作风方面严格要求自己，约束自己，锻炼自己。

1. 记者要有谦虚诚恳的作风

新闻采访要从别人那里采到东西，没有谦虚诚恳、当小学生的态度和作风是不行的。人家和你谈话，可以倾心畅谈，可以敷衍应付，有时欲说还休，有时拒之千里……这要看记者的态度和作风能否迅速取得采访对象的好感和信任。要用实际行动感动对方，使他（她）与你敞开心扉。俗话说，“精诚所至，金石为开”。记者真正掏出心来，自然就会同采访对象产生心灵的交感。如果记者外出采访是一副钦差大臣的面孔，居高临下的姿态，夸夸其谈，不懂装懂，自以为是，固执己见，那么，人家很可能产生讨厌、反感或鄙视的心理，还能很好地和你交心畅谈吗？有些人接触新闻记者有经验教训，往往对夸夸其谈的人存有戒心，要“防一脚”，生怕提供了情况被记者在新闻中言过其实地瞎吹一通。这就很难使采访深入下去。至于少数轻浮的新闻记者，随便向采访对象提出一些不够自重的要求，强人所难，如要求去不该去的地方和部门；要求看不该看的资料，等等，更为有识之士所鄙弃。

2. 记者要有艰苦奋斗的作风

有许多重要的新闻素材，在最艰苦、最危险的地方。记者如果害怕艰苦危险，就只好“望洋兴叹”。记者采访最平常的就是要跑路，有时要跋山涉水，有时要到枪林弹雨的前线或洪水火海地震海难的现场，有时睡不好觉吃不到饭，挨冻或受酷暑的煎熬，有时要通宵达旦地赶任务。这一切，都比一般的机关办公八小时上下班要辛苦得多，危险得多。中越边境自卫反击战中，不少记者在生死线上立功受奖。四川地震、每年的台风季节、长江特大洪水时，不少记者奔赴抗灾前线，作出了及时而有力的报道，受到领导和群众的赞扬。所以，记者一定要有艰苦奋斗的作风，有克服一切困难甚至牺牲个人一切的思想准备。没有这个准备就很难当一个新闻记者。像一些新闻记者跟随考察队到南极洲采访，那是十分艰苦危险的，不少记者就是作了牺牲一切的准备。当考察船“向阳红”十号进入南极圈后，遇到了十二级强风，涌浪冲击下，船体颠簸十分厉害，舱板和墙壁发出可怕的声音，随时有沉船的危险，过去曾有万吨巨轮一折两段的先例。但越是这种关键时刻，新闻记者越不能休息、躲险，越要努力去抓取考察队员与风暴搏斗的材料和镜头。在考察中，不仅要多跑路，广播和电视记者还要背几十斤的大背包，常睡在冰天雪地里，要不断地与恶劣的环境作斗争。随考察队采访的众多新闻记者硬是顶过来了。考察队新闻班班长、五十六岁的老记者杨时光说：现在，我们有些年轻的记者特别娇，刮风下雨，不愿出去采访，没有小汽车坐，不愿出去采访；吃饭爱挑三拣四。这样下去，成了林黛玉，一旦遇到恶劣环境，怎么能适应？

3. 记者要有文明礼貌的作风

记者是社会文明礼貌的促进者、宣传者，这就要求他（她）们自己在一切活动中是“文明礼貌的表率和模范”。记者待人要热情友好、彬彬有礼、落落大方，一举一动、一言一行都要力求给人们留下一个有修养的好印象。外表服饰也应时时注意，善于适应不同场合的不同要求：采访外事活动或出席宴会等，可以西装革履，或穿着比较高级雅致的服装；下农村或去矿区、牧区采访，则应该朴素整齐，便于接近基层群众；采访重要的政治活动或要去庄重的场合，记者的服饰也要庄重、严肃而不轻浮；采访文艺新闻、体育新闻或少年儿童活动，记者也可以穿得活泼自然，以与环境相适应，与采访对象的心理相适应。记者不应当是一个“不拘小节”的人。据说，有一家电视台播出一篇批评性报道，当一个衣冠不整、胡子拉碴的人在屏幕上露面时，差点闹了误会——观众以为他是被批评者；直到听了他的叙述之后，才知道他是记者。周恩来早年在天津南开大学读书时，在一面大立镜的上方悬挂着亲笔写的三十八字“容止格言”：“面必净，发必理，衣必整，钮必结，头容整，肩容平，胸容宽，背容直，气象勿傲勿怠，颜色宜和宜静宜庄。”周恩来一生的风度举止，为中外人士所称道，是我们新闻工作者的楷模。新闻记者在自己的整个活动中，那种不拘小节、行为轻浮、状貌落拓、开口脏话、蛮横放肆，甚至当着采访对象挖鼻涕、剔牙齿、脱鞋袜、打喷嚏、吹胡子瞪眼睛等等恶习，一律都应该抛弃。至于爱贪小便宜、多吃多占、损人利己、损公肥私的行为，更是不足取的。外界千百双眼睛每天在注意着记者的形象，要使人感到新闻媒体出来的人，是像一个党、政府和人民的代言人的样子，而不是旧社会小报记者那种油头滑脑、玩世不恭的样子。这既有利于树立新闻媒体的信誉，也有利于新闻记者自己天长日久地开展新闻采写活动。记者如果叫人鄙视，叫人讨厌，那就等于宣布自己失败，只好趁早离开这个岗位。

4. 记者要有严谨求实的作风

记者对于事实要一丝不苟，不能有一点马虎潦草，以免造成失实。特别是一些数据，相差一个标点或相差一个字，就与事实原貌相差十万八千里。如有的报纸把“中国 2007 年按全国 GDP 总量 3.4 万亿美元，”少写了一个“亿”字，那就谬之千里，媒体只好登报向读者道歉。记者、编辑工作无小事，应当切记。

［实训］ 2008 年 5 月 12 日四川汶川发生 8 级地震，许多媒体的记者奔赴第一线采访。请阅读下列报道，并结合其他了解的情况，组织一次讨论：我们向抗震救灾第一线的记者学习些什么？

“冲进灾区现场，是我们记者的责任”

——第十四届上海电视节开幕论坛侧记

本报讯（记者李君娜）已举办了十几届的上海电视节，本届迎来了特殊的开幕式：这一次，没有身着华服的明星当主角，没有喜气洋洋的歌舞当背景；这一次，只有几名素面朝天的"战地"记者，作了一场名为《我们在现场 媒体的责任》的论坛报告，它朴素而庄重地拉开了第十四届上海电视节的大幕。

放弃晚会，是为了节省资源耗费用来支援灾区；举办论坛，是为了明确媒体从业者在灾难报道中的责任。

记录是我们的责任

"这只是我们的工作常态。"面对大屏幕里播放的灾区余震新闻画面，已经从灾区"现场"走出来到开幕论坛"现场"的四川电视台记者鄂文松说道。

四川汶川大地震发生后，四川电视台新闻中心的大部分记者在第一时间冲进了现场，其中也包括她。"我们必须要去记录发生的一切，如果我们不去，如果我们畏缩，我们就不是真正的记者。到了现场后，被眼前的惨烈景象所震撼，我只有一个冲动，就是要把自己看到、感受到和想到的，都告诉电视机前的人们。"

灾区，危险不断。鄂文松说："31 日那架救援直升机失事时，我和我的同事心情都很复杂，因为我们几乎所有人都不得不搭乘直升机进入现场。有一次，天气状况不好，直升机飞行有危险，飞行员找了各种理由拒绝我上直升机的要求，但后来经不住我的反复纠缠。那次，飞机去的时候还好，返回的时候在空中直打转。当时我把眼睛一闭，想是怎样就怎样吧。后来着陆，飞行员告诉我们，飞机是一路侧着飞过来的。我们开玩笑说我们已经在空中表演过特技了。"

"在现场，我们每天都经历着生与死的考验。在北川的时候，有一次，一队解放军飞跑过来，说唐家山堰塞湖要溃坝了，要所有人撤离。当时人们都很惊恐，如同身处灾难大片中那样逃命，但我们的同事没有跑，他选择了拿起摄像机记录下眼前发生的一切，直到一个小时后才撤离。我想这是职业理性和人性恐惧之间的较量，而决定成败的是责任感。"

当鄂文松说起她的爱人，也是她的同事，此刻仍然坚守在唐家山堰塞湖的一个观测点做报道时，现场响起了雷鸣般的掌声。

救援是我们的责任

甘肃电视台的记者刘姗带来了一组从未在电视上播出过的视频。画面上，一个西北大汉面对镜头在痛哭声中倒在了地上。作为村支书，这个汉子焦灼又无助地问记者一村老小没吃没住怎么办。画面里的这位男记者坚定地说："解放军会来帮助大家解决问题的，党和国家不会不管你们的，救灾物资很快也会送来的。大家坚强一点，会慢慢好起来，我们也会把你们的情况反映上去的。"

刘姗说："为了第一时间在现场，记者徒步进入了很多地方，有时候就成了第一拨进入的先遣队。这个时候，我们不仅仅是记者，我们更是救援者和心灵的抚慰者。这种时候，媒体的力量不仅仅停留在报道的责任上，发现救灾盲点和联络外界更是我们的首要责任。媒体工作者首先是人，其次才是记者。"

关怀是我们的责任

责任远不止作为记者天职的记录和作为一个人的求援，还应该包括更深层面的东西。陕西电视台的徐茜表示："我们传递信息不仅仅是灾难，还要传递出希望；不仅仅传递信心，还要传递力量。"中央电视台记者李小萌表示："责任还代表着我们应该传递生命力、宽慰、顽强和希望。"在北川待了十天的她说："我看到废墟上依然有鲜花，那些花儿提醒我，这里的人和这里的土地充满生命力。"

为了给直升机腾出更多的空间放救灾帐篷，东方卫视的记者王勇在直升机里"躺着"完成了一次报道。他说："记者的责任感，是我在现场的最大感受。人文关怀是媒体的责任，我们的报道还会更加自由公开，而自由就意味着首先对自己的报道负责。作为一名去过现场的记者我还想提一个建议：我们的报道要少一份沉重，多一份力量。"

第二章　新闻报道的基本要求

新闻报道的基本要求有四条：新闻报道的真实性，新闻报道的思想性，新闻报道的时间性，新闻报道必须用事实说话。先讲新闻报道的真实性。

第一节　新闻报道的真实性

一、新闻报道必须真实

新闻报道必须绝对真实，真实性是新闻报道的生命。这是新闻的定义、特性所决定的。新闻一定要实有其人，确有其事，经得起广大读者的核对、查问、验证。读者有千千万万双眼睛，每天读报，每天也在议论报纸，检查报纸。假的东西是蒙骗不了广大读者的。广播、电视新闻也是同样道理。新闻一旦失实，它的生命也就终止。

为什么新闻一定要真实？这可以从两个方面来看。一方面，因为我们是唯物论者，唯物论者认为新闻的本源是事实，事实在先，新闻在后；事实是第一性的，新闻是第二性的。颠倒了这个关系，就会陷入唯心论，也违背新闻工作的起码常识。另一方面，因为新闻只有真实，才有力量。事实胜于雄辩，一个具体的事实可以胜过一大堆空话。在事实面前，人民信服，有时敌人也无从抵赖，不得不承认。

新闻真实性包含的具体内容是：1）新闻五要素，即时间、地点、人物、事情和原因，必须具体交代，确凿无误，不能缺少主要素，或含糊不清，打马虎眼；2）新闻事实发生的环境和条件、过程和细节、人物的语言和动作（包括心理活动、思想认识），不能“合理想象”，移花接木，虚虚实实；3）新闻中引用的数字、引语、用典以及其他背景材料，必须有根有据，扎扎实实，没有差错；4）新闻对于事实的解释和说明，必须符合事物的本来面目，不能夸大、扭曲或变形，要摒弃乱贴标签、强扭角度、强加于人等错误做法。

二、新闻的五要素

这里，我们有必要强调一下重视新闻的五要素问题。

中央一位领导同志在对新闻工作者的谈话中说："我们写新闻稿已经有几十年了，从延安时期算起也不止四十年了。我们的新闻不像新闻。这个问题年年讲，提出讨论，老是解决不了。新闻不是起码要有五个'W'吗？但有的一个'W'也没有。新闻记者不像新闻记者，缺少起码的条件。"

新闻的五个"W"，就是新闻五要素，即上面所说的：何时、何地、何人、何事、何因。这五个词在英文中都以"W"开端，所以叫五个"W"。有的新闻学著作称新闻有六个要素，即五 W＋H（HOW 怎么样）。但一般的，都称新闻五要素。这五个要素，人们把它们比作人的头脸必须有耳、目、口、鼻一样，缺少了一件，就会不成样子。这是言之成理的。因为新闻是给广大读者看的，它起码的条件，首先要使人看得懂。如果连一件事情的基本要素都没有交代清楚，人家怎么会懂呢？其次要使读者信服，一条新闻基本事实不完整，缺这少那，往往使人怀疑其真实性。所以这五要素看上去很简单，实际上却是新闻报道中十分重要的问题。它是讲清事实、使人信服、走向精确的第一步。

在新闻报道的实践中，有许多人往往不重视这"第一步"，不重视这个新闻基本的起码的条件，所以造成了前面所说的"新闻不像新闻"的现象。我们学习新闻写作，首先要从这第一步开始，然后再放心大胆地开步走。

下面就这五个要素逐项加以说明。

1. 时间(WHEN)

新闻是新近发生的事实的报道。这个新闻的定义，把"新近"二字突出在最前面。新闻姓"新"，这主要表现在时间的快和近上。报纸不是杂志，新闻不是文章。绝大多数新闻是报道刚刚发生、正在发生、将要发生的事。正因为这样，它给人以极大的新鲜感、吸引力、影响力。可见，时间因素对新闻的重要性。时间交代不清，新闻事实就不明，可我们有一些新闻，往往不讲时间，人们不知道新闻事实发生在何年何月何日，更不要说几时几分了。也有些新闻，往往只有笼统的时间概念："最近"、"不久以前"、"前一时期"、"……以来"，仔细一查核，不少是一个月前、两个月前以至三五个月之前的事情。这怎么能够说是新闻呢？时间上的含糊，必然带来内容上的笼统，时过境迁的东西是写不具体，不真切的。当然，有一些新闻是"非事件性新闻"，如报道工作经验等，时间概念不那么明确，或时间跨度较长些，这是允许的。但这种新闻只是少数，大量的新闻是事件性的、动态性的，向人们提供最新的信息。它的生命，与时间因素紧密相连。忘记这一点，就等于忘记自己是在报道新闻了。

2. 地点(WHERE)

任何新闻事件总有一个发生的地点。没有地点的新闻，读者就有理由怀疑你是否在胡编乱造、捕风捉影，因为事实无地点则无从查核。确凿的地点，是使人相信的重要条件。地点越明确具体越好，越有真实感，不容置疑。如果写上一个范围很大的地点，读者就觉得不明确，有点"打马虎眼"的味道。再说，有不少新闻与读者关系密切，从方便读者来说，也必须把地点交代清楚。有的新闻说一个什么展览会在本市开幕，读者看了报纸还要到处打听展览会在何处。有的报纸报道本市第一家旅游商店开张营业，读者很想去观光一番，却还得打电话问报社旅游商店开在哪条马路上。这种地点不明的新闻，不是"故意"在与读者为难吗？

3. 人物(WHO)

新闻的主角是人，一切新闻都有人的活动。新闻的主角有名有姓，甚至有单位有年龄有状貌，就给人以实实在在的感觉。能具体则尽量具体，不要含含糊糊地说"小王"、"老刘"、"一个青年"、"一个妇女"、"一个教师"，或"张主任"、"李书记"等等。有时一件好事是三个人做的，要尽可能把三个人的名字都写出(人太多当然不行)，不要只写"×××等三人"。因为这涉及社会影响问题，涉及鼓励积极性的问题。一个人名不仅影响他自己，而且会影响一大批人。这也是实事求是的要求。有些新闻虽然有名有姓有单位有职务，但常常缺乏年龄因素，读者不知道取得某项成就的是青年、中年还是老年，只好从新闻的字里行间去猜测估计，这也不能不说是个缺点，年龄不仅有利于帮助读者理解新闻事实，还往往能增加可读性和影响力。老、中、青都有其特定感兴趣的读者对象，儿童也有儿童的魅力。写作总以清楚明白、交代具体为上。

4. 事情(WHAT)

新闻的主体发生了什么事情,这事件本身一定要写得具体清楚,一目了然;不能笼而统之,颠三倒四,千头万绪,没有主题。新闻写得杂乱无章,一盆糨糊,又叫人怎么能相信,怎么受鼓舞、受教育呢?

5. 原因(WHY)

凡事情都有其来龙去脉、原因结果。读者对许多新闻事件,不仅要知其然,而且要知其所以然。如果新闻事件的原因不讲清楚,读者就往往难以理解和接受。这就要靠作者对事情作精细的研究,准确地把事情的结果、经过、原因等原原本本地告诉读者。在新闻中说明原因,必须是具体确切的,它仍然是新闻事实的一个组成部分,而不是空泛的分析推论,更不是简单地在新闻的开头加上"为了贯彻"、"为了加强"等等套话就能解决问题的。

总之,新闻工作的群众观点,新闻工作的为人民服务,新闻工作一丝不苟的负责精神,内容很广,方面很多,但我们不妨从脚下开始,从五个"W"做起。

当然,新闻的真实性决不限于五要素真实、准确、清楚、明白,而且要做到下面几节将讲到的另外三条,以确保新闻总体的严格真实,防止任何形式的报道失实现象。

新闻失实,危害极大,会败坏党的威信,败坏党报、电台、电视台的威信,也败坏记者、编辑自己的声誉。"人无信而不立",新闻工作者要珍惜自己的荣誉。

三、与失实现象作斗争

为了维护新闻真实性这一重要原则,我们必须经常不断地与以下几种失实现象作斗争。

1. 粗枝大叶,造成差错

新闻工作是严肃的、政治性很强的工作,是对社会负责、对千百万读者负责的工作,每一篇新闻报道都要严肃、严格、严密,在事实上不能错一点。例如,把"买牛奶"错写成"买奶牛",意思就差十万八千里。有时错一个字、一个标点都会造成不可挽回的损失。如过去有的报纸曾把外国左派共产党人错成"右派",把国内的妇联错成"娼联",造成政治错误。有一年,一位记者报道国家预算错了一个小数点,当时周恩来总理非常生气,说要扣记者的工资。其目的,是要大家永远记住这一教训。写新闻要一字不苟，一丝不苟，谨慎细心。无论是批评稿还是表扬稿，都应如此。有些批评稿，事实绝大部分都准确，只是有点细节失实，就引来打不完的官司，成为人家抵制批评的口实。美国新闻名家普利策讲过："准确之于报纸，如同贞操之于妇女同等重要。"其精神于我们也适用。

2. 浮夸拔高，评价不当

有些报道常犯拔高的毛病，动不动就是"家家"、"人人"、"个个"，轻易给人物加上"雷锋式"、"铁人式"、"张海迪式"、"陈景润式"、"徐虎式"（这些都是当年媒体大力宣传的时代英雄人物）。还有什么"著名歌唱家"、"表演艺术家"等等头衔，廉价奉送。这些说法不是不可以用，但一定要用得恰如其分。

3. 形而上学，以偏概全

有些报道常犯偏颇的毛病，或者是把多种因素归结为一种因素，以体现"宣传意图"；或者是强调一个方面，否定另一个方面，以体现"观点鲜明"。有些报道常犯孤证的毛病，以个别的、不能反映全貌的例子，随便拿来说明全体。个别例子得出一般性的结论而不顾事实的内在逻辑联系。也有些报道常犯隐匿的毛病，有意识地避开一些不利于报道意图的重要情况，客观上给读者造成错误判断和片面认识。如报道某工厂生产突破指标，而严重的工伤事故则隐瞒了；报道某学校学生成绩优秀，却回避了健康状况严重下降的问题。

4. 轻信一方，以讹传讹

轻信是新闻工作的大敌。不能听见风便是雨，而不对别人的讲话作一番思索、考察。天下的事物是复杂的，记者的采访对象也是各种各样的，任何事物不妨多问一个为什么，多想一下是否靠得住。写新闻对有关事实要尽可能取得确证，特别是不要以讹传讹，有意无意地欺骗读者。记者随时要有一种冷静的、清醒的头脑。记者对任何人都不要轻信，包括知名人士、领导干部。要有自己的思考和判断。有这样一个故事：著名物理学家爱因斯坦在美国讲学，一位教授把讲稿译出准备在《纽约时报》刊登。这家报纸的编辑安德发现译稿中一个公式错了。那位教授说，爱因斯坦确实是这样写的。那位编辑仍不轻信，坚持说错了。事情传到爱因斯坦那里，爱因斯坦一看说："哎呀！我在黑板上抄错了！"此事一时轰动美国，人们说："科学的巨人遇上了巨人般的编辑。"我们记者采写新闻，也要向这位编辑学习。

5. 追求生动，"合理想象"

有些新闻工作者划不清新闻与文学的界限，在新闻报道中搞"合理想象"，特别是在具体细节和心理描写上，不够严肃。新闻只能选择典型，而不能像文学那样塑造典型；新闻只能挖掘故事情节，而不能像文学那样虚构情节。新闻报道的典型情节，必须是客观存在的，我们只能通过深入采访，发现它、挖掘它，然后客观地反映它。

[实例 1]

关于新闻中是否可以"合理想象"的问题，新华社在20世纪50年代曾开展过一次热烈的讨论。事情是从一篇关于英雄黄继光的报道开始的。在这篇报道中，有这样一段话：

"一阵阵冷雨落在黄继光的脖子上，敌人的机枪仍然嘶叫，他从极度的疼痛中醒来了。他每一次呼吸都会引起剧烈的疼痛……黄继光又醒过来了，这不是敌人的机枪把他吵醒的，而是为了胜利而战斗的强烈意志把他唤醒了……后面坑道里参谋长在望着他，战友们在望着他，祖国人民在望着他，他的母亲也在望着他，马特洛索夫的英雄行为鼓舞着他……"

然后写黄继光一跃而起扑上了敌人的枪眼。

报道发表后，读者提出疑问：黄继光当时只一个人在前面，扑上敌人枪眼之后就牺牲了，那么，新闻中那些情节怎么得来的呢？记者怎么知道黄继光每一次轻微呼吸都引起胸膛剧烈的疼痛？怎么晓得不是敌人的枪声把他吵醒的而是为胜利战斗的意志把他唤醒的？怎么知道他感到参谋长和他母亲、祖国人民在望着他，马特洛索夫的行为在鼓舞着他？原来，这一切都是所谓"合理想象"出来的。那么，新闻允不允许"合理想象"呢？经过讨论，大家认为不允许。所谓"合理想象"，其实是不合理的。最后由名记者华山作了总结，题目是《文学不能代替新闻》。

6. 追名逐利，不择手段

媒介走向市场之后，为了发出"抢眼"的影响，少数新闻报道人员会不择手段，越过职业道德的底线，不顾新闻必须真实的基本信条，做出一件又一件错事、傻事、坏事。特点是大量缺少专业训练的人，涌入新闻传播领域，更增加了问题的严重性、复杂性。2007 年"纸馅包子"事件就是典型一例：

［实例2］

7月8日，北京电视台生活频道“透明度”栏目播出了《纸做的包子》报道。该栏目编导通过暗访，发现在朝阳区东四环附近的早点铺中出售用废纸箱和肥猪肉做馅的小笼包。为使色泽接近猪肉，这些早点摊主甚至使用火碱水浸泡纸箱。该报道内容同时被各媒体、网站转载，引起社会广泛关注。

后经揭露，这是北京电视台聘用记者訾北佳一手导演的假新闻。

当年6月初，訾北佳在《透明度》栏目组选题会上提出，曾接到过群众电话反映“包子有掺碎纸”的问题，引起栏目制片人的兴趣，遂被确定为报道专题。此后訾北佳先后在北京四环路一带进行调查。

据訾北佳供述，十几天里，他每天早晨都买包子吃，从西四环到东四环，走访了许多卖包子的场所，每到一处，就购买一元钱的包子，但始终没有发现包子的质量问题。由于选题已上报，压力很大，加之刚到北京电视台，既想出名，又想挣钱，而他本人调查的结果令其十分失望。期间，栏目主编以时限为由，催促其抓紧拍摄专题节目。于是，他化名“胡月”，找到朝阳区太阳宫乡十字口村13号院，并以为民工购买早点的名义，要求来自陕西省华阴市的卫全峰、赵晓彦、赵江波、杨春玲等人为其制作包子。

6月底的一天，訾北佳携带秘密拍摄设备，邀请其朋友、无业人员张沄江假扮工地老板，在朝阳区康家沟市场购买了肉馅、面粉等物后前往13号院，要求卫全峰等四人做包子。拍摄过程中，訾北佳要求卫全峰等人将其捡来的纸箱经水浸泡剁碎掺入肉馅中，制成包子喂狗。因效果不佳，便随机找到一名农民工，授意其编造了有关“肉和纸比例关系”的谎话，并编造使用火碱的台词，以增加视觉、听觉效果。

“纸馅包子”被查实为虚假报道后，市委市政府高度重视，有关部门按照干部管理权限，分别对北京电视台相关责任人做出严肃处理：

给予北京电视台台长通报批评，给予北京电视台总编辑行政警告处分，给予北京电视台主管副总编辑记过处分，三人分别做出深刻检查；给予北京电视台生活节目中心主持工作的副主任（该中心无正职主任）、分管《透明度》栏目的副主任、《透明度》栏目制片人等三人撤职处分；解除《透明度》栏目有关编辑与北京电视台的劳务关系；鉴于北京电视台生活频道《透明度》栏目组临时人员訾某涉嫌违法，司法机关将依法严肃处理。北京电视台决定以此事件作为反面教材，在全台深入开展整改教育工作。

随着传媒的现代化，随着媒体竞争的日益加剧，我们的新闻报道手法和技巧新招迭出，但往往在恪守真实性的问题上不那么严格。如为活泼吸引人，报纸对有些事件的报道会运用"新闻仿真图"进行表述，这偶尔为之未尝不可，也有新鲜感，但多用了就给人以不真实的虚假感，不严肃的漫画感。同样，有些电视新闻为追求收视率，采编手段已危及新闻的内核品质。各电视台热门的"情景再现"，就有悖"我们在现场"的新闻原则。记者不在现场，不去现场，找几个人表演一下所谓的"现场情景"，这不是愚弄受众吗？有些新闻追求故事性，把新闻节目做成"类电视剧"，让观众娱乐化一下，这也会损失新闻的权威性和媒体的公信力。

第二节　新闻报道的思想性

关于新闻报道的思想性，前几年有些人有些看法，认为新闻报道的基本要求，不一定要讲思想性，对于这种观点，我们很难表示赞同。我们认为新闻报道必须具有思想性。新闻对于客观世界的反映，并不是"镜子式"的，有什么反映什么，所谓"有闻必录"。世界上每天每时发生那么多事情，能够都搬到报纸上或者都拿到电台、电视台来播放吗？显然不能。新闻，总是有所为而发，不可能为传播而传播。新闻报道是有目的性、有思想性的。这一点，不能动摇，不能忘记。

新闻报道的思想性表现在以下几个方面。

一、用马列主义的立场、观点和方法来反映客观事物

新闻传播，必须经常地、自觉地建立在马克思列宁主义的理论基础上。我们自然不必要也不应该在新闻中大写理论，但新闻中的事实所

说明的，都必须符合马克思主义的立场、观点、方法。也就是说，记者必须用马克思主义的立场、观点和方法去认识事物、反映事物。

新闻中的观点一定要正确。“没有正确的政治观点，就等于没有灵魂”。新闻要通过事实的报道来达到宣传、教育的目的，不能不讲究观点的正确。例如，20世纪90年代中期，全国许多报纸宣传报道徐虎、李素丽、李国安等人的先进事迹，报道各行各业的人学习这些人物的崇高精神，开展为人民服务的活动，这就体现了正确的观点。人们从这些报道中，可以看到崇高的理想是何等强大的精神力量，社会主义精神文明建设因此大大推进了一步。这就是新闻报道的思想性所在。如果我们的新闻报道，不讲什么道德、理想，不讲全心全意为人民服务，只讲“能挣会花”、如何捧星追星，观点就不那么正确，新闻就带有片面性。

新闻报道口号要正确，词句也要正确。要防止一些不妥当、不科学、有副作用的词句在新闻报道中出现。有一个时期报上经常出现“一个建议救活一个企业”等类似的报道。究竟准确性如何？这类事即使有，也要考虑到报道效果。标题醒目了，提法是新鲜了，但效果会适得其反。因为，多数情况下，一个工厂企业不会只靠某一个专家的一个建议就改变了面貌。再好的意见，也要依靠群众同心同德，通过群众的劳动来实现。这样的事实是要宣传的，但我们的有些报道太简单化了。此外，写新闻不要搞实用主义，不要“随风转”，一会儿这样讲，一会儿那样讲，对事物的认识和反映，应当有一个客观的标准。

新闻报道中，要分清主要和次要，分清现象和本质。如果把次要当成主要，把现象当成了本质，就谈不上观点的正确。新闻报道应当有辩证的观点、全面的观点，切忌片面性，讲了这个，丢了那个。例如，我们要宣传改革创新、开拓前进的“千里马”精神，也要宣传忠心耿耿、任劳任怨的“老黄牛”精神，能不能使报道做到辩证、全面，涉及记者的认识水平。我们前面讲的记者要有理论修养，就是因为理论可以帮助记者在复杂的现实生活面前，有识别的能力。在前面这些问题上，如果新闻报道认识不清楚，就要影响新闻的思想性，严重的要对实际工作与人民生活带来祸害和损失。

新闻报道的思想性要求新闻的格调要高一些，标准要高一些。实际生活中有些好事，应予肯定，但不宜“捧”得太高。例如，有些人在国外进修获得博士学位，这当然是件好事。但也不要吹得了不得，因为在国外得个博士学位，并不是很稀奇的。我们吹得过分，反而贬低了自己。在新闻改革中，大家提出：新闻要讲究读者兴趣，要讲一点趣味性，这是正确的、必要的，过去这方面注意不够，应予以纠正。但对于趣味也要作一些分析和区别，趣味有健康的，有不健康的，有高尚的，也有庸俗的。不应迎合少数人的低级趣味。有的新闻，内容比较有趣，可以写得风趣一些。如写熊猫，当然可以写得活泼可爱、兴味盎然。但有的新闻在熊猫身上用上什么"青梅竹马"、"两小无猜"、"情投意合"、"燕尔新婚"等等陈词滥调，来迎合一些读者的低级趣味，这就降低了新闻的思想性。还有一条新闻，说沈阳有一位青年女工，身高 1.67 米，却留了2.02米的长头发，每天站在凳子上梳头发六七分钟。她的长发养了十几年，"长得漂亮，黑亮、粗壮，有弹性，又不开叉"，"每周要用醋和面洗一次"。这种新闻报道，究竟有多少积极意义呢？甚至还有一些跟着报道有更长头发的女士。我们写新闻不要有一种"猎奇"的观点，"猎奇"的东西，往往是损害新闻报道的思想性的。过去西方新闻主张"狗咬人不是新闻，人咬狗才是新闻"。这种主张，带有一定的片面性，有引导新闻工作者去追求反常的、奇怪的事情之嫌。我们不仅要考虑读者要不要看，听众要不要听，还要考虑看了、听了之后他们得到什么，这是更重要的。有一年，一些报纸刊登一篇消息，题目是《广西一妇女自己剖腹产女婴》，写一位妇女怀孕九月，肚子剧痛难忍，便手拿菜刀剖开肚皮，在丈夫帮助下取出一个五公斤重的女婴。这种纯属"猎奇"的东西不科学，只能引导人们走向愚昧。这有什么思想性呢？与此形成鲜明对比的是《解放军报》的一篇新闻，题目是《奋不顾身可贵，不懂科学吃亏》，写沈阳某部队十四连炊事班长下到严重缺氧的菜窖里，昏倒了，为了抢救炊事班长，其他许多战士一个个奋勇跳下去，有的昏倒，有的窒息难忍，经采取另外措施紧急抢救才全部脱险。事后，党支部帮助大家分析这一典型事例，使大家认识到科学文化知识的重要性，从而制订了学习科学文化知识的一些措施。这样的新闻，包含着丰富的深刻的思想，充满了辩证法，其宣传作用也好。所以，任何时候都不可忘掉新闻报道的思想性。

新闻报道的思想性，要求记者在报道时，照顾全局，有全局观念。有些事从局部看是一件好事，在全局来看未必有生命力，不宜广作宣传。有的事情虽然是一件好事，很受群众欢迎，但其深层次的负面影响也不容忽视，那么，我们的新闻报道就不宜一个劲地炒作，推波助澜，而应理性地引导受众。如“超女”、“好男”的评选，不少媒体和记者倾注了太多的热情，而缺少理性的剖析、引导。有些社会热点问题，媒体和社会理应站在主旨更高的立足点上进行审视，抓住要害和实质，而不宜随波逐流的纯客观主义的调查访问、座谈实录。如《中国教育报》曾评论《少做些无厘头的调查》：

［实例3］

你是否反对大学生“傍大款”、“周末二奶”？某省妇联以此为话题，在吉林大学等五所院校女大学生中开展了一项调查。结果，只有43.7％的大学生反对，21.2％的人认为“很正常，每个人追求不同”，33.7％认为“无所谓，但自己不会去做”。对这个活动，有人认为很有意义，更有人对结果显示的“部分女大学生思想道德认识模糊，甚至为了金钱可以放弃一切”的不良风气深表义愤。

其实这种调查本身就是“无厘头”。大家都知道实际上这已预设了一个道德判断：要反对“傍大款”当“二奶”，否则就是“思想认识模糊”。我们相信女大学生们对此心知肚明，但她们宁愿“模糊一下”。因为一个活动越“煞有介事”，越能激发参与者的游戏意识。

说到底，这样的调查没多少积极意义。也许妇联的初衷是为了更好地维护妇女权益。大家都知道，当下最损害妇女权益的是家庭暴力和资本暴虐下不人道地使用女工。妇联要履行好职责，理应多在这两方面下工夫，如果硬要就目前法律尚无明确规定的“二奶”、“傍大款”问题开展调查，也应首先把问卷发给那些最具可能包养女大学生的人。在当前城乡各条战线的改革中，有些事情从局部、暂时看，效果确实不错，但从全国出发来衡量，同宏观方针联系起来看，从长远观点来看，不一定值得报道。另外，我们的新闻报道不仅应有全国观点，还应当有国际观点。要考虑有些报道可能在国际上产生的影响。随着我们国家在国际上威望的提高，随着现代化传播工具的迅速发展，新闻记者眼界应当更宽广一些，立足应当更高一些。平时，不仅要密切注意国内动态，而且要放眼世界，观察国际风云，把国际和国内情况联系起来思考、分析，使报道质量提高一步。

二、正确地、坚定不移地宣传党的方针政策

在我国，新闻报道的一个重要任务是宣传党和政府的政策。党和政府的方针政策不仅要让领导知道，而且也要让广大群众知道，都能懂得并掌握，然后才变为群众的自觉行动，推动事业前进。所以，宣传政策是新闻报道思想性的重要内容。

宣传政策要有坚定性，陶铸同志有句名言："宣传党的政策，我们的报纸需要有这样的态度：你相信，我也这样讲；你不相信，我也是这样讲；你骂娘，我也是这样讲；你喊万岁，我也是这样讲。"党的政策贯彻下来，人们的认识有高有低、有浅有深，接受起来有快有慢，加上社会上常有错误思潮的干扰，媒体应面对实际，不"绕道走"，坚定不移地宣传政策。好新闻《分清主流和支流，莫把开头当过头》，就是坚定宣传政策的一例。报纸宣传政策，不是复述政策条文，而是要了解政策贯彻过程中的种种情况、种种问题、种种经验、种种人物，活生生地体现政策，这样才能使政策深入人心。

宣传政策要有准确性，要掌握政策界限。这要求新闻记者认真学习政策，深刻领会政策的精神实质，切忌一知半解，宣传政策热情有余，"本钱"不足，搞不好，会出大问题。有的记者往往对一些问题缺乏认真的调查研究，政策界限还分不清楚，就急于闻风而动，急于对问题表态、报道。比如说，一个时期中，有些新闻脱离我国实际，片面、集中地宣传高消费、高享受、高待遇，宣传向发达国家的生活方式看齐。有媒体前一阵就在炒作大学开设高尔夫专业的新闻。有的宣传使人产生这样的印象，好像不穿西装、不涂口红、不打高尔夫球就是不识时务，顽固守旧，以为这些是新观念。有些新闻一而再，再而三地宣传别墅豪宅、千万富翁……好像谁富起来就是先进典型，学习榜样；而不注意这些富户的情况是完全真实的，还是有些是虚假的；是走正道富起来的，还是走歪门邪道富起来的。而随着我国经济的发展，一部分人、一部分地区已先富起来了，国家政策也及时地作出调整，不再强调让一部分人先富，而改为提倡共同富裕，缩小贫富差距，先富帮后富，建立和谐社会，强调科学发展观等等。我们新闻报道就要准确体现党的最新精神、最新政策，否则就谈不上准确领会和宣传党的方针政策。

在改革宣传中，提法一定要准确，有道理，符合政策，有利于促进改革开放事业。过去这一类教训很多，今天不应重犯这一类错误了。改

革是伟大的事又是前人从未做过的事，一定要走一步，看一步，不断总结，稳步前进。新闻报道不应当轻率冒失，盲目起哄，给社会、受众造成负面影响。

宣传政策还应有连续性，使读者体会到政策的稳定性，而不是朝令夕改，反复无常，言而无信。有的人就担心我们政策多变，说怕“春天说的话，秋天就变卦”。我们新闻宣传要了解群众之忧。政策宣传如果没有连续性，受众就莫衷一是，不知怎么好。宣传报道要有辩证观点，让人们有一个正确的认识。

三、密切结合当前形势、任务，有的放矢地解读新闻

新闻报道的思想性，表现在它有明确的针对性、目的性。新闻报道要求与实际工作、人民生活呼吸相通，打到读者心坎里去。我们不能绕开实际工作中的问题走，不能隔靴搔痒。要调查研究，掌握情况，心中有数，有感而发。要使报道能引起强烈的反响，表扬性的稿件是有的放矢的，批评性的稿件更应是切中时弊的。总的来说，要做到三针对：针对社会思潮、社会动向；针对实际工作和干群思想上迫切需要解决的问题；针对一些谣言攻击作报道。要善于在风起于青萍之末时就及时发现，及时提出。这样，才能起到有效的引导作用。这就叫解读新闻。如2008年中国举办奥运会，西方媒体有的报道说什么“奥运猪”、“特别蔬菜”……在中国食品安全上大做文章，我们就要洞察新动向，及时用事实给以回答。在国内一系列的改革当中，出现了许许多多新情况、新问题。针对这些情况和问题，新闻工作者要大力进行理想、纪律和法制的教育。要通过事实的报道，教育干部顾大局、识大体，想国家，想人民，而不能只是为本单位和个人的利益而奋斗，更不能趁改革、开放之机搞歪门邪道，刮不正之风。在新的历史条件下，一些消极、落后、腐朽的东西必然要潜滋暗长，影响到人民群众，特别是青少年的思想和生活。新闻传播要有的放矢地进行遵纪守法的宣传教育，多报道正面的典型，对干部群众进行引导。正面的报道是有针对性的，不是无的放矢，为报道而报道。同时要通过新闻报道适当地揭露一些典型的反面事例，从正反两方面进行报道，这样传播效果会更好。

[实例4]

2008年7月29日新华社的两条消息：

因空气质量调整比赛时间，可能性很小

新华社北京 7 月 29 日奥运专电（记者高鹏）国际奥委会奥运会执行主任费利 29 日在接受新华社记者专访时表示，北京的空气质量比外界想象的要好，他认为奥运会期间因空气质量调整比赛时间的可能性很小。

上周，北京持续出现雾霾的天气。一些外国媒体纷纷报道称，北京实行交通限行措施后空气污染问题依然严重。对此，费利表示，判断空气是否存在污染不能全凭肉眼，要靠科学数据说话。他说："能见度降低，许多人就认为空气质量有问题，但我们清楚，那其实不是污染，是雾，一种自然现象。"

国际奥委会此前曾表示，如果奥运期间北京的空气质量不令人满意的话，有可能会调整部分室外耐力项目的比赛时间，比如马拉松。费利说，从目前情况来看，应该没有调整比赛时间的必要，但他强调，国际奥委会将会继续关注北京的空气质量，并会根据监测数据结果做出相应决定。

现在距北京奥运会开幕仅 10 天，费利形容此刻他的心情是既"兴奋"又"紧张"。"因为要确保奥运会的组织运行无误，确保参加奥运会的各方都满意，所以压力很大，但同时的确非常兴奋。"他说。

北京答疑：阴天雾天不一定是污染天气

据新华社北京 7 月 29 日电（记者赵仁伟　马向菲）北京市环保局副局长杜少中 29 日在回应媒体疑问时说，希望大家不要完全用自己的感觉去评价天气的好坏，而应该用监测数据。北京的阴天、雾天是自然现象，跟污染没有直接关系。

在北京奥运会主新闻中心举行的新闻发布会上，杜少中表示，因为气象条件引起的阴天、雾天、雨天，看上去不是蓝天，给人的感觉不如晴天好，特别是加上高温、高湿，给人的感觉更不舒服。北京还有一个特点，四季分明，夏季就是多雨，雨前又是多雾，这种天气是自然的现象，跟污染没有直接关系。

当天，国际奥委会奥运会执行主任费利在接受新华社记者采访时也表示："能见度低，许多人就认为是空气质量有问题，但我们

清楚，那其实不是污染，是雾，一种自然现象。”他还说，北京的空气质量比外界想象的要好。

第三节 新闻报道的时间性

新闻报道的时间性，有狭义和广义两种理解。狭义的时间性，专指事物发生到公开报道之间的时间差；广义的时间性，包括时差、时效（就是及时而有效果）、时宜（指最恰当的时间或时机）。我们这里讲时间性，是指广义而言。

在新闻报道时间性的问题上，应树立三个基本观点。

一、新闻报道必须迅速及时

新闻姓“新”，不姓“旧”。新字当头，只有在时间上快，才能确保这个“新”字。日本一位学者曾经指出：“盖新闻如鲜果，过时稍久，则腐败而失其味，不堪咀嚼，读者必弃之如敝屣也。”这是有道理的，也是广大读者经验的总结。所以写新闻一定要有时间观念。人类的时间观念是在长期的社会实践中逐步形成和不断发展起来的。它与社会生产方式紧密联系。生产方式不断向前推进，人们的时间观念也不断向前推进，也就是说，生产方式越先进，人们的时间观念越强烈。而生产方式中，很重要的因素是科学技术的发展水平。在科学技术突飞猛进的今天，人们的时间观念与几十年前、几百年前相比已经有了惊人的变化。

据说，公元 1492 年，哥伦布携带着西班牙女王伊莎贝尔给中国皇帝的国书，率领船队来中国时，由于航行方向没有掌握好，结果绕道横渡了大西洋，无意中发现了美洲新大陆。这一重要信息从美洲传到西班牙女王那里，整整用了半年的时间。300 多年后，1865 年美国总统林肯被刺身亡，消息传到欧洲，经历了 12 个星期（近三个月）。时间再推进 100 年，1963 年 11 月 22 日美国总统肯尼迪遇刺，合众国际社在事发一小时内连续播发了新闻。18 年后的 1983 年，里根总统又遇刺，美国广播公司和合众国际社在七八分钟之内就把消息传遍世界各地。而再过了 20 年，到了今天的 21 世纪，许多重大突发性事件，在世界各大主流媒体和互联网上，几乎都是即时报道乃至同步报道。

新闻与时间的联系，是不可分割的。

迅速及时是新闻报道的一个特点，因为新闻要为当前实际工作和人民生活服务，及时指导，及时服务，才能达到最佳效果。如果拖拖拉拉，迟写迟发，就会变成旧闻，变成“马后炮”、“雨后伞”、“明日黄花”而失去作用，苏轼的诗《九日次韵王巩》中说：“相逢不用忙归去，明日黄花蝶也愁。”久久重阳一过，菊花将枯萎，没有什么好观赏了。新闻不应当是“明日黄花”，让读者见了、听了皱眉头。军事上讲“时间就是胜数”，医学上讲“时间就是生命”，生产上讲“时间就是效率”，那么，在新闻报道方面，时间就是一种效益，就是一种力量，在一定意义上说，时间也就是政治。新闻是“易碎品”，好像我们桌上的一只玻璃杯，它经不起拖，经不起压，一拖一压就要破碎，就不能再为人们服务了。有些人否认新闻是“易碎品”，认为说新闻是“易碎品”就是瞧不起新闻，低估了新闻的作用。其实，新闻是“易碎品”，这是新闻的特性所决定的。写新闻不是为了供人玩赏，不是为了藏诸名山，也不是首先想到要留下什么传世之作。新闻就是为当前读者的需要服务，目的达到了，即使“寿终正寝”了，“碎”了，又有什么不好呢？“易碎”并不是什么缺点，而是一种特性。我们说江西景德镇的瓷器“薄如纸，白如玉，明如镜，声如罄”，才更显出它的独特作用和可贵价值。如果一个花瓶厚如坛、坚如铁，那又有什么美可言呢？所以，说新闻是“易碎品”没有什么错。新闻错过时机，时过境迁往往就没有多大作用了；有些政治性的实际信息，发迟了还会起副作用和反作用。而力求新闻报道的迅速及时，则可以在与对手的斗争中争取主动权，可以对实际工作和人民生活起到立竿见影的作用，可以保持新闻内容的新鲜生动，收到更大的传播效果。

[实例 5]

2008 年 5 月 12 日 14 时 28 分，四川汶川发生大地震。据媒体称，凤凰卫视作了即时报道。新华网于 7 分钟后发出快讯：“12 日 14 时 35 分左右，北京地区明显感觉到有地震发生。”25 分钟后，新华网再次发出快讯：“四川汶川发生 7.6 级地震”（后两次修正为 8 级）。地震发生后 56 分钟，新华社从成都发出第一张地震图片，时效领全球各大媒体之先。美国《华尔街日报》在 5 月 14 日评论说：“作为许多人眼里中国政府的主要宣传工具的官方媒体新华社，此次对四川地震报道之迅速、之全面大出人们预料。”新加坡《联合早报》5 月 21 日评论说：“中国媒体在地震报道中所显示的空前自由度，也让世界刮目相看，甚至可以说是地震般的巨变。”时间越快越主动，这已成为人们的共识。

到了20世纪90年代，高科技使新闻传播与高速电子传真和人造卫星紧紧联系在一起，世界在某种意义上变成了“地球村”；我们的新闻报道，又面临着国内外激烈的新闻竞争。在这种情况下，新闻报道的时间性就更加突出地摆在新闻工作者的面前。外国的新闻报道很重视时间性，他们报纸有早晨版、中午版，还有午夜版，尽可能供给读者以最新的消息。他们还有一种全新闻广播电台，一天到晚基本上都是播送新闻，告诉听众最新消息。他们的新闻记者，每天为抢新闻而进行生死搏斗。我们的新闻报道，在奥运会、世博会召开之前有了突破性的进展。各新闻媒介投入大量财力、物力，更新设备，运用最新科学技术，如电脑、数码相机、卫星传播技术等等，使许多重大报道赶上了时代的步伐，走到了世界的前列。在突发性自然灾害和公共卫生事件发生时，在重大政治活动和国际上重大事件发生时，各新闻单位也开始抓紧收发，记者们也投入了时间性竞争的生死搏斗。

现在新闻报道的时间性已经不仅以天计、以时计，甚至是以分秒计的了。许多新闻讲究即时报道、同步报道。这在广播电视媒体和互联网、手机新媒体表现得尤其突出。

[实例6]

2007年7月29日上海《青年报》报道《美两架直升机空中“抢新闻”相撞》说，当地7月27日下午12点40分，两架电视台直升机在美国南部亚利桑那州菲尼克斯市中心上空现场直播警车追捕一名盗车贼的惊险场面时，竟然凌空相撞并坠毁，机上4名驾驶员和摄影记者全部遇难。

据悉，这是美国有史以来首次新闻直升机在拍摄过程中相撞的事故。事发前，在市中心的一条高速公路上，一名男子驾着偷来的大卡车突然冲破警方路障并疯狂逃逸，随即多辆警车对之展开追捕。肇事卡车在一路狂奔过程中，撞毁了多辆无辜的小汽车并冲到人行道上，整个追逐场面犹如动作电影一般惊险刺激。当地数家电视台在得知这一事件后，立即纷纷派出新闻直升机赶往现场上空，对这一戏剧性场面进行直播。

5分钟后，警方开枪打破轮胎，卡车司机被迫停车，但他很快劫持了一辆小汽车并逃窜到一户人家里躲起来，当地警方在特种部队配合下开展围捕工作。令人意想不到的是，就在直升机上的记者们全神贯注地报道地面上这场“警匪追逐”的好戏时，两架分别隶属KNXV电视台15频道和KTVK电视台3频道的直升机竟在不知不觉中越开越近，最终竟撞到一起！直到两机相撞的一瞬间，KNXV电视台直升机上的记者克莱格·史密斯才终于意识到危险，并恐惧地大声喊出最后一句话：“哦，上帝呀！”随着“轰”一声巨响，两架直升机顿时如玩具般解体并化成一团火球，坠毁在菲尼克斯市中部斯蒂尔印第安学校公园内一个教堂前的草地上！这突如其来的一幕让地面上的民众全都惊得目瞪口呆。公园内顿时乱作一团，惊恐万状的人们纷纷夺路而逃，许多人起初还以为又遭到了一次类似“9·11”事件的恐怖袭击。事故发生后，当地消防队和救援部门也立即赶往现场。电视画面显示，出事地点火光冲天，黑烟滚滚，两架直升机很快就被烧得只剩下残骸。尽管火势很快被消防队员控制，但是，两架飞机上的总计4名飞行员和摄像记者全部遇难。

可怕的是，这一恐怖事故还在第一时间通过新闻报道频道向全美国观众“现场直播”。

据悉，当地也在现场上空的福克斯新闻网KSAZ电视台一架直升机上的记者亲眼目睹了灾难的发生。事故刚一发生，KSAZ电视台立即果断地停止播放“警匪追逐”画面，转而对坠机事件展开报道。接着，其他拥有直升机的电视台也在不到一分钟时间内开始报道这次离奇空难。

美国电视台都非常喜欢利用直升机拍摄高速公路上“警匪追逐”，甚至是枪战的刺激场面。然而，这次惨剧很可能是美国有史以来首次新闻直升机在拍摄中相撞的事故。27日晚些时候，警方已经将这次惨剧的“罪魁祸首”——肇事卡车司机逮捕。菲尼克斯市警察局长杰克·哈里斯认为，由于4名遇难的新闻工作者是在报道他的犯罪行为时出事的，因此该司机很可能将作为“间接凶手”而受到“谋杀罪”起诉。

新闻报道是否迅速及时，不是一般的技术问题，而是一个涉及政治的重要问题。新闻报道不及时必然脱离实际，脱离群众，引起国内人民的不满，也会引起境外民众的误解。比如，以前我们对突发性的事件要么不予报道，要么等处理完毕了再予以报道，这在信息快速流通的当代，反而在国内外造成了不少负面影响。如千岛湖台湾游客被害事件、非典事件、松花江污染事件、一些群体性的冲突事件，等等，由于我们在报道理念上与时代发展的不合拍，给政府工作和国家形象造成了不应有的损害。据此，我们的党和政府不断地与时俱进，及时出台了《国家突发公共事件总体应急预案》，要求"事件发生的第一时间"即须向社会发布信息。2008 年 5 月 1 日起，开始正式施行《政府信息公开条例》，确立了信息"公开是常态，不公开是例外"的原则，并规定应通过各种媒介公开信息。

在前不久发生的贵州瓮安群体事件、杨佳上海袭警事件等，媒体均予以及时报道，平息了谣传，稳定了人心，促进了政府工作的改进。所以一定要以高度的政治热情、政治敏感和政治责任感来从事新闻报道，也要以雷厉风行的战斗作风来搞报道。我国的现代化建设越向前发展，人们的生活节奏会加快，新闻工作者一定要主动出击，敏捷反映，才不负群众期望。那种"一杯茶，一支烟，悠悠然坐等新闻到眼前"的姿态，再也不能容忍了。目前有些新闻报道时间性不强，一方面是记者的问题，没有及时抓住新闻，及时采写发稿；另一方面是编辑部处理缓慢，作风拖拉，管卡太多。有些新闻单位对此进行了改革，采取新的措施，如快讯直接编发，设置"今日新闻"专用电话，建立各个环节的时效责任制；有的实行"今日新闻一条龙"的处理方法，做到随采、随写、随编、随发。有的新闻单位订出制度奖励快抓、快发的记者、编辑和通讯员等等，收到了好的效果。

随着互联网的进一步发展，网络信息传播的速度会更快，技术会更先进，每个人都会是信息的发布者，任何的"屏蔽"、"删除"等手段都无济于事，唯一可行的是健全网络法规，改进主流媒体的新闻传播理念。

二、要在真实、准确和不泄密的基础上求快

强调新闻的时间性，决不能动摇真实性的原则。没有真实性，其他任何"性"都失去意义。因为真实性是新闻的生命。外国人有把时间说成新闻的生命。强调"时间第一"，把抢快说成是"满足人类固有的天性"，这是缺少分析的浅陋之见，有的甚至是欺人之谈。新闻的发表总

是有所选择，有所为而作的，首先是离不开阶级利益的制约。国外也不是“唯快主义”，不是不加区分地一概都抢。我们更要注意在政治上考虑利害得失，特别要注意必须在真实、准确和不泄密的基础上求快。

凡事情尚未发生，决不能当成已经发生来报道；不能把估计说成统计，有的农作物还长在田里，新闻就报道产量增长多少了，这就不对。不能把计划预算说成现实。

凡事情过程未弄清楚，或暂时弄不清楚，或有些需等一等才能做判断的，决不轻易用判断性语言抢先见报；不可想当然，凭老经验，也不能打马虎眼，含混过关。有些报道宁可压一压待弄清楚之后再发表。

[实例 7]

有一天，某城市发生了一次行车事故。一家报纸发出的新闻题目是：《昨晚四川北路避免了一次重大事故，公交驾驶员唐维科临危不惧可钦可佩》，内容写汽车行进中突然气泵管爆裂，刹车失灵，驾驶员临危不惧，急中生智，一面紧按喇叭，一面急转方向盘，冲过绿化地带，车上二百多人安然无恙。可是，第二天另一报纸的新闻却是《一辆二十一路公共汽车闯入绿化地带　电车一场引以为戒开展安全教育》，说车辆行进中冲进绿化地带，造成了一次行车事故。据公交公司、电车一场技术部门昨天鉴定，原因是机修工对车辆保养不周，少加了一只轮胎钢圈压圈，以致车辆行驶途中，左前胎爆裂，而驾驶员对这一突然故障判断失误，误以为刹车失灵，慌忙急转方向盘，使车辆闯进了绿地。显然，前一家报纸抢了一条“昨晚”的最新消息，但事情没有搞清楚。第二家报纸在事故发生当晚也得知了这一情况，领导上觉得要等查清楚后才好发新闻，没有抢发，他们做对了。

所以，新闻要新要快要抢，但一定要在真实、准确的基础上求快。至少要以基本事实不出差错为前提。外国新闻学著作，往往把新闻的生命归之于一个“快”字，这是失之偏颇的。在力求新闻迅速及时的问题上，应注意：

凡事情细节未采访挖掘到，宁可报道单薄一点，先报道一个概要，待进一步掌握详情细节后再连续报道，详尽报道。

凡人物语言未掌握，不可为求快发表而采用“大家说”、“他们认为”、“一致表示”等做法，把记者编辑的语言强加于人。

对于突发性事件，首先应于第一时间作出报道，然后再发后续报道，一方面进行较完整的报道（包括背景和原因的挖掘、剖析），另一方面对前面报道有偏差的地方作出修正，并进一步作补充报道。

凡涉及政治、军事、商业、文化等等各方面机密的事，不能随便见报，宁可慢一点经请示同意后再报道。科学无禁区，宣传有纪律。新闻的时间性要受纪律的约束。1951 年 6 月 8 日，政府曾公布《保守国家机密暂行条例》，其中说：“凡报刊公布、电台广播的新闻、论文、资料等，内容均不得涉及国家机密。”今天在世界经济一体化，市场经济空前活跃的新形势下，更要重视这一点。如有关对外贸易的计划设想，谈判对象、策略、盈亏情况，有关不宜公开的新发现、新发明、新创造和重要的科技试验活动，有关军事机密和其他种种内部问题，一般都不报道。个别确实需要公开见报的，一定要严格审查，得到批准，决不能轻率从事，抢先发表。这几年有些同志笼统地提出要“抢新闻”，不作什么具体分析，这是不妥当的。新闻确实要抢，但也必须明白是：有新闻，有旧闻，有无闻。具体事物具体分析，一切以国家、人民的根本利益为重。什么好讲，什么不好讲，什么讲到何种程度，都很有讲究。记者要有政治头脑，政治眼光，这就决不是一个“抢”字所能穷尽的。

但归根结底，必须要以法律法规进行管理，还要遵守新闻规律作报道，否则，以某些官员的想当然而规定什么新闻该发，什么新闻不该发，容易把事情搞糟。

三、要注意掌握报道的时机

新闻报道必须适时，切合当前形势和任务的需要，及时回答人们普遍关心的问题，及时指出社会上值得注意的倾向。报道时机掌握得好，新闻发表在“火候”上，就能正好击中社会上绷得很紧的一根弦，从而引起强烈的反响。这也是新闻报道迅速及时的一个重要方面。我们强调时间性，是为了发挥新闻的效用，满足受众的需求；报道时机适当，作用就大。这体现了新闻报道思想性与时间性的一致。

及时的新闻，一般应该是切中时弊的，对当前实际生活能起到沟通信息、推动工作作用的，不能单纯从“今天”、“昨天”这些字眼上来判断新闻是否迅速及时。

掌握新闻报道的时机，是一种高超的艺术，正像烹调中的炒腰花，掌握火候很不容易，过早了夹生，太迟了烂黄，而有经验的厨师，总是在刚刚炒熟时把它盛起来，不早不迟，鲜美可口。我国有一句待人接物的古话，叫做“不得其人而言，谓之失言。不得其时而言，谓之失时”。新闻报道也要掌握好时机，有时尽管内容很好，但时机不当，也会给实际工作和生活“帮倒忙”。有些与国际交往或与广大人民群众生活关系密切的事情，早一天报道与迟一天报道，甚至早几个钟头与晚几个钟头报道，都大不一样，非同小可。2008 年北京举办奥运会，韩国 SBS 电视台在开幕式正式举行前，有意泄露了彩排的内容，违背国际惯例，遭到世界舆论的批评。国际奥委会发文规定，8 月 8 日北京奥运开幕式上，SBS 电视台禁止携带自己的摄像机进入“鸟巢”现场。而美国唯一的北京奥运转播商美国全国广播公司（NBC）为了商业目的，决定延迟近 12 个小时播放开幕式，将直播变为录播，受到广大美国公众的指责，还着实让网络和报纸大大“火”了一把。

新闻报道时机的掌握要有经验，要注意吸收前人正反面的经验教训；同时要对全局情况胸中有数，善于研究分析，审时度势，切中要害。这也正是新闻工作者难当和高明之处。

新闻工作应当讲求时效，但不是说所有报道都要无条件地追求时效。不能把讲求时效同匆匆忙忙混淆起来。某些重要新闻、重大事件，不考虑成熟，必须请示的也不请示，就急急忙忙发表，这往往会使党和政府的威信遭受损失。反过来说，有时某些大事情暂时不发表，反而有利，比如《邓小平文选》中有些很重要的讲话就是几年以前讲的，当时没有发表，后来发表出来，还不是大新闻？所以，讲求时效与急急忙忙不是一回事，重大新闻的时间性要服从于国家和人民的利益。

[实例 8]

十大垃圾食品评出
饼干方便面冰淇淋榜上有名

（某报 2005.4.17）

本报讯 世界卫生组织公布的十大“垃圾食品”有油炸食品、腌制食品、加工类的肉食品、饼干、方便面、碳酸饮料、烧烤食品、罐头、果脯、冰淇淋等。

油炸食品 此类食品热量高，含有较高的油脂和氧化物质，经常进食易导致肥胖，是导致高脂血症和冠心病的最危险食品。在油炸过程中，往往产生大量的致癌物质。

腌制食品　在腌制过程中，需要大量放盐，这会导致此类食物钠盐含量超标，造成常常进食腌制食品者肾脏的负担加重，发生高血压的风险增高。还有，食品在腌制过程中可产生大量的致癌物质亚硝酸盐，导致鼻咽癌等恶性肿瘤的发病风险增高。

加工的肉类食品（火腿肠等）　这类食物含有一定量的亚硝酸盐，故可能有导致癌症的潜在风险。

饼干　饼干里面的食用香精和色素过多，会对肝脏功能造成负担。

方便面　属于高盐、高脂、低维生素、低矿物质一类食品。一方面，因盐分含量高增加了肾负荷，会升高血压；另一方面，含有一定的人造脂肪（反式脂肪酸），对心血管有相当大的负面影响。加之含有防腐剂和香精，可能对肝脏等有潜在的不利影响。

碳酸饮料　长期引用碳酸饮料容易引起肥胖，而且会给肾脏带来负担。

烧烤类食品　含有强致癌物质三苯四丙吡。

罐头类食品　不论是水果类罐头，还是肉类罐头，其中的营养素都遭到大量的破坏，特别是各类维生素几乎被破坏殆尽。同时，由于能量较高，有导致肥胖之嫌。

果脯、话梅和蜜饯类食物　含有亚硝酸盐，在人体内可结合胺形成潜在的致癌物质亚硝酸胺；含有香精添加剂可能损害肝脏等脏器；含有较高盐分可能导致血压升高和肾脏负担加重。

冷冻甜点　包括冰淇淋、雪糕等　这类食品有三大问题：因含有较高的奶油，易导致肥胖；因高糖，可降低食欲；还可能因为温度低而刺激胃肠道。

某报在头版加框醒目处理经济信息《十大垃圾食品评出》，问题主要是信源选择缺乏独立思考。事关国计民生的重大经济信息不能随意处理，一定要考虑社会影响。顾客看了这篇报道，到超市简直不敢买这些食品、不敢吃这些食品了。

编者对信源的由来与针对性未作解读。世界卫生组织发表这一食品信息，是基于世界经济发达国家的标准要求，重在从卫生保健角度提醒适量可用，超量有限，并非有不可食用的毒性。只不过要求消费时注意选择、食用不宜过量而已。而且，从导语看，发布这一经济信息真实的前提是科学检测的结果，并非是“评出”来的结论。所以，究竟信源是否世卫组织，也需核实。

无独有偶，三年后，2008 年 3 月 20 日《新闻午报》B05 版以整版篇幅报道：《你会按“世卫食品榜”饮食吗？世卫组织：从未发布相关信息　医学专家：食品排名不科学》，报道互联网上传播世界卫生组织公布“健康食品榜”，世卫组织予以否定，专家也认为不科学。这对于不顾一切抢发“抢眼”新闻的媒体和记者来说，是一个极好的案例教材。

总的来说，新闻要注意时效，要快。为了新闻的快，还必然带来一个短字。只有大力提倡短新闻，才能更好地做到新闻的快。短新闻是时代的需要，是受众的需要，也是各条战线各行各业的需要，新闻的短、快是联系在一起的，要结合在一起抓，才能见效。

最后，还必须说明的一点是：我们强调新闻时效性，还要不要那些没有明显时效的典型、通讯报道呢？无论报纸、通讯社或广播、电视、互联网等媒介，新闻都是主要的报道形式，同时还得兼顾其他各种报道形式。西方新闻界也是如此。以目前西方四大通讯社（路透社、美联社、合众社、法新社）来说，他们常用的报道形式有三种：一是要抢时效的重要新闻，强调快、短，往往新闻导语只有一句话，同时又是新闻的第一段（不再重复），而且还规定字数，如美联社规定新闻导语平均 30 字，后来缩短为 20 字以内，目的就是要求写短些、发快些。二是新闻特稿，有点像我们的通讯、专访，就不太强调时效性，也不计较导语的写法与字数，但通常也是比我们的通讯、专访短一些。三是新闻述评，如我们的评论员文章，记者述评之类的文章，时效性也不强，而是强调针对性。我国新闻报道形式，历来就是多种多样、丰富多彩的，除了共同的以新闻为主外，各报还有各报的“重头戏”，有的以评论著称，有的以通讯闻名，有的以典型影响全国，有的以特稿扬名海外……这些优良传统，都必须继承发扬。

第四节　新闻报道必须用事实说话

新闻要用事实说话，这也是新闻的定义和特性所规定的。新闻是新近发生的事实的报道，这个定义就强调新闻是事实的记录。如果说，文学是用形象说话，评论是用论理说话，那么，新闻就是用事实说话的。新闻记者用客观地叙述事实的方法，来说出自己要说的话（即道理、观点、思想），用事实来影响受众，引导舆论。这一特性，使新闻区别于政治文艺等其他宣传品种和报章文章而独立存在，显示它的不可代替的作用。外国新闻学著作说到记者每天都在对读者说话，只是把舌头留在嘴巴里，这就是说新闻的独特作用和可贵价值，在于向读者提供事实，让读者从事实中得出记者需要得出的结论，这种潜移默化的作用，比明显的说教要好得多。

事实胜于雄辩，事实是最过硬的东西，叫做“铁的事实”。而空话，则毫无用处。我们实际生活中有许多例子可以证明这一点。俗话说：“王婆卖瓜，自卖自夸”没有多少人相信。列宁曾经讲过这样的话，大意是那些在市场上叫卖得最响的，往往恰恰是急于把劣等商品推销出去的人。我们现在大街上也常常会碰到这样的人，以致使一些人上当受骗。上当一次可以，第二次人家就不会上你的当了，所以叫得再响，也没有用处。相反，有时候在街头也会发现“哑巴卖刀”的事。哑巴不会讲话，他用几根粗铁丝放在地上，拎起手中的刀一下子斩下去，地上的粗铁丝顿时分成两段，围观的人一看这哑巴的刀确实灵，于是纷纷掏钱购买。这就叫“用事实说话”，也就是我们古人说的，“桃李不言，下自成蹊”。

一、新闻报道用事实说话的好处

1. 符合人们认识的规律

人的认识，总是从具体到抽象，从个别到一般，日积月累，潜移默化，逐步形成对事物、对生活、对周围世界的观点、看法、见解。

2. 适合人们的心理规律

你越尊重读者，相信读者的思考能力和判断能力，他越相信你提供的情况和信息；你越对读者估计过低，生怕人家不知道，要挺身而出发议论，读者往往越是不买账。经过几十年，特别是经过国际、国内的各种变革，市场经济的纷繁莫测的正反面经验教训，人们变得不那么轻信，学会了思考；加上对外开放，信息越来越多，人们眼界大开，更善于自己独立判断，从事实中得出结论。他们的思维能力、联想能力、判断能力都增强了。这一点应当引起新闻工作者的注意，要努力把报道打进人们的心坎，最好的办法就是用不断提供事实、提供情况、提供信息、提供服务的办法，来潜移默化地影响和教育、启发群众。正如唐代杜甫的诗《春夜喜雨》中写的："好雨知时节，当春乃发生。随风潜入夜，润物细无声。"我们的新闻报道，要如习习春风，吹入心田；要像绵绵春雨，点滴入土。这才是最佳的传播效果。其办法就是：巧妙地用事实来说话。2008年6月20日，在《人民日报》创刊60周年之际，胡锦涛总书记到人民日报社考察工作并发表重要讲话，重点谈到提高舆论引导能力的问题之后，还提出了"事实说话"、"典型说话"、"数字说话"的重要观点。

一位老新闻工作者曾说："学写新闻还叫我们会用叙述事实来发表意见。我们往常都会发表有形的意见，新闻却是一种无形的意见。从文字上看去，说话的人，只要客观地、忠实地、朴素地叙述他所见所闻的事实。但是因为每个叙述总是根据着一定的观点，接受事实的读者也就会接受叙述中的观点。资产阶级的新闻记者们从来不说我以为如何如何，我以为应该如何如何，他们是用他们的描写方法、排列方法，甚至特殊的（表面上却不一定是激烈的）章法、句法和字法来作战的。他们的狡猾，就是他们偏袒一方面，攻击另一方面的时候，他们的面貌却是又'公正'又'冷静'。我以为不要装假，因为我们所要宣传的只是真实的事实，但是既然如此，我们就更加没有在叙述中画蛇添足的必要了。"这里面所讲的道理是很中肯的。

请看上海《新闻午报》这一条新闻。

［实例9］

CNN收到本报诉求但三缄其口

西班牙媒体：学习贵报正义感　日本媒体：理解支持并要报道美国本国媒体客观罗列CNN应该道歉三条理由：

第一，道德上站不住脚；

第二，基于道德上站不住脚，自然不可能得到美国媒体和公众的支持；

第三，其赞助商不敢得罪中国消费者，如果要撤广告，CNN更得低头。

"CNN有关负责人，以下是中国上海《新闻午报》刊登公告的链接、网络转载和中国网民对此的支持，非常期待CNN的回复。"

——记者昨晚在致电 CNN 位于美国亚特兰大总部无果的情况下，向其官方电子邮箱发送了邮件。

本报讯 昨天本报报纸及网站刊登的“针对 CNN 辱华报道和言论，严格要求对方道歉并开除辱华主持人卡弗蒂”的大幅公告，引起了境内外媒体和广大读者的强烈反响。昨天下午，记者致电 CNN 驻北京办事处，一位女士表示，已经通过网络了解到此事，也有不少境内外媒体致电询问 CNN 对此事的反应。

CNN 驻北京办事处——无权回应请联系公关部门

该人士称，CNN 驻北京办事处无权对此做出回应，只能将此事的发展动态报告 CNN 的香港公关部门，由他们回应记者的问题。当记者表示想直接询问 CNN 香港公关部门时，该人士却不愿意透露香港公关的电话、地址等任何信息，只是记下了记者的联系方式，称“会尽快报告香港公关，并给予一个答复”。但至昨晚 24 时截稿时，记者依然没有收到 CNN 香港公关的任何回应。

CNN 驻北京办事处的多位记者一听到是关于“CNN 辱华事件”的询问时，都十分谨慎，不愿发表任何个人看法，纷纷表示“我们现在无可奉告，请你与我们在香港的公关联系”。

记者昨晚 23 时（美国当地时间 11 时）直接拨打位于美国亚特兰大的 CNN 总部电话，但电话却始终处于无人接听状态。最后记者只能以发送电子邮件的形式将本报刊登的链接及网络的转载、中国网民对此的支持发至 CNN 公布的官方电子邮箱，并表示“非常期待 CNN 的回复”。本报将进一步追踪此事，要求 CNN 作出适当的回应。

驻沪境外媒体——新报坚守舆论阵地很好

西班牙埃菲通讯社驻沪记者翰安览，昨天上午在网上看到了《新闻午报》整版刊发要求 CNN 道歉的大幅公告，感觉很有正义感。他昨天向记者表示，身为一个媒体人，卡弗蒂严重违背新闻职业道德和做人的良知。“任何新闻从业人员没有污蔑、谩骂别人、别国政府的特权。CNN 最近的所作所为完全违背了客观平衡的报道原则，甚至丧失了道德准则。”翰安览表示，《新闻午报》的这一正义之举非常值得其他媒体学习，“媒体就应为该地站出来，通过正确的舆论，引导国民的行为。”

日本时事通讯社驻沪记者岩切司昨天也表达了他的个人看法：“《新闻午报》的做法很正确，媒体就应该站在爱国第一线，用自己特有的舆论阵地对说话不负责任的人提出强烈的谴责。”

日本《读卖新闻》上海支局长加藤隆则昨天中午也对本报记者表示，《新闻午报》这幅公告很好，他表示理解与支持，并要在他的报纸上公正客观地报道此事。

有人说新闻是“透明体”，看上去都是事实，是信息。记者善于平心静气地、有节制地说明自己的立场观点，运用无可辩驳的事实来说明问题，寓观点于事实之中，内容尖锐而形式含蓄、客观。这又是新闻记者的一种高明技巧。具体、形象、生动的事实最有说服力，只提供事实，提供信息，提供方便，读者觉得是对他们的尊重和信任，所以也最容易和最乐于接受。这种手法正是符合人们认识事物的规律：从具体到抽象，从个别到一般。所以，新闻中的空话空论，都要下决心砍掉。新闻中不宜堆砌大量政治术语，更不宜写进骂人的话或其他刺激性语言，以免引起读者的反感。

二、新闻怎样用事实来说话

1. 概括事实

现实生活丰富多彩，具体材料纷繁复杂，为了说明一个问题，我们不能把有关这一问题的所有材料事无巨细，从头到尾地堆砌到一篇文章里来，写得臃肿庞杂，拖泥带水；而要善于概括事实，即对大量具体事实进行综合和集中。抓住事物的主要方面、本质特征，寥寥几笔，勾画出一个大致的轮廓，使人看了有一个完整清晰的概念。如我人民解放军百万雄师渡长江，这是何等壮阔的场面！毛泽东写的新闻中，用寥寥数笔就概括地反映了这场伟大的战斗以及敌败我胜的原因：

［实例 10］

新华社长江前线 22 日 22 时电　人民解放军百万大军，从一千余华里的战线上，冲破敌阵，横渡长江。西起九江（不含），东至江阴，均是人民解放军的渡江区域。20日夜起，长江北岸人民解放军中路军首先突破安庆、芜湖线，渡至繁昌、铜陵、青阳、荻港、鲁港地区，24小时内即已渡过30万人。21日下午五时起，我西路军开始渡江，地点在九江、安庆段。至发电时止，该路35万人民解放军已渡过三分之二，余部23日可渡完。这一路现已占领贵池、殷家汇、东流、至德、彭泽之线的广大南岸阵地，正向南扩展中。和中路军所遇敌情一样，我西路军当面之敌亦纷纷溃退，毫无斗志，我军所遇之抵抗，甚为微弱。此种情况，一方面由于人民解放军英勇善战，锐不可当；另一方面，这和国民党反动派拒绝签订和平协定，有很大关系。国民党的广大官兵一致希望和平，不想再打了，听见南京拒绝和平，都很泄气……

这条新闻的导语就是高度概括了新闻事实，很有气势。接着对东路、中路、西路渡江大军的进军势态作了概括，最后又对敌败我胜之原因作了概括的说明。这场战斗，可以写几万字、几十万字，毛泽东却在几百字中把它概括出来了。

写新闻在对事实进行概括的时候，要注意几点：

（1）概括要立足全局。特别是较大范围事实的概括，要立足全局，反映整体，不能居于一隅，反映一角；

（2）概括要准确。要准确地反映事物的面貌、特征、趋向、阶段，不能轻率浮夸；

（3）概括要抓住特点，不要写流水账；

（4）概括还要有实际内容，使人有具体、实在的感觉，有时还要有形象，不能一概括就空洞无物。

2. 精选事例

新闻用事实说话，并不是要把有关的事实材料都堆砌在一篇文章中，不能认为例子越多越能说明问题。材料一大堆，中心思想反而会被冲淡和淹没，造成人物事件不突出，观点主张不鲜明。毛泽东在谈到写文章的时候说，材料不要多，能说明问题就行。这对写新闻报道也是完全适用的。常言道：以一当十。典型的事例既能充分反映事物的本质，又有鲜明的个性，可以起到以一当十的作用。好的新闻往往用事例并不多，但因为事例选得精，选择到了最典型、最有代表性和最能说明问题的事例来写，选择了新鲜有力、有特色的事例来写，就能给人留下深刻的印象。有一篇优秀的人物通讯，题目叫《人民的好医生李月华》，作者为写这篇通讯，做了广泛深入的采访，收集了100多个事例，最后用进通讯的事例只有13个，而重点只写了6个事例，这是再三精选的结果。我们有些稿件，例子写了不少，但不典型、不生动，不能很好地说明主题思想，使人感到累赘重复，生拉硬扯，读后仍觉得内容不充实、一般化，其原因就是没有精选事例。

3. 再现场景

现场情景是最新鲜、生动活泼、吸引人的事实，在新闻报道中恰当地再现场景，可以起到渲染气氛、加深印象、烘托人物、突出主题的作用，增强报道的说服力和感染力。有些新闻的导语、通讯的开头，就是以描写现场情景开始，别开生面，一下子把人吸引住了。有的报道抓住现场情景中最有意义的细节，着力描绘，引人入胜。有的新闻通讯，本来就应以写现场为主。如全国好新闻《陕北有煤海》，全文都是一个又一个视觉镜头，每段都是像电影中的分镜头一样，组成了陕北煤海的真切画卷，特别是写到农村有些地方家家户户在院里或门前垒成塔状的煤堆，高一两米不等，点燃起来煤火彻夜通红，人们围着煤火谈笑玩耍。这些现场情景，给读者留下了深刻的印象，有力地体现了新闻的主题思想。

新闻应当有新鲜的见闻，有活的材料，尽量使人如临其境、如闻其声、如见其人。不能只是依赖简报、总结、发言稿。新闻报道在某些情况下还要写出作者独特的感受。见人之所未见，感人之所未感，棋高一着，启发读者。有些报道要力争做到寄情于景，借景抒情，情景交融。

4. 对比衬托

要鲜明地表达一个主题思想，除了选用直接说明某一问题的事实之外，还常常要以反面或旁边的事实材料径行对比或衬托。人们拍照总喜欢有山、水、花、树作为背景，我们写文章也要学会对比衬托的方法。没有对比衬托，报道容易显得单薄、单调，而有了好的对比或衬托，报道就会鲜明、丰满，有厚度。巧妙的对比衬托常常能够使事实焕发出特有的光彩，有时能使主题升华到一个新的高度。所以，对比衬托是用事实说话的一种艺术。对比衬托的材料，要靠平时长期的积累。有经验的记者不会是“穷”记者，而是富有积累的，其“仓库”里古今中外的材料很多，有时就能在报道任务紧急的情况下找出最有力的对比衬托材料。当然，思想要开阔，要善于联想、比较，才能恰当地运用事实材料。

新闻报道用事实说话的方法，除了以上几点之外，还要注意点面结合和画龙点睛。许多新闻报道要说明问题，涉及一定的范围，所以面的材料不可少，否则不能反映出事物的全貌；但面的材料很难反映出事物的深度，为了深入说明一个问题，给人以具体、深刻的印象，就要运用点的材料。把点的材料和面的材料结合起来，把精选事例和概括事实结合起来，就能较好地反映出事物的深度和广度。另外，新闻报道用事实说话，并不绝对地排斥议论。有时，在叙述事实的基础上，适当地加上一句或几句精辟的议论，可以把事实所包含的丰富思想和重要意义讲得更鲜明清楚，起到画龙点睛的作用，这也就是使事实更好地说了"话"。新闻报道中的适当的议论，可以帮助读者开阔视野，揭示事物本质，深化报道主题；可以使事实、形象生辉；可以借助议论，阐明事物之间的内部联系。但事实必须在新闻报道中占主导地位，不能以议论来代替事实，也不能仅仅为了印证已有观念才引用事实。新闻中的议论，应是从事实本身得出的结论，而不能用抽象的推理来得出结论。议论要少而精，要议得贴切，叙议结合，融为一体。议论并不意味着板起面孔教训人，而可以娓娓而谈，点到即止，可以借用比喻，运用群众语言把道理说得深入浅出，生动活泼，饶有风趣。

为了使大家更好地掌握用事实说话的方法和技巧，我们还要了解这方面的"常见病"和"多发病"。

三、新闻不善于用事实说话的常见毛病

1. 用空洞的议论淹没事实

有些报道中，事实本身已经能够说明问题，但作者仍担心读者不了解事实的意义，要加上大段大段的议论，画蛇添足，结果反而把精彩的事实冲淡了，淹没了。如某某学校新建了图书馆，这一事实的意义是不言自明的，但作者偏偏要加上"丰富了学生文化生活，扩大了学生的知识面，调动了学生的积极性"之类的话。这就是废话，是"蛇足"。

有些报道中，事实本身不完整、不充分、不典型，作者本应深入采访，掌握更多的事实，但往往不肯从这方面下工夫，为了急于成篇，就采取"米不够，水来凑"的办法，乞求于空洞的议论来说明问题。

2. 用笼统的叙述代替事实

实际生活中的材料是丰富多彩的、活生生的。新闻报道用事实说

话，就要尽量把事物的复杂性、多样性、生动性展示在读者面前，而不能笼而统之，概念化地介绍事实。有的新闻则偏偏把“血肉”概括掉了，剩下的是几条筋。如说某某单位最近注意加强对职工的思想教育，开展了访问调查活动和谈心活动，提高了对城市改革必要性和紧迫性的认识，大家决心以实际行动投入到改革的热潮中。通篇缺少实际的、生动的事实，读者无从知道这些活动是怎么具体开展的，人们的认识又是怎样具体变化的，实际工作的效果又在哪里。又如有这样的人物新闻：“他干一行，爱一行，年年被评为先进生产者。到车队后，他很少休息过，节假日，常年坚持早出车，晚收车，严格遵守‘服务第一、质量第一、信誉第一’的原则，坚持做到一车不少装，一步不少走，一次不误点，用多拉快跑低消耗的实际行动为国家多作贡献。”这些都是笼统抽象的话，人物怎么立得起来呢？读者又怎能受到感染呢？

延安《解放日报》在一篇名为《从五个W说起》的社论中说过：“笼统抽象的话头，只能给人以模糊的概念，只有事实，具体确切的事实，才能予读者以经久不磨的印象，真正生动地教育读者。事实愈具体，感人愈深，说服力愈大，往往千百篇一般性的报道，效果还顶不上一件具体确切的实地纪实，其道理也就在这里。”

3. 用突然的转折略去事实

实际生活是曲折的，人的思想也是复杂的，促使事物转化，促使人的思想变化、认识提高的因素是多方面的。各项工作，包括思想工作是细致的，反映在新闻报道中，就要如实地把它表现出来。而我们有不少新闻、通讯中，却是简单化，如“通过学习讨论”、“通过参观访问”、“经过几天奋战”……就很快解决了问题，究竟怎么学习讨论的？怎么参观访问的？怎么奋战的？节骨眼上没有把事实交代清楚。这一类“通过”，实际上是通不过的，读者脑子里没有“通”得过。我们写报道，一定要如实地把事物的曲折性、复杂性反映出来。

4. 用概念加例子来捏弄事实

有一些新闻报道，不是着力于写好事实，不善于用事实提出问题、回答问题和说明道理。不是在分析事实、反映事实上下工夫，而只是在拎观点、拔思想上花力气，写起来大观点套小观点，大导语套小导语，一些零星的事例就挂在这大小观点上。作者仅仅从需要出发，任意把事实与观点捏弄在一起，有些事例并不能说明观点，有的例子几乎成了“万能例子”，什么问题都能说明。比如说，某工程师发明创造了什么东西，为了宣传的需要，有时说这是在什么会议精神鼓舞下搞出来的，有时则说是改革的浪潮推动他作出了成绩……反正成果放在那里，随你怎么说都可以，概念和例子的“两张皮”，可以随便贴在一起。这种概念加例子的方法，根本问题在于先有概念，后找例子。有的作者把采访仅仅看成是“捞材料”，把找材料等同于要例子和数字，不认真调查研究，从实际材料的分析中提炼出观点，所以新闻中的概念和例子之间往往缺少有机的联系，而是生硬地贴在一起，例子虽然是事实，但任意贴上某个标签，就失去它本来的面目了。

有人认为，消息看观点，通讯看事实。所以写消息只注意在观点上使劲，生怕观点不新颖突出，就主观地硬加上去，结果把事实变成了要方就方、要圆就圆、要长就长、要短就短的泥团或面团。这哪里还谈得上用事实说话呢?

在新闻报道中，为了体现一定时期党的政策意图，滥引政策条文和上级指示，或大量引用领导讲话、标语口号等，也是不符合用事实说话的要求的。新闻所需要的，是现实生活中新鲜活泼、扎扎实实的事实。

[实训]

每10个人一组，选择一家主流媒体最近一天的所有版面，从头看到尾，找出不符合新闻报道四个基本要求的各种弊病，逐条记录下来并说明为什么是不符合新闻报道基本要求的。然后各组的“捉错”记录互相进行交流，让教训变成共同的财富。

第三章　采访工作的重要性

第一节　七分采　三分写

初学新闻写作的人，常常埋怨自己不会写新闻，写不出好新闻，这当然是难免的。记者的成熟有一个过程，从不会到会，要经过实践的锻炼，功夫到家，自然有成。但有些人常常把写作技巧强调过头了，以为写不好新闻，主要是写作技巧问题，而不明白采访的重要性。重写作、轻采访的思想是不正确的。新闻报道首先要有东西可写，有东西值得报道，然后才是表现技巧的问题。俗话说，巧妇难为无米之炊，就是这个道理。所以，当记者首先要在采访上下工夫，提高自己的新闻采访艺术。

一、好记者是“跑”出来的

新闻记者，早期曾被称作外勤记者。他们是一天到晚在外面跑的，不是整天坐办公室的职员。人们说，要“跑”新闻，新闻是跑出来的，脚板底下出新闻，记者当有“飞毛腿”。这些话实在是经验之谈。当然，现在交通工具发达，不是仅靠两条腿跑，可以乘飞机、火车、汽车、轮船……通讯工具也发达，可以打电话，发传真，网上搜索，发 E-mail。但这些工具的运用，仍不能完全代替两条腿，有些地方仍要用“原始”方法，用两条腿跑，这就是记者工作的职业特点。

东奔西跑，走南闯北，这是记者工作的需要，也是记者工作的骄傲。正因为东奔西跑，走南闯北，记者的信息就特别多，眼界就非常开阔，他们能够在大千世界的万事万物中找到最有用的、最精彩、最迫切的事实，满足广大受众的需要。不能设想，整天安坐办公室，敲敲键盘，挥挥大笔，能够当好一个新闻记者。

我们看一看一些杰出记者的经历就知道了。

[实例1]

范长江是30年代的名记者。当时，他是《大公报》的新闻记者。20世纪30年代，正是中华民族生死存亡的关头，日本帝国主义企图灭亡中国的侵略战争已经开始，大片河山沦入敌手，国民党对外实行消极的不抵抗政策，对内却积极"围剿"革命力量。为保存革命力量，中国工农红军在中国共产党领导下，被迫进行震惊中外的二万五千里长征。在风云变幻之际，年仅26岁的记者范长江，毅然走出书斋，奔赴大西北，深入了解红军北上抗日对整个中国政治动向的影响，以及抗日战争全面爆发以后西北地区的现状和未来。他从成都出发，经过川北、陕西、甘肃、青海、内蒙古等广大地区，进行访问和观察，足迹越过祁连山，绕过贺兰山，北至包头，西达敦煌，全程四千里，历时十个月。风餐露宿，一次次跌倒了爬起来再前进，有几次差一点丢掉性命。就这样，一篇篇鲜活的通讯在报上发表，最后汇集成《中国的西北角》，震撼了全中国。接着又马不停蹄，采写了《塞上行》、《西线风云》等新闻报道集辑。范长江一举成名，成为中国新闻记者的领军人物，这绝不是偶然的。如果他当时没有如此惊人的勇气和毅力，没有吃大苦、耐大劳、深入现场接触实际的采访作风，如果他在采访途中遇到困难时就犹豫了，退却了，虎头蛇尾或半途而废，那就绝不可能有这么大的成就。如果他只是整天琢磨着如何把文章写得漂亮，也绝不可能有震撼人心的辉煌著作。

中国新闻记者有一个最高奖项——"范长江新闻奖"，这奖项的设立可以让人们明白其中的意蕴和目的。

二、采访与写作的关系

"七分采，三分写"——这只是一种形象的说法，而且是以数字作为形象表述的。如果从理论思维来说，采访与写作的关系大体上有以下四个层次。

第一，树有根，水有源。凡事都有一个先后因果关系。从记者工作的顺序来看，总是先有采访，后有新闻写作，从来没有先关门写作后出去采访的事;从内在联系看,新闻写作中诸如材料的运用、角度的选择、主题的提炼乃至语言的运用,已在采访过程中开始酝酿。我们过去有些人之所以重写作、轻采访,就是因为他们仅仅把采访看作是收集材料,不知道采访的过程一方面是收集材料,一方面则在积极地动脑筋,开动机器地考虑这是不是新闻,是大新闻还是小新闻,写消息还是写通讯或特写或专访,以及后面写作时用什么材料、角度、语言,体现一个什么的主题思想等等。采访实际上是一个艰苦的思想劳动的过程,是体力劳动和脑力劳动的紧密结合。所以,新闻采访决定新闻写作。从新闻报道的来源和形成过程看,事实是第一性的,反映事实的新闻报道是第二性的。先有事实,后有新闻,这个关系不能颠倒,两者之间的桥梁就是记者的采访活动。

第二,新闻采访和新闻写作,其实就是认识实际和反映实际的两种手段。只有正确认识了实际,才能正确地反映实际。我们过去也曾经批评"坐在家里想点子,走出报社找例子,关起门来写稿子"的做法,不把采访当作认识客观世界的重要途径,而是作为简单地收集一些材料印证某种观点而已,这样是绝对写不出报道来的。有些新闻报道为什么犯表面性、片面性、绝对化的毛病呢?这其实不是写作的问题,或主要不是写作的问题,而是在采访的过程中,调查研究没有做到家,还没有从感性认识上升到理性认识,没有达到正确认识实际的水平,写出来自然也就只有这么个水平。采访工作怎样才叫做到家?一是要采访到足以说明问题的材料;二是要对材料进行归纳、综合、分析,从感性认识上升到理性认识。

第三,只有在采访过程中掌握了丰富、生动的事实材料,甚至包括很具体的环境气氛、神情姿态、言行动作,才能写出生动活泼、生活气息浓厚的新闻报道。其中有些细节材料,甚至要亲临现场、反复观察、体验和捕捉方能获得。

[实例 2]

有人问当代著名记者穆青:你怎么把典型人物写得感人,打动读者的?穆青答:我也没其他本事,就是如实地写。你要写得感人,你首先要让自己感动,对人物了解得不很深很透,站在"我来表扬你"或者"我来写你"这样一个旁观者的立场,用尽各种词汇去描绘,我看不行。你写这个人,就得对这个人充满了敬意,充满了爱，充满了感情，和他有共同语言，有共同的思想基础，能够打成一片，这样才行。这样写出来的人像他，就能体现他的精神面貌，能够体现他的思想感情，就能够体现他为什么使人感动。你感动了，也就能使别人感动。所以这里没有什么其他的技巧。你们一定要深入采访，要和采访对象交朋友，要很好地了解他们，不要看到点材料，谈两句话，马上赶快去写。写什么都要一鸣惊人，没有那么便宜的事儿，你必须付出代价。焦裕禄是他去世以后我去采访的，但是我和他周围的人，和兰考的老百姓不知谈了多少次，交流了多少回，前后花了近两个月，七易其稿才写出来的。其他的采访也都是不知交往了多少次才写出来的。现在为什么有些典型不感人，很多人提出这个问题，我说恐怕就是深入不够，感情交流不够，主要是这个问题。

以下是由穆青主笔的著名通讯《县委书记的榜样——焦裕禄》中的一个片断。读毕这些片断，并对照穆青以上的采访经验，我们会有深刻的感悟。

这天，外面的大风雪刮了一夜。焦裕禄的房子里，电灯也亮了一夜。

第二天，窗户纸刚刚透亮，他就挨门把全院的同志们叫起来开会。焦裕禄说："同志们，你们看，这场雪越下越大，这会给群众带来很多困难，在这大雪拥门的时候，我们不能坐在办公室里烤火，应该到群众中间去。共产党员应该在群众最困难的时候，出现在群众的面前，在群众最需要帮助的时候，去关心群众，帮助群众。"

简短的几句话，像刀刻的一样刻在每一个同志的心上，有人眼睛湿润了，有人有多少话想说也说不出来了。他们的心飞向冰天雪地的茅屋去了。大家立即带着救济粮款，分头出发了。

风雪铺天盖地而来。北风响着尖利的哨音，积雪有半尺厚。焦裕禄迎着大风雪，什么也没有披，火车头帽子的耳巴在风雪中忽闪着。那时候，他的肝痛常常发作，有时痛得厉害，他就用一支钢笔硬顶着肝部。现在他全然没想到这些，带着几个年轻小伙子，踏着积雪，一边走，一边高唱《南泥湾》。他问青年人看过《万水千山》这个电影没有？他说："你们看，眼前多么像《万水千山》里的一个镜头呵！"

这一天，焦裕禄没烤群众一把火，没喝群众一口水。风雪中，他在

9个村子，访问了几十户生活困难的老贫农。在梁孙庄，他走进一个低矮的柴门。这里住的是一双无依无靠的老人。老大爷有病躺在床上，老大娘是个瞎子。焦裕禄一进屋，就坐在老人的床头，问寒问饥。老大爷问他是谁？他说："我是您的儿子。"老人问他大雪天来干啥？他说："毛主席叫我来看望您老人家。"老大娘感动得不知说什么才好，用颤抖的双手上上下下摸着焦裕禄。老大爷眼里噙着泪说："解放前，大雪封门，地主来逼租，撵得我串人家的房檐，住人家的牛屋。"焦裕禄安慰老人说："如今印把子抓在咱手里，兰考受灾受穷的面貌一定能够改过来。"

就是在这次雪天送粮当中，焦裕禄也看到和听到了许多贫下中农极其感人的故事。谁能够想到，在毁灭性的涝灾面前，竟有那么一些生产队，两次三番退回国家送给他们的救济粮、救济款。他们说：把救济粮、救济款送给比我们更困难的兄弟队吧，我们自己能想办法养活自己！

第四，新闻写作也会反作用于新闻采访。我们说，采访决定写作，七分采，三分写，主要是强调采访的重要性，强调没有调查就没有发言权。但这并不是说，写作就不重要，写作就完全是被动地由采访决定。采访决定写作，写作也反作用于采访。比如说，你掌握了新闻特写的写作要领，知道特写要有重点、有细节、有场面，那么，当你接到一个任务，要你采写一篇关于千万群众庆奥运会在中国北京开幕的特写的时候，你就知道有意识地去各个重点地区、场合，仔细观察场面、捕捉细节。这就体现了学习写作对于搞好采访的反作用。如果缺少这种写作知识，不知道特写的写作要求，采访往往容易停留在笼统概括的叙述上，结果事倍功半，甚至失败。再如，叫你去写一篇深度报道，你若知道深度报道的写作要求，那么，你就会在采访中对新闻事实作全方位、多角度、多侧面的观察和了解，掌握事物发展的前因后果、来龙去脉，并着力挖掘事物的本质特征以至于发展趋势。而叫你写一篇人物采访呢，你若事先了解人物专访写作的基本要求，你在采访人物时，就会注意提问集中某一点，问深问透，捕捉对方谈话的原声原意，原汁原味，同时适当关注谈话现场的环境气氛。这也体现了写作知识对于新闻采访的反作用。

新闻写作反作用于采访，还表现在采访时觉得材料已多多，一旦进入写作阶段时，往往会发现材料不足，或事实了解不全面以及有些事实互相矛盾，等等。这就暴露出采访的不足和粗疏，由此而推动记者进一步深入下去补充采访，把事情了解个详详细细，把真相弄得个水落石出。也就是说，采访中的某些问题，在采访过程中是不易暴露出来的，在写作过程中却会充分暴露，从而促使记者采访的深入和完善。这就体现了采访和写作之间有着一种互动的关系。所以，应当辩证地看待采访与写作的关系。

一个新闻记者，一辈子都在采访。记者的人生就是采访的人生。就某一次具体的报道任务而言，采访是有开始和结束的，但从整个记者生涯来说，采访永远也没有完结的时候。不断采访，不断积累，不断提高，不断反映，构成了丰富多彩、绚丽无比的新闻记者生涯。事实上，中外许多优秀的新闻记者，都一生奔波不息，乐此不疲。

[实例 3]

美国记者埃德加·斯诺以一个外国人的脑袋作为代价，换取“红色中国”的重大新闻，写出了轰动世界的《红星照耀中国》(即《西行漫记》)。安娜·路易斯·斯特朗七十多岁仍不辞辛苦，赴西藏采访；美国著名节目“六十分钟”的主持人华莱士八十多岁远渡重洋采访江泽民主席，发出独家新闻。被誉为“政治访问之母”的意大利著名女记者奥丽亚娜·法拉奇曾说：“我是在抢新闻当中成长起来的。你即使把我放到加勒比海的海滩上，置身于碧海蓝天和棕榈树之间，我仍无法耐得住五分钟，我需要有什么发生。”日本名记者本多胜一，为揭露日军南京大屠杀的真相，几次到南京收集资料和证据，虽受日本右翼势力的阻挠和压力，仍勇往直前。中国当代新闻记者的采访经历也毫不逊色。老一辈新闻工作者中的许多人一辈子都在采访，还鼓励青年人珍惜新闻青春，到最困难、最危险的地方去采访新闻。新华社优秀记者郭超人长期在西藏调查研究，并登上世界最高峰珠穆朗玛峰，留下宝贵的篇章。《经济日报》记者罗开富在 80 年代重走长征路，为读者奉献了红军长征沿线的一系列新情况。新华社记者邵云环，《光明日报》记者许杏虎、朱颖为报道北约野蛮轰炸南斯拉夫的行径而献出了宝贵的生命。伊拉克战争爆发、东南亚海啸和四川汶川大地震发生之际，又有多个通讯社、报社、电视台记者奔赴战争、海难和地震灾区的第一线采访。《解放日报》记者李文琪，是国内唯一既参加我国首次南极考察,又参加首次北极考察的记者。原《新民晚报》记者强荧1993年参加"死亡之海"塔克拉玛干沙漠探险采访,在50天中徒步1 500公里,胜利穿越大沙漠,发表76篇《死亡之海探险手记》。他把沙漠采访时用的驼铃拍卖所得10万元,在多次远行采访之后,又作出沿郑和下西洋路线长距离采访20多个国家、历时2年的壮举……这一切,充分展示了当代中国新闻记者的风采,他们是后来者的榜样。

第二节　腿勤　脑勤　手勤

一、从凤凰卫视看记者的敬业精神

现在再回到"外勤记者"这个称号上来。新闻记者要多到外面去,也就是要深入实际,深入群众,接触各种人,三教九流,都能对话,都有朋友。刘少奇说:记者是专业的调查研究人员,又是社会活动家。不出来调查,不到处活动,还当什么新闻记者?记者出去采访,要有一种耐心,一种韧劲,不达目的决不罢休,要以外出采访半途而废、空手而归为耻辱,以百折不回、咬住不放直至攻占为荣耀。香港凤凰卫视记者的采访敬业精神可供借鉴。2007年8月31日,上海《解放日报》刊登黄玮、尹欣的文章介绍说——

[实例4]

香港凤凰电视台主持人吴小莉一次在接受《解放日报》记者采访时谈到:"观众给了你权利,让你带着记者牌子有机会到达现场,你就没有理由空手而回。"

吴小莉说:不久前四川发生火灾,我们有位男记者叫令狐列,他到达现场后,了解到温总理在里面听汇报。记者们在外面等候,等得太久了,其他媒体的记者,有的走了,有的到旁边喝东西、休息,他却一直在外面守着。等总理出来的时候,发现就他一个人在那里,总理就对着他的镜头说了话。

吴小莉披露,台里给这位记者的指示就是,听说总理要到了,想办法听听总理对这件事是什么看法。他就感到必须要得到这个答案。这可能是“凤凰人”骨子里的东西，不带些东西回来，怎么对得起观众呢？

吴小莉谈到自己采访香港前特首董建华的经历。她说，任何工作都不是容易的。比如说我们对董建华先生的约访。从他卸任，我就开始约他，几次下来，他还是觉得时机不到。但是我也没有放弃，更没有给他压力。今年全国“两会”，我碰到他，又把约访函交给他。我跟他说，今年是香港回归十周年，是个比较适当的时机，他马上就答应了。

吴小莉说，你要理解你的采访对象。在约访董先生之前，我们的编辑先拟了一份采访提纲，我在周末花了两小时，重新弄了一遍，交给他。后来刘长乐先生去董先生那里和他商谈事情，董先生说，哎呀，我收到过很多约访函，你们那个提纲，高度在这(手势过头)，别人的提纲高度在这(手势及胸)。后来我告诉董先生这个提纲是我写的，他马上就说，我就知道嘛，一定是你自己写的，你很理解我。你理解他，他就愿意和你讲。所以，有人问，为什么我们有这样的机会？不是有机会，是因为我们有这样的目标。做记者就是要张开眼睛，张开嘴巴，伸长耳朵。知道目标在那里，就富有创造力地执行，朝前走。

二、记者做到腿勤、脑勤、手勤

腿勤，就是要多跑、多看、多问。新闻、新闻，必须闻得多，才能识别新。多闻，才有比较、鉴别，知道什么是大众所不知道的，什么是大众需要知道的，什么是媒体还没有报道过的。一个人孤陋寡闻，就“少见多怪”，以为什么都是新闻，都要报道。这样就搭不准大众的脉搏，搭不准实际工作和实际生活的脉搏，报道出来的新闻不是新闻，或不是有实际的指导和启迪作用的新闻，久而久之，就会受到大众的唾弃。记者作为社会活动家，作为专业的调查研究人员，应该是哪里困难艰险到哪里去，哪里生机勃勃到哪里去，哪里群众议论、呼声最多到哪里去，哪里无声无息也到哪里去。为什么？要去看看为什么无声无息，是好现象还是不好的现象，这里面也许就有重要新闻在。记者碰到任何事、任何人，都要注意问个“为什么”，从中发现新闻的线索、题材、主题等等。平时我们常说：“无事不登三宝殿”，而有经验的记者，常常“无事也登三宝殿”，因为他们知道，去时无事，而回来的时候，常常就会有事、有新闻了。而不勤于跑腿呢，则什么也得不到。

脑勤，就是要多动脑子、多思考。毛泽东曾为新闻工作者题词：“多思”。记者勤于思考、联系、对比、分析，可以从中找出规律性的东西、倾向性的东西、萌芽性的东西。新闻记者因为多跑、多看、多问，信息特多，提供了思考的很好的材料。各种各样的信息、问题、声音，也会促使记者去多思考，多发现。当然，也会使思想的懒汉满足现状，认为自己知道得很多很多，而对许多事情不求甚解。当记者容易“浮”，这也是通病。所以，提倡多思，是记者能否提高一步的关键。记者脑子里经常装着许多问题，像马达一样转个不停，像流水一样涓涓不息。记者的整个身体，是一个“永动机”。这样，才能连续不断地发现新闻，报道新闻。记者懒于思考，“脑空脚痒”不行，这样会使腿勤事倍功半，失去价值。

手勤，一般指多写多练。但从采访的角度看，采访中有时还得动动手。有些事情，光看光问还理解不深，亲自动手试一试，干一下，就会增加一层理解和体会。现在为什么体验式报道很风行呢？因为受众欢迎，因为这种报道有真情实感，不单调干枯，所以在可能的情况下，记者要动动手，而不是单纯的“旁观者”。手勤，也包括了采访中多作记录，多整理资料，多写采访日记和札记，等等。现在有些记者出去采访，懒得做记录，总是向别人要现成材料，这是很不正常的现象。须知现成材料往往是一段时间之前写成的，而有的事实、数据已发生变化了，而且面谈时许多新鲜的材料和感受都不可能写进去，怎能靠这些现成材料吃饭呢？记者不记，记者的功能不就退化了吗？

新闻记者在工作中明确了“七分采，三分写”，就不会本末倒置，就会从采访工作的第一步起，方向正确，心中有数。这个七分采的“采”，当然是广义的。采访是采集新闻资料、访问新闻人物的活动。采访的时候，是记者深入实际、深入群众的过程，是逐步认识客观事物的过程，也是记者自我完善、与时俱进的过程。记者是政治思想战线的引导者、启迪者；同时，他们又在采访的过程中先接受教育，先提高认识，然后才能完成自己的使命。我们必须从认识世界、反映世界、改造世界的高度，来认识新闻采访写作的重要性，这样，才能使我们的记者工作有一个高起点，从而信心十足，昂首向前！

第四章　培养新闻敏感

新闻记者的采访和写作，无非是两条：一是抓得住（新闻），二是写得出。

首先要抓得住新闻，用新闻界的一句行话说，即抓得住新鲜的"活鱼"，而不是"死鱼"更不是"咸鱼"。

新闻记者面对整个社会，面对丰富多彩、纷繁复杂、千变万化的现实生活，需要不断地访问、观察、思考，随时随地抓新闻。新闻记者没有什么八小时工作制，没有正规化的上班、下班。两眼一睁，忙到黑灯，常常在熄灯之后，还在思考着明天该抓什么，到哪里去。

一位老新闻工作者说：记者的难处在哪里？首先难在两个"千千万万"，一个是"千千万万"的读者，另一个是"千千万万"的事情。这两个"千千万万"，使记者经常产生苦恼：什么是新闻？到哪里去找新闻？是大新闻还是小新闻？

这些话是经验之谈。许多优秀的记者，平时头脑里好像装着一个永不停歇的马达，不停地转，一辈子都围着"新闻"二字转。他的脑袋，一天到晚在考虑：什么是新闻，什么不是新闻？什么该报道，什么不该报道？什么是大新闻，要大报？什么是一般新闻，只能中报、小报？什么时候报道效果最好？什么时候报道效果不好……这些问题，可以说是新闻工作者天天面对着答不完的考题，但又逼着你迅速作出回答，不能慢慢腾腾，研究研究，一拖三五天，甚至一两个月。新闻工作不能这样搞。新闻是"易碎品"，犹如玻璃杯，经不起压和拖。时过境迁，新闻就不新鲜了，就失去新闻价值了，也就不值得报道了。所以，新闻必须快抓快发。反应快，是新闻工作的首要的特点和要求。

在实际生活中，有许多记者觉得处处有写不完的东西，随时随地都能抓到新闻线索、新闻题材、新闻主题。他们反应灵敏，左右逢源，得心应手。有的记者却不一样，虽然也在东奔西跑，忙得很，但却常常两手空空，抓不住新闻；或者向上要线索、要题目，或者是吃了上顿没下顿，总觉得没有什么东西可写，一切都平淡无奇，司空见惯。他们身在宝山不识宝，反应迟钝，实际上不少好的新闻线索、题材，从他们的眼皮底下溜过去了，像过眼烟云一样，甚至大新闻也失之交臂。一言以蔽之，不识货，其根本原因就在于后一种人缺少新闻工作者最可贵的素质——新闻敏感。

什么叫新闻敏感呢？新闻敏感，是指新闻工作者识别事物新闻价值的能力，亦即记者对新闻事实、新闻事件和新闻人物的鉴别、判断能力。或者说，是发现和捕捉新闻的能力。新闻记者这种发现和捕捉新闻的能力，是从长期的新闻工作实践中锻炼和培养出来的职业性的敏感，就像画家对于光和色特别敏感，音乐家对音色、音调特别敏感，汽车司机对于道路和人流特别敏感一样。新闻记者的新闻敏感，也是特有的。外国新闻学称此为新闻眼、新闻鼻、新闻嗅觉。新闻记者这种特有的职业素质，使他们对于新闻，就像猫对于老鼠，老鼠一出现，猫就迅速地不顾一切地扑上去，把它抓住。

第一节　新闻敏感的内容

新闻敏感的内容，主要包括以下五种判断能力。

一、迅速判断一个事实或事件，在当前有无政治意义和传播价值的能力

新闻事实的政治意义和传播价值，即指它对实际导向作用和对受众的启迪、教育作用。这就是新闻的思想性、导向性，包括了对工作的指导、对思想的疏导和对生活的引导。

我们国家的新闻记者，选择新闻首先要从政治角度考虑问题，看它是否切合当前形势、任务的需要，能否体现党和政府的方针、政策、策略，是否符合马克思主义、毛泽东思想、邓小平理论，是否符合四项基本原则、“三个代表”重要思想，是否符合科学发展观和构建和谐社会的要求。

新闻总是有所为而发的、有所感而发的，不是无的放矢，不是为新闻而新闻，为传播而传播。新闻工作政治性强、政策性强、时效性强，所

以新闻敏感首先表现为政治敏感，或者说，首先取决于政治敏感。一个人政治上糊涂，那他根本就不能做新闻记者。但政治敏感又不能等同和取代新闻敏感，必须把政治和新闻结合起来，按新闻规律办事，才能做好新闻报道工作。

2006年7月28日，浙江《温州日报》上发表了一篇消息：

[实例1]

永嘉偏僻山村昨创下一个全国首例

海归硕士当选村委会主任

本报讯（记者　李艺　张佳玮　报道组　叶圣义）一个历经360多年风雨的永嘉偏僻山村，昨天爆出一大新闻：回乡投身新农村建设的28岁留英硕士章文琮，高票当选为永嘉巽宅镇小坑村村委会主任。当地政府部门向国家民政部咨询后确认，海归硕士担任村委会主任，在全国尚属首例。

昨天的选举会上，散居在7个自然村的405名选民投下自己的一票，实收有效选票397张。除了11张空白票和1票投给原村委会主任外，385位选民将选票投给了章文琮。

"留洋回来的小伙子来我们山里搞建设，大家很高兴。"在巽宅镇务工的村民刘仙北，昨天特地坐了一个多小时的农用三轮车赶回村里，投上赞成票。对于这个地处海拔650多米高山、年人均收入只有2 100多元的贫困山村而言，昨天的选举给他们带来希望，村庄里随处可见的标语道出了大家的心声："选好带头人，幸福你我他。"

出生在小坑村的章文琮，7岁起外出求学，21岁只身前往英国伦敦求学，取得金融工商硕士学位。5年的留学期间，他趁学习间隙坚持勤工俭学，辛苦积攒下了70多万元。回国2年里，章文琮在上海、天津等地帮助父母打理生意，赚了20多万元。今年4月，章文琮做了个惊人决定：将自己的100万元积蓄捐给家乡，建设新农村。

山村旧貌未改的现状和国家建设新农村的号召，使得章文琮不仅捐了款，还决定放弃年收入十多万元的工作，留在村里，与乡亲们一道建设村庄。近3个月来，章文琮与村两委成员，安装了12

盏照明路灯，启动了整修路面、整治环境卫生、建自来水管道等工作……这一切，小坑村人看在眼里，记在了心上。

看到这一切，还让62岁的前任村委会主任章厚进做出“让贤”的决定：“我年纪大了，身体也不好，一直想找个有水平有能力的年轻人接班。”7月7日，章厚进的“让贤”获得村民代表大会的一致通过，辞去了村委会主任的职务，并将章文琮推荐为新的村委会主任候选人。

当选村委会主任后，章文琮向村民们发布了“施政报告”，提出了改变原始种植方式，开发旅游产业，建立教育奖励、医疗救助、老年补助等基金的设想，并庄严承诺：“我将尽我所能，带领大家走出一条适合小坑村发展的路子。”

这篇消息获全国新闻奖消息三等奖。为什么影响不算很大的报纸的一篇小消息能引起全国新闻奖评委的兴趣和赞赏呢？因为它与当前新农村建设的方向有密切关系，即村干部年轻化、知识化、外向型。这是方向性的典型，是时代潮流所向，具有普遍意义，在当前具有政治意义和宣传价值。记者能识别这一点并写出报道，编辑予以突出处理，这就叫真正懂得新闻价值和真正具有新闻敏感性。

二、识别某一事物是否具有新意，是否具有生命力以及预见其发展趋势的能力

新闻姓新不姓旧，新字当头，记者要站在时代的前列，及时抓取时代尖端的东西，抓实际工作和生活中刚刚冒出来的事情、情况和问题，做时代潮流的弄潮儿。

当今社会处于剧烈的变动之中，变动是新闻之母，社会的变动给新闻记者提供了丰富多彩的报道题材，就看你能否及时抓住它、表达它。2000年8月10日，新华社上海分社发了一篇消息，讲新行当层出不穷，折射上海经济的快速发展。消息列举了经纪人、评估师、社区医生、形象设计师、市场调查员、保险推销员、股评人员、房产置换人、制片人、策划人等等新名词、新行当，反映了时代的变迁，极具新意。消息还提到了“送水工”，送水工有什么稀奇？不过送送水而已，不，这个送水工送的水不是一般的河水、自来水，而是净化的桶装饮用水，一家一家的送，居然有一批人做这个工作，成为一个新行当，说明上海人更讲究饮水卫

生，生活质量提高了，这是若干年前所难以想象的。这不是具有时代特征的新闻吗？这些新行当，单独看起来意义小得多，把它集中起来，就使人浮想联翩，不能不惊叹当今社会发生的巨大而深刻的变化。记者就要善于用联系和比较的方法，触发悟性，这样才能高人一筹，从平凡中发现不平凡。

记者采访，要不断地追求新事物，追求"第一个"，新世纪的第一个春节，网上拜年的人不少，这就是新事物。在这之前，网上结缘，网上购物，网上募捐，政府信息上网，农副产品上网等等，都是新事物，都值得采访报道。

值得引起新闻工作者注意的是：具有生命力的新闻事物还在不断的发展变化之中，新闻记者应当不断追踪这些新闻事物的发展变化，使新闻如涓涓之水，长流不断，常报常新。上述新华社报道上海的新行当之后的半年多，《新民晚报》于 2001 年 3 月 25 日在头版头条的位置报道了这样的一篇新闻：

[实例 2]

新行当围着实验室转——

科学家有了代理人

沪上一位科研人员日前在基因研究方面又获突破，面对蜂拥而至的厂商、风险投资者和记者，他潇洒一挥手："请找我的代理吧！"

科学家有代理人了！项目协调人、产权经纪人、专利代理人、新闻发言人……一个个新行当围着实验室转，新鲜！新鲜！ （下文略）

随着社会发展，后来又有一大批新行业、新岗位的报道。

报道新事物的新闻进一步反映了事物的发展，社会的变化，时代的前进。人们读报纸，就是要感知和识别这种体现生活本质的东西。

当然，新事物不等于新花样。社会变动之中，新花样也很多，社会就像万花筒，什么东西都有。有些事物看起来很新，实际上没有多大意义，甚至是旧的事物的再现和变种。如在市场经济条件下，有的剧团表演青春艳舞，实际上就是打擦边球，有的甚至走向黄色表演；有的企业在橱窗里面向大街搞内衣秀；有的房产商别出心裁在小区高薪聘请女骑警，等等。记者碰到这一类事情一定要头脑冷静，不要一见其“新”，或者一听别人吹嘘，就趋之若鹜，竞相报道，起到推波助澜的作用。各单位的一些新举措、新规定，也要看看它究竟对不对，符合不符合党的方针、政策。不能认为凡是新的都是好的，都可以正面报道。如果有一家企业规定：凡不孝顺父母、不赡养老人的职工，不得提干，不得加薪，不得升职称，不准评先进，严重者扣发全年奖金，留党察看，直至开除。这种规定的出发点是好的，但在政策上法律上有些做法缺乏依据，因此不宜推广，也不宜进行正面报道。

三、迅速判断某一事实是否对广大受众有共同兴趣和吸引力的能力

新闻采访的目的是写报道，写报道的目的是要受众感兴趣，因此，记者在采访中，要很好考虑受众的兴趣问题。经一些媒体和专家调查分析，受众感兴趣、易被吸引的报道有六种：

（1）内容特别新鲜、重要的突发事件。如，奥运圣火传递，汶川地震抗灾。

（2）社会热点、热门话题，实际工作中的难点、焦点问题（当然热门中的冷门也应该注意）。如，物价上涨动向，党和政府反腐行动，国际上美国与伊朗的冲突，等等。

（3）可以为受众释疑、排难、解忧的，能体现群众意见、愿望、要求、呼声的内容。如，利率和汇率变化，房价涨跌，出行难，看病难等。

（4）有情节起伏、矛盾冲突，有争议的内容，有人情味的内容。

（5）工作和生活中某些结合部、交叉点的新闻，边缘性新闻。

（6）知识性、趣味性强的内容。

受众不感兴趣、缺乏吸引力的报道有：

（1）一般性的生产过程、工作过程的报道：老唱“四季歌”（农村的春播、夏管、秋收、冬藏），缺少个性特点和新鲜内容。

（2）简单化地“紧跟形势”，充斥空话套话的新闻。

（3）主题、题材、角度雷同的重复报道。

（4）面面俱到、缺少针对性和说服力的经验报道。

（5）专业性、业务性太强的行业新闻。

（6）流水账式、公式化的会议新闻。

记者要凭借自己的新闻敏感，迅速判断和抓取受众感兴趣的、摒弃

或改进受众不感兴趣的新闻。

四、迅速判断同一新闻事件的许多事实中，何为重要、何为次要，哪些要抓，哪些要放，什么应突出，什么宜淡化的能力

采访时，记者要用新闻的眼光审视客观事物，着眼于抓住和突出事物的新闻价值，不能眉毛胡子一把抓，捡到篮子里就是菜。

记者要凭借自己的新闻敏感，对事实材料的轻重、主次、好坏、新旧作出鉴别，抓住新闻事实，抓住信息量大的事实，抓住与大众密切相关的事实，而不是不加取舍，主次不分，轻重不辨，好坏杂陈；结果写出的报道平平庸庸，一杯白开水，甚至是一盆糨糊。如 2008 年 5 月 12 日四川汶川大地震，有许许多多动人事迹，但记者抓住 32 年前唐山地震幸存者的赈灾行动，就特别有吸引力。

［实例 3］

唐山地震幸存者刘亚辉：赈灾四川为感恩

新华社四川北川 5 月 16 日电（记者 丛峰 刘书云 陈君）“需要什么药，你们随便卸。这些不够，我们再用火车运！”在重灾区北川中学医疗点前，一位壮实的汉子指着满车药品对医务人员说。

他叫刘亚辉，唐山大地震的幸运者。那时，他仅仅 6 岁，地震夺去了他的爷爷和三个年轻的姑姑的生命。现在，他是唐山一家制药厂的总经理。

12 日 14 时 28 分汶川发生大地震时，刘亚辉正在台湾考察项目。16 时许，公司打来电话，告诉他，公司刚开了董事会，要去四川赈灾，你马上回来。14 日 2 时许，几经转机的刘亚辉回到唐山。4 个小时之后，他就带着 6 辆公司的赈灾车，载着价值 300 万元的药品向四川灾区进发了。“我们每辆车配两个司机。人换车不停，饭在车上吃。”刘亚辉说，“为了多争取一点时间，我们还派人先乘飞机到成都，提前办好了进入灾区的手续。”

在重灾区北川县、安县，刘亚辉碰到了许多唐山老乡，有的是消防队员，有的是志愿者，有的是医生或护士。“我们怀着一颗感恩的心前来。”刘亚辉说。

更有一名唐山地震的幸存者孤儿陈祥青，5 月 18 日在中宣部等部委联合举行的“爱的奉献”—— 2008 抗震救灾大型募捐活动上，他作为天津荣程联合钢铁集团有限公司董事长以及他夫人、总经理陈荣华捐款 3 000 万元。在主持人现场采访时，陈祥青当即表示，作为 1 100 万天津人民的代表，再捐 7 000 万元帮助灾区人民重建家园，建“震不垮的学校”。这当然是更大的新闻，所以为多家媒体报道。

五、能够以小见大、见微知著，从平凡事物中看出不平凡意义和价值的能力

在现实生活中，惊心动魄的重大题材毕竟不多，大量的是日常生活中的平常事，有些所谓“鸡毛蒜皮”，没有什么新闻价值；也有一些小事，却包含着一种新事物的萌芽，或包含着一种闪光的思想、深刻的道理。记者要时时、处处做有心人，见人之未见，写人之未写，从平凡中出奇制胜，推出好的新闻报道。

[实例 4]

2000 年 4 月 30 日，新华社播发了一篇非常有趣而富有深意的通讯：《小巷“总理”——大连十位居委会主任、“楼长”为民排忧解难纪实》。总理是大人物、重要人物，一个小巷里怎么会有“总理”？不错，这些里弄居委会主任、“楼长”，正是小巷里的总理。里弄小巷也是一个小社会，这里的柴米油盐、鸡毛蒜皮、婆婆妈妈的事，需要有人为之操心。邻里纠纷关系到安定团结，下岗就业关系到国企改革，互帮互助关系到精神文明，这些小事与国家大事联在一起，这些小人物也在做与总理类似的工作。记者以平民视角深入小巷，写出了居委会主任、“楼长”怎样跑痛了腿、磨破了嘴、操碎了心，读来感人至深。

2000 年是政治思想工作年，政治思想工作不能只靠大会上讲，要深入落实到基层，做扎扎实实的工作，才能卓有成效。新华社记者这篇以小见大、于平凡中见神奇的报道，无疑起到了很好的推动全国政治思想工作的作用，这就体现了新华社记者的新闻敏感性。“大处着眼，小处落笔（着手）”，是记者的一项基本功。

第二节 如何培养新闻敏感性

记者怎样培养新闻敏感性呢?

新闻敏感性从何而来?它不是天上掉下来的,也不是人们头脑里固有的,而是通过长期的学习、调查、思考、分析、总结等逐步训练出来的。新闻记者为培养新闻的敏感性,要做到做好以下几点。

一、加强学习,提高理论修养和政策修养

理论和政策,是观察、分析事物的望远镜和显微镜。记者要站在时代的前列,引导群众前进,必须学习先行,笨鸟先飞,而不是去瞎碰。在当前复杂多变的社会生活中,没有理论和政策作为武器,记者就会耳聋眼瞎,寸步难行,"以其昏昏,使其昭昭",是肯定不行的。刚刚提出要搞市场经济时,一些记者便纷纷抢先报道干部开公司、大学破墙开店、教授卖馅饼、大学生炒股、练摊等等,便是理论、政策上幼稚的表现,其后果只能是误导大众。

二、多调查、多思考、多分析

新闻记者是专业的调查研究工作人员,要满腔热情,眼睛向下,多接触实际,多关心群众,有强烈的社会责任感。要与实际工作呼吸相通,与人民群众血肉相连。新闻敏感往往由此而来。记者要珍惜新闻青春,勇于和乐于到第一线去,到最困难、最艰苦、最危险的地方去,那里正是出新闻的地方。"跑衙门是跑不出名记者来的"。(毛泽东语)记者不要陶醉于坐办公室、等请柬、赶新闻发布会,要自己独立去闯、去钻、去寻找、去挖掘。那种"坐着小车跑大道,招待所里听介绍,办公室里抄简报"的记者,是不会有什么大出息的。

记者头脑里要经常地多装些一些实际工作和人民生活中存在的问题,同时要千方百计通过调查研究寻找解决的途径和方法,全身心、全天候、全方位地倾注于自己的事业,这样才能当一个好记者、名记者。对实际工作和人民生活无所用心,感情淡漠的人,不能当记者。

[实例 5]

2007 年春天，南方某报关于广州香蕉感染枯萎病（即巴拿马病，俗称“蕉癌”）的报道，就是缺乏深入调查和理性分析的报道，后来导致了一场轩然大波。该报报道虽非空穴来风，但采取了大标题煽情，耸人听闻，夸张失衡，表达不讲分寸的方法见之于公众，一时造成群众恐惧心理，认为“香蕉致癌”，于是蕉价一路下跌。香蕉产地海南岛受冲击最大，原本 3 元一公斤的香蕉跌至 0.2 元一斤仍无人问津，每天经济损失在 1 000 万元左右。不久中央电视台“焦点访谈”作了《蕉“癌”之惑》的纠正报道，才使风波平息。原来，这些年我国一些香蕉产区已经在控制巴拿马病毒方面取得了成效，而且患病的香蕉树是不会结香蕉的，只要香蕉能生长就说明蕉树未感染病毒。这些多调查、多思考、多分析的报道，真是广大蕉农之福，也是国家之福。所以农业部新闻办公室和海南省委宣传部都给中央电视台发来感谢信函，央视还收到海南省委和政府代表蕉农送来的几簇大香蕉以及一封按有蕉农手印的特别感谢信。的确，要不是中央电视台记者心怀强烈的社会责任感，并且迅速行动，深入调查，思考分析，这一风波造成的祸害不知要大到何种程度。

三、重视积累

要当“富”记者，不当“穷”记者。所谓“富”，就是有积累，不满足于现炒现卖。记者的积蓄，就像是蓄水池。水深，投石下去激起的波澜也大。一有情况出现，便能很好地进行对比、联想，由此及彼，举一反三，触类旁通；如果水很浅，三下两下就枯竭了。

记者的积累包括两个方面：一是情况的积累。要心中有数，对实际工作和生活了如指掌，然后在此基础上发现新闻线索和题材。要建立采访档案，写采访日记和札记，搞有关问题的剪报资料，做报刊索引。当然也可利用互联网上的大量信息，但互联网不能完全替代手工操作。第二是知识积累。文史哲经、天文地理、现代最新科学技术，等等，都要懂一些。要培养广泛的兴趣和爱好。要多读一些书和报刊，慢慢使自己充实起来。第三是人脉关系的积累。记者要广交朋友，要真诚待人，不是简单的实用主义，需要时就利用人家，目的一达到就不再认朋友。

记者的朋友越多越好，朋友多，信息渠道就多，新闻线索就多。记者的各种积累要持之以恒。养兵千日，用兵一时，长期坚持，必有成效。

[实训 1] 每个同学在一周之内，眼观六面，耳听八方，凭借新闻敏感抓取两条新闻。可以在学校抓，在所住小区抓，也可在马路上或其他公共场所抓。必须是亲眼所见，亲耳所闻，不能照录媒体已报道的新闻。每人交出所抓新闻的内容稿后，进行交流和讲评。使大家从实践中明白什么叫新闻的敏感性。

[实训 2] 在日常生活中，每人抓取一条以小见大、见微知著的新闻，写成短新闻或小通讯。如能在媒体上发表，可在课堂上宣读交流，予以表彰。

[实训 3] 请根据新闻敏感、新闻价值和新闻报道思想性的知识和理论，判断下列新闻的正确与错误，并简单说明其理由：

1. 一外商原投资 2.9 亿美元，欲在镇江建设一大型化工厂，当地政府考虑这项建设将来可能造成周围环境污染，便婉言谢绝了这笔投资。记者得知后，写了一篇肯定这种做法的新闻报道。

2. 苏州考虑离上海较近，所以决定不建飞机场。记者得知后认为这样做法不对，写了一篇批评性报道。

3. 编辑部收到来稿：××县在干部制度改革方面迈出了可喜的一步：公开招聘 10 名德才兼备、有较高文化的青年农民担任乡长、副乡长。编辑决定刊用此稿。

4. 记者发来稿件题为《机场反劫机演习目击记》，详细介绍了公安人员如何与“劫机者”周旋，反劫机突击队如何接近飞机、冲上飞机，最后又用什么具体方法制服了“劫机者”的全过程。编辑决定刊用此稿。

5. 在 2007 年上半年股市火爆的情况下，记者得悉某咨询公司规定“每天上下午正常工作时间段，各增设半小时的休息时间，以‘方便员工炒股’”，便写了一篇热点新闻《公司每天让出一小时“炒股时间”》给编辑部。试问编辑应如何处理此稿？

6. 某著名高校百年校庆之际，记者得知有一名该校毕业生正好是百岁老人。于是，立即追踪采访，写了一篇《百年校庆中的百岁校友》，你对此有何评价？

7. 某晚报收到一篇来稿，稿中说："我市广大民兵积极开展社会主义精神文明活动，收到了显著的效果。据不完全统计，三年来共为群众做好事达一百六十五万二千八百多件。"编辑部该如何处理这一稿件。

8. 一篇报道优秀纪检干部的通讯中写到："她的精力，她的每根神经都集中在工作上，集中在关系到党的生死存亡和关系国家兴衰的党风上。"编辑如何处理？

9. 某女大学生多年来热衷于追星。她一直痴迷于某香港男歌星，不惜一切代价但求见歌星一面合影谈话。某记者获知后热心为之穿线搭桥，帮她圆追星梦，并从中写了一系列的报道。记者的做法如何？

10. 著名女歌星怀孕即将临产，某媒体派记者身带相机等设备到明星住宅附近几天几夜轮流守候观察动静，以便在第一时间了解到最新动态向读者作报道。你认为这样的做法是否可取？为什么？

11. 某报男女两记者分别装扮成瞎子过街和孕妇上公交车，以测试市民见了瞎子是否帮扶过街，见了孕妇是否让座位，然后把测试的情况公开报道出来以作舆论引导。你认为这样做是否好？为什么？

第五章 明确报道思想

明确报道思想,是采访前期准备工作的一项重要内容,也是采访能否取得成功的前提条件。没有报道思想的采访,是盲目的采访。有了明确的报道思想,才能完成采访活动,写出符合要求的新闻报道。那么,什么是报道思想呢?所谓报道思想,就是指新闻机构在一定时期内,组织、策划报道的指导思想和具体实施这一指导思想的大致设想。报道思想有时也称为报道意图。它包括编辑部依据一定时期内组织有关报道的目的、预期效果、内容重点、报道范围、步骤和要求等。报道思想是采访实践经验的概括和体现,也能帮助记者在采访时克服盲目性,增强目的性。

第一节 报道思想是采访活动的"指针"

一、报道思想确立报道目的

人的行动与目的之间存在着必然的联系。人类的任何行为都有一定的目的,目的则是行为的结果,没有一个目的,什么事都做不好。新闻记者的采访活动,必须以一定的目的为前提。那么,新闻采访的目的是怎么确立的呢?可以肯定地说,它是由报道思想赋予的。报道思想是确立采访目的的基本依据,是采访活动的指南。我们的采访活动,只有在明确的报道思想指导下进行,才能保证其活动的正确性和科学性;必须有一个很明确的报道思想,作为衡量事实能否成为新闻的尺子。

我们常常发现,有不同的报道思想,就会有不同的新闻报道。

[实例 1]

2007 年春各种媒体都热衷报道股市，因为是牛市，大家想赚钱，分享经济发展带来的成果。有的报纸渲染股市暴富神话。如，不作分析地报道某个捡破烂的老太太，两个月炒股资金翻了两倍；有的则报道某人把房产抵押炒股，结果挣了两百万元。这样的报道出于什么样的报道思想呢？无非告诉人们：股票，买就赚，炒就赢，大家一齐快快向股市冲！或者是因为这些故事吸引了眼球，牵动了利益这根神经，所以不顾什么后果，报呀！报呀！这样为股市推波助澜，不顾股市风险，如此肯定会误导民众，埋下诸多隐患。这就叫报道思想不明确，或叫报道思想错误。

有的媒体则留下一分清醒在。5 月 8 日，南京某媒体报道有人"把自己价值 500 万元的房产及汽车进行财产抵押，并通过一家融资机构运作，贷来了 1 000 万元现金，年利息为 25%，且规定：贷款机构监控股票账户，如果亏损掉本金 20%，即 200 万，就会被金融机构平仓处理，到那时候，算上一年利息，3 套房产、2 辆汽车就要充公"。这就看出，这家媒体的报道思想是清晰的、明确的，也是理智的，这样的报道才能实现正确的舆论导向。

二、在报道思想的大"框框"内灵活做出各种文章

采访活动中，一旦报道思想明确了，而且在记者心中深深扎了根，那么，"有形"的报道思想自然就会变成"无形"的灵活处置。

[实例 2]

某报社在全国"两会"期间，明确的报道思想是宣传"两会"精神，所有与"两会"无关的报道只能作为次要宣传的内容。这是"有形"的东西。但宣传"两会"时，其他各类新闻的记者是不是可以放大假了呢？不是。《经济日报》有个记者在全国"两会"期间去福州采访。到石狮时，他发现这里台资小商品琳琅满目，还有许多来自内地的、港台的以及东南亚等地的商人在此经商，显现出了一番非常祥和安宁的喜人景象。这里的繁荣与正在北京召开的"两会"有没有联系？能否在"两会"时报道这样的新闻？记者经过认真思考，感觉到这是与"两会"遥相呼应的新闻。于是他立即展开采访，

以见闻形式，反映了这里的面貌，传到报社后很快被报纸采用了。

由此可以看出，采访中，必须辩证地看待报道思想的“有形”和“无形”，善于在报道思想的大“框框”里，灵活地做出各种文章。

三、对报道思想的片面理解和把握

1. 采访活动的盲目性

对“无形”的把握也要有理、有节、有度。由于特定的报道思想有其正确性和科学性，就要努力尊重它，如果过分游离而另搞一套，那就超过了它的质的规定性，导致采访活动的盲目性，犯主观随意性和片面性的错误，采访出来的“产品”也就没有“销路”，发表在媒体上只能成为受众不满意的垃圾。也有记者和通讯员采访时预先没有一个方向，采访什么，报道什么，心中没底，这样做，往往会出现两种情况：一个是出去兜一圈，什么“鱼儿”也捞不着，看似忙忙碌碌，实质是漫无目标；另一个是能采访到一些内容，也能写出一些稿子，但写成后编辑部不认可，或是不合当时报道时势，或是不合编辑部报道计划，还可能是根本不适合新闻媒体使用，等等。因此，采访前必须要有明确的报道思想作为依据，在采访活动中才有可能做到有的放矢，不打无把握之仗。

2. “背着靴子去找脚”

采访目的是根据报道思想来确定的。这也就成了一些记者产生懒惰思想的理由。这种情况，就是新闻界常常批评的“背着靴子去找脚”的现象。有些记者拿到了编辑部的报道思想，就好比拿到了“尚方宝剑”，顺着就采访，稍有不顺则割爱。于是，把自己关在屋子里，依据报道思想想点子，稿子先写，采访后进行。稿子写好后，再象征性到生活中去“采访”几个例子、几个人名、几个数字补进去，这样就算大功告成了。这种利用报道思想的方法显然是不对的。

3. 不能停留在某一细节和某一具体事实上

在有的时候，有明确报道思想和采访目的，但也采访不出符合要求的报道，这主要是因为一些记者对报道思想的认识理解不够所造成的。比如，某地发生了特大洪水，许多新闻单位都聚焦抗洪，应该说这一报道思想是明确的，前去采访的记者，采访目的也是清晰的。但一些记者带着报道思想到了抗洪前线后，却感到无新闻可采，或者是无独家新闻可访。有的记者甚至带着过高的期望值，把视线瞄向了“惊天动地”，认为采访到那样的新闻，才不会失“面子”，造成记者派出了，稿子回不到；还有的把眼光只盯住抗洪花絮，记者向报社发的稿子不少，但有分量、质量高的没有。这就是对报道思想学习理解不够造成的。采访要围绕报道思想展开，并为体现报道思想服务，这是一个广泛的含义，这种服务应该是多视角、深层次、全方位的，而不能狭隘和教条，更不能停留在某一个具体细节、某一具体事实上。

第二节　如何形成和明确报道思想

报道思想是采访活动的依据，也是确定采访方向的指针。报道思想是如何形成的呢？它从哪里来，又用什么方法来捕捉、获取它，并为我们的采访所用呢？报道思想来自新闻编辑部，是他们依据上级有关精神和下面的实际情况确定的。这里不但说明了报道思想的来源，也大致道出了报道思想的形成途径。既然报道思想来自编辑部，是编辑部学习领会上情和下情而总结出来的，那么作为记者和通讯员，获取的主要途径就方便多了，也就是向编辑部索取。编辑部掌握着记者、通讯员来稿的“生杀大权”，记者的稿件是“生”是“死”，往往是他们确定的。但他们确定也是有据可查、有因可析、有矩可蹈的，这里的据、因、矩等，就是报道思想。无论记者还是通讯员，都有与编辑部及时进行沟通和交流的必要。但编辑部的报道思想是从哪里来的呢？我们能不能根据当时实际情况，总结出与编辑部内容大体一致的报道思想呢？当然是能够的。

无论编辑部还是上级领导机关，对报道思想的确立，也就是形成报道思想的方法，大体都是认真学习领会上级文件精神、领导人的讲话以及媒体上发表的重要讲话和文章，结合本地区的实际，拟定报道思想。作为广大记者、通讯员，在很难及时得到编辑部“报道计划”时，应该学会自己总结和捕获报道思想的方法。同时，社会上的新闻爱好者和在校新闻系的大学生，也不可能及时收到某个编辑部的报道计划。这样，就得学会自己捕获报道思想。怎么捕获呢？

一、通过从一个阶段媒体上发表的重要言论和文章中获取报道思想

办报人必须看报。新闻工作者应该把了解新闻当作生活的第一需

要。报纸的重要言论是报纸的眼睛,它指向哪里,下一步有什么重大报道行为,一般都可以透过这个瞳孔看得通通透透,明明白白。

[实例3]

新华社2008年6月13日报道,中共中央、国务院13日上午在北京召开省区市和中央部门主要负责同志会议,胡锦涛在会上发表重要讲话,全面分析了当前形势,提出了做好抗震救灾和恢复重建、推动经济社会又好又快发展,筹办北京奥运会等三件大事,形势逼人,任务艰巨。《瞭望》新闻周刊立即在第23期上刊登评论员文章,提出三件大事考验干部政德:"能否科学民主而不独断专行;能否与人民同患难、共命运而不无视民生,先私后公;能否与人民坦诚相见、推心置腹而不大言欺世,无视民意;能否言行一致而不说一套做一套,是检验一个干部是否谨守为政之德、德才兼备的试金石。"

这些讲话和文章,都是重要的报道思想,新闻记者要一句一句读懂、吃透,然后化为具体的报道计划方案。一个记者或者通讯员,如果不及时对这篇重要文章加以研究和琢磨,那他就不可能写出很多适合报道需要而又有分量的新闻报道。

重要社论和文章,一般是在报刊上发表的,与日常报道进行对比、分析出来的。有些记者不注重听新闻、读报纸,更不喜欢看一些"长篇大论",这必然导致新闻敏感"钝化",也必然造成对报道思想的麻木不仁。所以,阅读重要社论和文章,既是新闻工作者一项重要任务,也是提高记者理论素养、积累知识的重要途径,还是获取报道思想的重要环节,可以说,它是记者成才、成名的一个重要途径。

二、吃透党和国家领导人的讲话、文章,从中把握报道思想

中央领导人的讲话很多,他们在国际、国内的一些重要场所,都会发表相应的讲话。在这些讲话中,哪些内容会对新闻媒体产生重大影响,会被新闻机构作为报道思想而加以重视呢?哪些只作一般工作性讲话对待呢?这是我们必须认真分析的。根据记者领会报道思想的实践经验,以及编辑部制定报道思想的实际,有三类重要讲话,可能会成为报道思想的重要来源。

其一,重要领导人对国内发生重大事件和问题的批示、口谕。通常

情况下，领导人不会轻易表态，不会轻易激动、发怒，但当相关部门取得重大成就或发生重大问题时，他们也会按捺不住激情。这类批示是以重大成就或重大问题为由头的，领导人的态度，一般会直指新闻报道思想。

其二，领导人在党和国家重要会议上发表的讲话。这类讲话都是在全国各大媒体上公开发表的，而且一般都是长篇宏论，能否透过这些重要讲话，把握报道思想，直接关系到我们的宣传能否与党中央、中央政府保持口径一致的问题。通常情况下，党和国家的主要领导人在党的重要会议、在党风廉政会议上的讲话，事关党的建设、国家稳定、改革开放发展方向等；在宣传、组织、统战等工作会议上的讲话，直接规范新闻宣传工作，有的内容直接成为报道思想；在经济、贸易等会议上的讲话，往往预示着政府一系列重要方针、政策可能出台，等等。记者和通讯员只要及时把握、认真领会这些讲话精神，就有可能作出准确的判断，找到报道思想。有一位实习记者，到《人民日报》实习后，带教的老记者给了他一大摞近期报纸上刊登的重要领导人发表的讲话，让他在一周内找到本报报道思想及报道选题。在老师的指导下，这位实习生连续阅读了近三个月报纸上重要讲话、文章，找到了他所求的报道思想。于是他就得出一个亲身体会，报纸是学习新闻采访写作和明确报道思想最好的，也是永远的老师。

其三，著名专家学者在主流媒体上发表的理论文章，这也是我们捕捉、获取报道思想的途径之一。这些人都是某一方面的内行；这些文章往往观点鲜明，立场坚定，具有审时度势的前瞻性，也往往预示着下一阶段党和政府对什么问题应加以重视了，对一些新情况和新问题，在其政策、方针上，应出台那些与之相适应的措施了。这些无疑对我们预测下一阶段的报道思想和宣传重点，有着重要作用。记者和通讯员应该关注这些类似的文章，不应把它们拒于视线之外。

有人说，记者属“万金油”，是个“杂家”、社会活动家。有人比喻说，记者应该是高明的医生。如果真的是医生的话，就应该做到什么病都会号号脉，能开个药方，即使不把病人完全治好，但总不能把病情治重，更不能把病人治死吧。因此，记者应该多学点，多懂点，而多学、多懂则是以对自身工作真心投入和满腔热情为前提的，也就是以事业心和责任心为基础的。如果一个人对社会发生的一切缺乏激情、冷眼旁观，显然是不能做新闻记者的，即使当了记者，也只能做个“派工”记者。

三、从国际国内发生的重大事件报道中捕捉、获取报道思想

重大事件,一般都会引起社会的广泛兴趣。但就重大事件本身而言,已经报道了,最多也只能再追踪一下,搞一些连续报道和深度报道,但在许多情况下,一个地区或某个单位偶然发生的重大突发性事件,记者和通讯员是不必要、也不可能"一窝蜂"地前去深入采访的。这就好比一个厂家生产的可能是热销产品,但如果盲目上马,各地都生产了,就可能不热销甚至会滞销。同样,一个深受群众欢迎的新闻,如果一味地炒作,就不会有受众再去热心地关注了。那么,我们如何通过重大事件的报道获取报道思想呢?这就看记者举一反三、触类旁通的功夫了。近年来,国外一些媒体有不少关于中国食品安全问题的报道,有的还在奥运会食品安全上做文章,如"奥运猪"、"特别蔬菜"等等。这些事件发生后,国内各新闻机构立即作出反应。作为普通受众,在阅读事件相关新闻报道时,可能只是一种气愤,也可能是一种耻辱感,还可能是一种图强意识。但作为新闻工作者,就不能停留在这个层次上,而应该结合这一事件,分析报道的思路,研究普通受众在获悉该新闻事件后的想法和可能出现的行为,继而研究报道这种新情况新问题的方法和策略。其实,这种方法和策略,就是新闻报道的基本思想。掌握了这个思想,就能够在实践中采访到适时、重要、有价值的新闻稿件。

[实例 4]

不存在的"奥运猪"与确有的食品安全保障

奥运会给我国食品安全保障体系带来了一个全面升级的契机

■"奥运猪""奥运蔬菜"和"自带食品"

2007 年 8 月 6 日,英国《金融时报》发表《中国将秘密为奥运养猪》一文说,"北京 2008 年奥运会的官方猪肉供应商将在秘密地点以有机方式饲养生猪,为运动员提供安全猪肉"。文章说供应商千禧鹤集团为养"奥运猪"采取了"特别措施"。随后,许多媒体对"奥运猪"进行了轮番炒作。

11 月初,北京奥组委对"奥运猪"一事进行了辟谣:"什么'秘密养殖基地'、'中草药免疫'、'锻炼'等等,完全是夸大的不实之词,在社会上造成了不良影响,有关部门已对有关企业的行为予以

了警告。”

但事情似乎并没有就此完结。2007年11月15日，英国《金融时报》发表了《都是“奥运猪”惹的祸》一文，声称奥组委未在其英文网站上澄清“奥运猪有关报道”。

事实上，顶着“奥运”名义被热炒的话题远不止是“奥运猪”。2007年9月有媒体报道，为北京奥运培养的特别蔬菜，肥料甚至包括牛奶、白糖、豆浆、啤酒、醋等等，以保证绝佳的口味和营养价值……北京奥组委只好再次辟谣。

2008年初，又有美国媒体报道说，美国奥委会安排赞助商为参加北京奥运会的美国代表团运送2.5万磅瘦肉，担心“中国肉类中含有兽药成分，可能会对运动员产生影响”。这一次出面辟谣的，轮到了美国奥委会。

对那些关于奥运食品的流言，曾在“奥运蔬菜”相关报道中以“被访者”身份出现的北京市农林科学院蔬菜研究中心高级农艺师张宝海对记者表示说：“很多报道都没有经过我们（确认），只是打着我们的招牌。”

“所谓的‘奥运猪’‘奥运蔬菜’都是不存在的，是不实报道。”奥运食品安全专家委员会专家蔡同一教授在接受采访时对传言予以了坚决否认。

蔡同一表示：“奥运会给我国食品安全保障体系带来了一个全面升级的契机。这个体系目前已经惠及民众。”

2007年11月12日，60多家境内外媒体的100多名记者参加了由国家质检总局举行的关于奥运食品安全保障的新闻发布会，随后记者们参观了国家质检总局的监控中心，并对北京华都肉鸡公司和北京顺鑫农业股份有限公司鹏程食品分公司两个奥运食品生产企业进行了现场采访。

对当日的情况，新华社进行了相关报道。境内外记者对检测机构和生产企业现场采访后普遍认为，中国政府高度重视食品安全，监管措施得力，食品质量、卫生完全有保障。

当然，仍有一些境外媒体对北京食品安全表示“不便发表评论”。路透社一位记者说：“今天看到的北京两家食品生产企业，也许并不能代表中国食品安全的全部。”

境外一些人及一些媒体注定对北京奥运会充满了“担心”，但正如美联社北京分社电视新闻制片人章立群所言，中国官方邀请境外记者采访食品生产企业和检测机构，这就表明中国食品安全经得起媒体的“挑剔”。

蔡同一告诉记者：“我接受很多采访，美国《华盛顿邮报》、日本《朝日新闻》、英国 BBC 等媒体都找过我，我总是很乐于接受。食品安全是与人类共同存在的问题，也是每个国家都要面对的世界性问题，我希望告诉国际友人，北京市奥组委费了很多心思，做了大量工作来保障食品安全，请他们放心。”

■“很仰慕这个体系”

为了保证奥运食品安全的万无一失，北京市奥组委早在 2005 年 1 月就制定了《奥运食品安全行动纲要》，全面部署了为期 3 年的各项准备工作。而北京市政府则在 2005 年 7 月 4 日就组建了奥运食品安全专家委员会。

蔡同一对记者介绍说，专家委员会第一次会议主要讨论的是北京食品安全行动纲要，第二次会议则是确定北京奥运食品安全的保障体系及其实施方式。

在“好运北京”测试赛中，奥运食品安全保障体系全面投入使用，且收效良好，没有出现任何问题。“一个世界卫生组织的官员看了以后，说是‘很仰慕这个体系’。”蔡同一的语气很有些欣慰。

他对记者透露说：“接下来我们的重点工作就是强化细节，一对一、点对点、面对面的。比如在运输问题上，车的检验、车的人员配置、车去什么地方、装载什么东西等，都要做到精确，并层层负责。”

目前，北京市已确定了 28 大类 454 个品种的食品安全主体标准。对奥运食品供应商、赞助商、定点供应企业及物流配送中心，制定了专门的食品安全监控方案。

“出现安全问题也不是没有可能，毕竟这是个复杂的事情，很多发达国家也有过食品安全事故。”蔡同一强调，“毫无疑问，我们在尽最大的努力去预防，同时建立应急机制，以便发生问题以后能够尽快解决。”

（记者谢黎　范红春）

来源：《环球》杂志

重大事件很多，涉及面也非常广泛，但主要有这样几类：一是重大政治事件。如中央和各省市每年举行的“两会”，党中央、国务院召开的特别会议等。这类事件，一般以制造舆论为由头，引导舆论为目的。二是重大经济事件。三是重大国际事件，如关于美国对台军售。四是重大意识形态事件。把握重大事件，选择新闻事实，确定报道选题，就能牢牢把握报道思想，使采写的内容和稿件，适应新闻媒体需要，满足广大受众要求，提高来稿的命中率。

四、参与社会实践，从所见所闻所感中获取报道思想

社会实践是新闻记者最宽广的天地、最好的课堂，也是新闻采访取之不尽、用之不竭的源泉。那么，如何通过参加社会实践，获取明确的报道思想呢？根据许多记者的实践体会，主要应抓住两点：首先是，要抓住公众中带有普遍性的问题。这个普遍性问题包括普遍关注的社会热点、难点、疑点问题；群众普遍议论，但“小道消息”满天飞，无法证实，属于欲知而未知的问题；社会生活中司空见惯，但又确确实实必须要有个说法的问题。了解了这些，就等于熟悉了“下情”，我们的新闻机构有当“耳目”、“喉舌”的功能，这里就是充当着“耳目”的作用。这个耳朵听到的、眼睛看到的内容，当然是我们报道思想的形成依据之一，也是上级领导机关了解群众意见、倾听群众呼声的重要渠道。比如，一项调价政策公布后，依据《价格法》，每一次调价，都必须经过专家论证，并充分听取消费者的意见，才能最后确定调价。但有些行业和部门调价，仍然沿用计划经济时的老办法，一个红头文件发下去，价格就给调了。这种做法，广大人民群众是很有意见的。如果你在基层，参与了社会实践，就会听到许多不同的声音。掌握了这方面的意见，如果是带有普遍性的，当然就是新闻机构总的报道思想的一个组成部分。

其次是，抓住社会上普遍存在的问题，影响报道思想。生活在现实社会中的记者、通讯员，对于形成报道思想有着得天独厚的便利条件。一位记者到中学进行采访，老师向记者提供了一个关于中学生“早恋”问题的情况。随后，记者立即到学生中展开了调查。结果发现，许多人不懂得真正意义上的“早恋”，一些同学、朋友间的正常关系，硬是被老师告诉家长，说孩子“早恋”了。对此，许多中学生非常不满。于是，记者将这个情况反映给某教育报社，得到了这个报社的支持。这个报社在次月的报道思想提示里，就专门加上了有关内容，从反映中学生心声等角度，做了连续报道。在记者的报道刊出后，引发了中学生、家长以

及青少年教育方面的专家、心理学家的参与，在全社会引起了广泛影响。其实，社会生活五花八门，记者只要当有心人，善于思考，“世事洞明皆学问，人情练达即文章”，报道思想是很容易明确的，也就不一定非要编辑部提供，或依赖上级宣传部门为我们制定。

第三节　报道思想要切合实际，灵活运用

从新闻工作的实际情况看，大多数报道思想是从社会生活实践中得来的，也有一些是重要领导人的上级领导或领导机关思考出来的。但无论其形成方式如何，也不论当时的社会背景怎样，重要的一点，就是报道思想一定要与客观实际相合拍。脱离了客观实际，报道思想就会变成无源之水，无本之木，枯竭而亡。那么，报道思想如何才能与客观实际相合拍呢？

新闻实践证明，新闻报道如果没有报道思想作指导，采访就如同失去罗盘的航船，无法在大海中正确航行。但如果把报道思想当作死板的教条，并以此为“框框”，去套“白狼”，将生动活泼、千变万化的客观实际，非要戴上一个符合报道思想的“帽子”，这样，就会使报道思想脱离客观实际，就是这个道理。但是，报道毕竟属于主观的东西，虽然是对客观事物的正确反映，但其科学性和准确性总是相对的，不可能绝对正确，绝对科学。因此，在依据报道思想指导新闻采访时，必须确立“实践第一”的观点，尊重客观实际。如果在采访实践中发现报道思想、报道计划以及报道选题，比较笼统，一般化，并非最佳切入点，或与客观实际相偏离，那么我们就不能死守住报道思想而无所作为，而应该实事求是，从当时、当地的实际情况出发，决定采访的取舍、详略等，这才是唯物主义思想路线在新闻采访实践中的正确运用。《东方早报》一个记者讲述了自己采访过程中舍弃一般报道思想，聚焦最佳报道主题的故事：

［实例 5］

报道思想是“死”的，也有人说它是“活”的，但我不这样认为。一条鲜活的鱼放在大河大海里才会真活，一旦被打鱼人捕获而放在水缸里养，就不是真活了。记者在外面采访，就好像渔民捕鱼，而不是卖鱼人从缸里捞鱼。报道思想通常一个月至少也要一个星

期，编辑部才向记者通报一次，他们能想到的，实际上就是养在鱼缸里的鱼，如果一个记者永远按照编辑部指定的报道思想确定采访选题，那就永远捕不到真正意义上的活鱼，最多也只能捕条把半死半活的鱼。我的做法是，以编辑部选题作参考，客观实际的变化才是采访的重点，活鱼就在客观实际当中。当然，客观实际中"摸到"的大鱼，也要找到时代意义，也就是说，也要考虑是否会有人"买"它。新闻姓"新"，只有始终把"新"放在突出位置，这条大鱼才能够在报纸上活蹦乱跳起来，编辑部也会为记者能捕捉到这样鲜活的鱼儿而把原先的报道思想放在一边，来重点刊登你的文章。

我采写的《马路摊点上海不再一律封杀》一文自 2007 年 2 月 26 日在《东方早报》头版刊登后，在一段时间内引发一场不小的波澜，在媒体的高度关注及连续追踪下，相关部门最后顶着压力出台《上海市设摊禁止与疏导管理试点导则》。虽然短时间内并不能解决全部流动摊贩管理问题，但多少是在为解决日益严重的城市小摊小贩的生存及市容市貌问题进行了积极的探索。

这条新闻的消息源获得其实十分偶然，是我从常规渠道获得的。上海市市容管理部门每年年初都会推出十大便民利民措施。一开始参加这个现场活动时，我并不抱多大希望，因为从以往的采访经验来看，这些措施往往十分"空"、"虚"，无非是今年多建设几个市容达标村，或者增加多少座公厕，也许从政府部门来说的确是"实事"，但新闻性不强。不过，从一开始拿到十条措施的新闻稿，我还是逐字逐句地研读了一遍，企图发现一些能让人眼睛一亮的蛛丝马迹。果然，十大措施中的第七条——"控制区域内'有序设摊、卫生设摊'，逐步减少乱设摊对市民生活环境的影响"让我兴奋起来，因为此条目下罗列的第三点提到"在'五一'前，制定'城市设摊导则'，促进各区和街道逐步形成'疏导设摊'运作模式，使城市设摊有序健康的存在和发展"。"城市设摊导则"？我立即回忆了跑市容条线近一年来，似乎从未听说过对于城市乱设摊制定过比较具体的指导细则，或许这将是首部针对上海城市乱设摊管理的细则，或许以后上海就将允许部分地区开放设摊？

于是，怀着种种疑问，我打算就该条目进行详细采访。在市容部门办公室负责人的帮助下，当时在活动现场的相关负责人——市容局环卫处处长孙芝兴接受了采访并透露了很多重要信息。比如实施的时间是"'五一'前,《城市设摊导则》出炉,下半年正式开始实施";还有如何来实施,即"目前考虑的基本条件是申请临时设摊许可证的摊主必须是至少在上海居住半年以上,同时要向所在街道提出设摊申请。我们将和有关部门共同听取街道居民对设摊的想法,只有老百姓赞成该摊位存在,我们才会与摊主签约,向他颁发临时许可证"。在追问下,他还透露了对小摊小贩取舍的标准。

通过采访,也证实了我的想法,这部《导则》将是上海首份指导城市摊位设置的行业导则,它甚至超越了一些部门法规,从细则上放宽了对城市设摊的严格限制。

回到报社后,我决定将设摊内容作为2007年十大便民利民措施的主打内容,同时将其他9项措施简略带过。但当时报社领导,包括刘永钢、李鑫老师等则提出应该忽略其他措施,将"'五一'前出台《城市设摊导则》"作为一则完整的消息,同时更深层次提出,《导则》的出台意味着上海的"马路设摊"开始"开禁",不再"一刀切"全部"封杀",并让我采访有关专家评论《导则》出台的意义。

鉴于这样的高度,这篇消息最终登上第二天的头版,并配发了由早报评论部首席评论员鲁宁写的《祝贺马路摊贩新年有喜》一文。文中指出,市容部门此举势必带来四个方面的正面效应,不仅能使政府形象得到改善、方便市民日常生活起居、利于居民小区周边的市容环境改善,而且还能使流动摊点经营者(其中既包括本市市民也包括来沪寻求生计的农村进城人员)正当的合法权利——首先是基本生存权,也将在一定程度上得到满足和保障。

而沪上大部分媒体第二天的见报稿几乎都是以报道市容十大便民利民措施为主,由于早报对于设摊导则报道详细,加上有观点鲜明的评论,立即获得全国众多媒体的关注,网上转载量极大。包括《人民日报》、中央人民广播电台等全国众多媒体都纷纷致电上海市市容局,要求跟进该消息。同时,各大门户网站也对《设摊导则》一片热议,盛赞上海此举是市民权利的回归,并引发关于外来务工者生存权重要还是城市"面子"重要的大讨论。

早报关于设摊导则的报道给上海市容管理部门造成了极大的压力,由于《城市设摊导则》受到高度关注,如果无法顺利实施,则将面临更多的舆论压力。为此,在早报的这条消息见报后,市容局对媒体基本是"无可奉告"的态度,但实际上仍在悄悄进行选址试点工作。而此后郑州、杭州等其他城市的市容城管部门也不断传来消息，对马路摊位由禁改限。

《设摊导则》在推进过程中遭遇到来自其他部门和街道等多方面的压力，而一些技术难题也让它不得不推迟至“五一”后出台，并一度有“难产”嫌疑。但在媒体的高度关注和不断追踪下，《上海市城市公共区域设摊管理导则》（试行稿）历经二三十次修改后，终于在去年6月中旬以《上海市设摊禁止与疏导管理试点导则》的形式亮相。上海市容综管办也正式下发通知，在全市开展禁止与疏导设摊管理试点工作，使城市乱设摊现象转向“有序设摊、卫生设摊”。

少数缺乏经验的年轻记者，拿到了报社下发的报道思想和报道计划，就当作“圣旨”一般，每次采访都把它带上，甚至每个细节都用它来对照、衡量。这样做，无疑是把报道思想当成了孙行者为唐僧师傅、猪沙二师弟画的圈儿，不得超越半步。

还有一些人不顾实际，把新闻事实当作“面团”来捏，要圆则圆，要方则方，要扁则扁。记者抓住了鲜活的新闻事实，不管它的属性、规律如何，先用报道思想来圈一圈，既扭角度，又纠主题，还搞所谓的“深度挖掘”；就采访者不想谈、不能谈、谈不出的东西，记者硬要他谈，硬要找出个“闪光点”；采访对象讲的新闻事实和新闻人物情况放在一边，再给予“合理包装”，结果事实原形没有了，派生出了一个怪胎。这样做，表面上与报道思想相符了，但“人造的”痕迹很明显，不可信，既造成报道失实，也影响媒体声誉，进而危害社会。记者、通讯员要做报道思想的主人，而不是做报道思想的奴隶。

［实训 1］ 如果你办校刊，要配合毕业生工作出一期大学生就业指导性特刊，请你列出5—10点报道思想。交稿后，听取毕业生办公室和校领导的意见，再听取毕业生的意见，然后修正自己拟订的报道思想。通过这一过程，使大家懂得如何明确报道思想。

［实训 2］ 如果你办一个大城市的区报，请根据近期中央或本省市主要领导的讲话精神，拟定出一些主要报道思想。

第六章　抓住新闻线索

要展开采访活动，首要的就是获取新闻线索，这是决定采访成败的重要环节。当我们走上社会去采访，就会遇到这样一些难题：到哪儿采访？采访什么？写什么？如何才能找到采访的新闻线索？与一个老记者出去采访，你要是问他从哪里获取报道线索，他便告诉你："大街上！人群里！"那里真有报道线索好捡吗？我天天背着采访包，穿大街，走小巷，为什么看不着？与编辑聊天，他总是发出这样的感慨："要是我能腾出身子去采访有多好，你瞧瞧，这么多'活鱼'在游，记者竟一个也抓不住。"也就是说，即使他整天蹲在编辑部，心里也装着许多新闻线索。

一个富有采访经验，责任心、事业心强的新闻记者，他们通常都有这样的职业习惯，就是无论走到哪里，都眼观六路、耳听八方，细心观察周围发生的一切及其变动，及时把值得报道的东西记在脑海里；他们还用耳朵去聆听周围的一切声音，并能从各种"噪音"中分辨出值得报道的话题。而这些值得报道的东西，正是我们所寻找的新闻线索。

第一节　新闻线索的作用及其特征

一、新闻线索的作用

什么是新闻线索？用一句话概括之，就是由新近发生或变动的事实所发出的简明信息或信号。新闻线索的位置，处在确定报道思想和进行采访准备之间。获取新闻线索贯穿于整个新闻采访的全过程。对于新闻线索的理解，许多人作出形象的比喻，有的把它比作牛鼻子的绳，只要抓住它，牛就能乖乖地被牵住；有的说它是炸药包的导火索，一旦点燃就可能引爆；还有的把它说成是鱼儿在水底呼出的气泡，只要迎着气撒网，就可能打到活蹦乱跳的鱼儿，等等。总而言之，它不是新闻事实的全部，而是新闻事实的一根引线，是新闻故事的一个梗概，沿着这个线索，就可以采访出新闻。

新闻线索是新闻采访活动的基本依据，它牵引着整个采访活动，起着指明方向、确定范围、拟定主题等方面的作用。在通常意义上讲，有了新闻线索，才可能有采访活动。一个记者只有手头拥有大量的新闻线索，才能采写到大量的新闻。如果一个记者，手里没有几个新闻线索，或者发生"线索危机"，"吃了上顿没下顿"，每时每刻都在"等米下锅"，那么，他的记者工作就会很蹩脚，就不可能经常采写到新闻，也就难以胜任自己的工作了。为此，一些记者总结出了这样的一个"四有"原则：

"编辑部里有稿子编着，网络上有稿子传着，手里头有稿子写着，采访本里有新闻线索记着"。

通常，一个记者暂时没有已在编辑部里编着的稿子没关系，最多一个短时期内没有稿子见报。但是如果一个阶段，记者没有"本子里记着的新闻线索"，那么，这个采访的"运动链"就会断裂。没有采访线索，采访就没法继续，当然也就没法写作。从这里，我们可以看出新闻线索对于新闻采访的重要性。

二、新闻线索的特征

新闻线索存在于纷纭复杂的新闻事实之中，当然也存在于客观世界之中，但它的表现形式却是多种多样的。有些新闻线索是完整的，它包括新闻事实的来龙去脉，既有总体情况，也有新闻细节；有些新闻线索比较简单，或者是新闻事件的一个侧面、一个角度、一个闪光点，也或者是最简单的一句话、一个数字、一个故事、一个场景；还有些新闻线索，则可能是一个道听途说，一个异常的生活现象。比如，中国新闻社的一个特约记者在采访潘多前，就获得这样的一个新闻线索：

[实例 1]

著名藏族女登山运动员潘多定居在苏南水乡——无锡了，但她还关注着女性登山运动。她与一个汉族登山运动员、当年的登山同伴、无锡市某中学的体育教师结了婚；潘多担任无锡市体委副主任，且做了三个孩子的母亲。有了这样的零碎的、不完整的，又缺乏时效性的线索，记者就给采访定了位，只要有新闻由头出现，就立即去采访。后来，一个世界登山协会请潘多去介绍经验，记者觉得新闻由头有了，会议之后，他立即赶赴无锡采访。由于准备充分，仅仅用了一个多小时时间，一篇专访的素材就到手了。

这是获取了相对完整的新闻线索后所进行的一次比较成功的采访。但在许多情况下，新闻线索并不完整。比如，《新民晚报》记者孙洪康在采访获奖新闻《谁的过错？谁的过错？》一文有以下经验：

[实例2]

“记得那天，我从一位通讯员处获悉有3个小孩夜窃烟杂店的事件后，立即赶到南市区公安分局采访，旋即又走访了这家烟杂店，继而又逐一深入到3个孩子家中暗访，找孩子及家长分别谈话，向孩子的邻居了解情况。原来，这3个约摸10岁的小男孩，其中2个来自离婚家庭。有个姓王的孩子，法院判由母亲抚养，但他母亲这几年在外不务正业，常常数月不归。我到他家时，只见小王在门前搓洗衣裤，门外放着一只煤饼炉，湿漉漉的，已生锈了。那个姓胡的孩子，法院判由父亲抚养，而他爸爸的管教方法简单化，或者是‘大棒政策’——劈头劈脑一顿打，或者是‘铁锁政策’——将孩子锁在房子里。这一次，小胡就是趁父亲酒醉之后，偷偷溜出家门肇事的。第三个孩子姓陈，父母都是聋哑人……”①

这里，3个孩子行窃，被公安局拘留，就是一个很不完整的新闻线索。正是这个线索，把记者的注意力牵引到了新闻事件上。

[实例3]

《东方城乡报》一名特约记者，在某部队的一个招待会上，听一位飞行大队教导员说，他们大队有个特级飞行教员，地方航空公司以年薪10万元、加上一套全装修200平方的别墅以及专用小车聘他，但被他谢绝了。这句话就是一个简短的新闻线索，引起了记者

---

① 引自刘海贵主编：《知名记者新闻业务讲稿》，复旦大学出版社2000年版。

的兴趣。据平时了解，现在部队一个特级飞行员，月薪也就数千元，一年的收入还不到 2 万元。于是，他把这个情况记在本子里，作为新闻线索存放起来。这一年的“八一”前夕，报社需要一批反映部队官兵无私奉献方面的稿子，他立刻把它拿了出来，并通过电话，联系到那位飞行大队教导员和他所说的飞行员，随后进行了采访，一篇通讯很快就采访成功了。

前不久，一位部队的新闻干事从这个部队科技大练兵的一份总结材料中，看到这样的一个数字：有个通信情报员，立足岗位苦练本领，电脑中文输入速度达到每分钟 193 个字。也就是说，他的打字速度已经超过了中央人民广播电台播音员每分钟 180 字的口播速度。他沿着这个数字展开采访，采写了一篇很不错的人物特写，在《人民日报》华东版的“华东人物”发表了。

由此可见，新闻线索有以下一些特征：

第一，新闻线索是一种特殊信息，它不是新闻事实的全部，而是一部分、一个因子，在通常情况下，它是零碎的、不完整的、不具体的。

第二，新闻线索如同“流星”，稍不留神，它就会立即消逝，因而，对于新闻线索需要用心、用脑去感受。

第三，新闻线索不代表新闻事实，它可能有真有假；可能有新闻价值也可能没有新闻价值；可能现在就有价值，也可能需要放一放才显现出新闻价值；可能表面就暴露出自身的价值，也有可能需要深入挖掘才发现其价值，等等。

第四，新闻线索还应包含不平常、不一般以及时代性等因素。只要掌握了这些特征，发现和获取新闻线索，就不是难做到的事情。

第二节　获取新闻线索的方法和途径

一、“直接获取”和“间接获取”新闻线索

获取新闻线索的方法和途径，从性质上分，有直接获取和间接获取；从方式上分，有口头获取和书面获取。所谓“直接获取”，就是指记者直接深入基层、深入实际、深入生活，进行调查研究获取的新闻线索。

古诗云:“千淘万漉虽辛苦,吹尽狂沙始到金。”同样,深入生活获取新闻线索,也是一件非常辛苦的事情,它需要充分调动记者的各个器官,完成听、看、思等任务。1978 年 9 月 23 日下午,时任法国巴黎市长、后任法国总统的希拉克在西安参观正在建设施工的秦俑馆工地时,看着气势磅礴的秦俑军阵,脱口赞美道:“世界上曾有七大奇迹,秦俑的发现,可以说是第八奇迹了。不看金字塔不算真正到过埃及,不看秦俑不算真正到过中国。”希拉克先生发自内心的这一重要评价,被随同访问的法新社记者乔治·比昂尼克和《世界报》记者安德列·帕斯隆奇抓住,率先在巴黎报道,从而在世界上产生了轰动。从此,“世界第八大奇迹”几乎就成了秦俑或秦俑馆的代名词。实际上,一位外国国家元首对某个风景点的赞扬,本身就是一个新闻。记者跟随他们在一起,通过亲身体验和耳闻目睹,可以直接获取新闻线索。这种方法通常就是新闻线索的“直接获取”。

但是,在记者的新闻采访实践中,直接获到的新闻线索毕竟很少,大多数还是靠别人提供,或者由其他途径传递而来。这类经过中转环节获取的新闻线索的方法,就是“间接获取”。比如,有个记者在一次去机关办事过程中,偶然发现桌子上有一本上海市杨浦区总工会编写的《光辉的榜样——九十年代劳模》一书。他随手翻了翻,里面记载了 90 年代以来近百个全国、上海市和区里的劳动模范。他把这本书借来,精选了 10 位个人和集体的事迹,作为新闻线索并抽空安排了相应采访。不久,一批讴歌劳模和先进的新闻通讯相继在上海的《解放日报》、《文汇报》、《新民晚报》、《新闻报》等报刊上发表了。显然,这就是新闻线索所发挥的作用。这些新闻线索不是直接获取的,也不是自己去找到的,而是从机关的内部材料上获取的,显然这是“间接获取”的新闻线索。

作为一个记者,平时就生活在广大群众之中,无时无刻不与广大群众进行沟通、了解。只要善于运用亲友、同学、师长等人群,就能获取取之不尽、用之不竭的新闻线索。蛇年春节前夕,某地《青年报》一位记者请朋友吃饭,席间,有个朋友讲述了一个故事:一个只有初中文化程度、从安徽到上海打工的小伙子,靠自学成才,当上了一个汽车修理厂的总工程师。如果不细心分析这个线索,就会觉得没有什么新闻价值。但细一品味,在每年到上海打工的百万人群中,他是不是有代表性的一位呢?打工者有没有勤奋成才,为社会、为国家作出贡献的呢?显然这是有的。而这个小伙子则是其中的一个代表。于是,通过预约采访,写成了一篇通讯，反映了这个青年自学成才的事迹，在《中国农民报》上显著位置刊登了出来。

新闻线索是一种信息，也是一种客观存在。正因为它是信息，便无时不在暴露着自己的存在；是一种客观存在的物质现象，它便可以让广大新闻工作者抓取、捕捉。既然是信息，是物质的东西，不论是直接获取还是间接获取，也不论是口头获取还是书面获取，获取新闻线索的途径和方法是非常多的。根据前辈新闻工作者的实践经验，以及中外学者对于获取新闻线索方法的归纳，概括起来主要有以下几种方法和途径。

二、获取新闻线索的几种方法和途径

1. 从党和政府出台的政策、决议以及重要领导人的活动、讲话中获取

党和各级政府出台的政策，重要领导人参加的活动以及发表的讲话，往往概括或者预示着一个重要或热点问题的出现，反映着社会政治、经济、文化生活等方面的主要情况，预示着国家、党和政府的政治方向。这些情况，会成为一个阶段新闻媒介宣传报道的大致范围，同时也为记者采访提供了重要的、可靠的信息依据。2008 年初，胡锦涛同志在全国宣传思想工作会议上，提出做好当前和今后一段时期宣传思想工作必须高举旗帜，围绕大局，服务人民，改革创新的总要求。一些记者敏锐地抓住了这一报道思想，到基层寻找符合这一报道思想的具体的新闻线索，写下了大量政治性的新闻报道。

从党和政府文件以及重要领导人讲话中获取新闻线索，如果仅仅寄托于与领导人直接接触，那是不可能的。毕竟绝大多数记者是见不到市长、省长和中央领导的。同时，记者如果仅仅靠其职业特点，要看到党和政府的所有文件、决议、公报、简报等，那也是不现实的。那么，如何才能从这里面获取新闻报道线索呢？主要是从已经发表的政府公报、中央通知、官方主要新闻媒体上发表的文章、社论中获取新闻线索。2000 年底，河南、河北的一些地区，因农民负担过重，引发了农民“抛荒”的问题，这个情况反映到国务院后，立即引起了中央领导的高度重视。时任总理朱镕基作了重要批示。安徽、江苏的一些负责农村工作报道的记者，从内参中看到了这个批示，举一反三，结合本地实际，发出了一系列关于农民“减负”的报道。

2. 各种会议是新闻线索的"富矿"

在许多情况下，各级召开的会议，一般都有与会者汇报的情况，提出的问题和建议等信息。有的会议还印发简报、领导人发言稿等。这里面包含着大量的重要而又有价值的新闻线索，记者只要当有心人，就能如愿以偿。此外，记者在参加会议时，既要注意跑会议，利用一些时间阅读与会议直接相关的材料，听取会议代表的发言、领导人的讲话，还要了解会议的采访人员、列席人员动态。同时也要注视会外和会后的情况，了解广大人民群众的心声，不让一个有价值的新闻线索从自己的眼皮底下溜走。

[实例 4]

某学院新闻专业一位学生，不请自来参加了一次由南京团市委组织的"五四"青年节表彰大会。因为会议没有邀请他，所以，会上的文件、材料他都拿不到。怎么办？记住，拿出记者的基本功！于是，他把会上的重要发言材料大致都记了下来。在记录时，他侧重记了一些例子以及例子里涉及的单位和个人，以便会后及时联系。当天他记下了 3 个例子，一个例子是有个 29 岁的青年工人，自学搞发明创造，已经获得了 34 项国家专利。另一个是江苏籍女排运动员，长期在外地进行训练，家里生病瘫痪的母亲没有人照顾。有个青年工人知道后主动承担了照顾老人的生活事务，使女排队员安心训练，并取得了良好成绩。后来，女排运动员把爱情献给了这位青年工人。再一个例子是，一位从小患小儿麻痹症的青年，步行 300 多公里，从苏北的沭阳县农村来到南京中医学院学中医推拿，十年磨一剑，办起了残疾人医疗诊所。这些例子当时在场的记者大多嫌采访难，没有兴趣。但这位大学生以这些例子为线索，通过采访，写出了《一个"发明狂"》、《女排队员和她的家庭主男》、《路在脚下》等 3 篇通讯，分别在《人民日报》(海外版)以及《中国青年报》等发表了。

3. 从领导机关和有关部门获取

领导机关掌握和管理着某一方面或全部工作，他们对所管辖单位的情况一般掌握得比较早、多、全，对所属各单位的先进与落后、是否有特色知道得也相对公正一些，哪个单位好，好在哪里？差，差在什么地方？特色是什么？他们往往比较清楚。因此，记者跑机关也是一件普遍而又经常性的工作。机关跑熟悉了，有人能够主动提供情况固然最好，但主动与机关保持较为密切的联系，与有关工作人员交朋友，则是记者获取新闻线索的重要手段之一。一个记者，要从各级领导机关获取新闻线索，必须想方设法，取得他们的信任和支持。

俗话说："无事不登三宝殿。"作为记者，必须做到"无事也登三宝殿"。平时，经常到机关各个部门走一走，坐一坐，看一看，问一问。在此基础上，还应该主动与有关人员保持信息上的沟通和联系，聊聊天，打打电话，发发 E-mail，交流感情和思想，探讨对一些新情况新问题的看法，有了感情，事情也就好办了。记者的"无事而登三宝殿"，表面看来是"无事"，因为没有非常明确的报道要求，但实质上，还是"有事"的。这个"有事"，就是记者平时脑子里就装满了国计民生的大大小小事情，在苦苦寻求解决的办法。在这种强烈的社会责任感、使命感之下，时时会做有心人，在一般的访问甚至闲谈中，会突然发现很有价值的新闻线索的题材。上海街头上的黑广告是一个长期没能很好解决的问题，媒体也予以揭露批评，但效果不甚理想。一位广播电台记者把这个市容问题装在脑子里，苦苦寻求解决的好办法。有一次在普陀区市政管理委员会采访，了解到该区市容监察部门巧施"钓鱼计"，整治街头黑广告很见效，一个多月就挖出了 20 多名在街头乱贴、乱涂写的对象。记者觉得这一招甚妙，就促使编辑部作了一系列的报道，引起各级领导和广大群众的关注，最终使市政府制定出了整治黑广告的法规。

其实，经常到机关转转，可以得到很多新闻线索。要了解党团组织建设、党风党纪情况，可以到组织、纪检部门走一走；要了解党委学习、宣传思想工作情况，可以到宣传部门转一转；要了解社会治安，打击犯罪，就要到公安局、检察院问一问……记者的许多新闻线索就是从机关获取的。

4. 从报刊、广播、电视以及有关书籍中获取

媒体重要文章是我们获取新闻线索的来源之一。记者最常做的事情是读报、听广播、看电视新闻、浏览网页。记者看新闻不能等同于一般受众，既要满足感官对于外界新事物的好奇心，又要透过新闻事件把握本质，既要用心还要动脑，把心和脑结合起来，这样，才能从已经发表的新闻作品中获取新闻线索。记者从已经发表的新闻作品中获取新闻线索，至少要注意两点：其一是，寻找有隐含新闻价值的人名、事例、数字等；其二是，善于举一反三，发现和思考与此信息相关的新闻。通常情况下，已经发表的新闻作品所蕴含的新闻线索，是非常隐蔽的，有时只是一个事例，有时是一句话，有时甚至是一个数字或者一个人名。要从这里获取新闻线索，没有孙大圣的“火眼金睛”是不行的。

上海《解放日报》曾刊登过一条头条新闻：《他们为什么得满分?》，表述的是中国工业企业“500 优”中的三家上海企业。这是一篇关于国有企业改革的优秀文章。但这条新闻的线索就是从《经济日报》上一篇消息中找到的。消息中提到，国家经贸委、国家统计局评出了中国工业 500 优，其中 12 家获得了满分。这句话引起了记者的兴趣。记者立即去看这 12 家企业，居然有 3 家在上海。于是，记者作出了一连串的联想：这 3 家企业为什么得满分？满分的标志和含义是什么？满分是如何获得的？显然，这关系到国有大中型企业的改革，是一篇不错的经济新闻线索，于是记者依线而行，写出了这篇优秀的通讯文章。

同样地，在电台、电视新闻中也可以获取新闻线索。上海知名记者孙洪康曾在电视机旁“捡”来一条新闻。

[实例 5]

有一天，他在报社忙乎了一天，到家已是傍晚 6 点多钟。稍事休息，他便上桌吃饭，扒两口饭，瞅一眼电视。约摸 6 点 55 分光景，在荧屏下方徐徐推出了一条白色而醒目的字幕：“今天下午在长阳路万寿堂药店配 14 帖中药的顾客，请速带药到该店重新核对！”字幕从眼前晃过，他却愣了神！若是今天，恐怕见多不怪了。但在当时，白色字幕只报告特别重大的消息，像这类寻顾客启事还是第一回出现，倘使是吃不好也吃不死的药，怕不至于破天荒地动用字幕形式在电视上兴师动众！这样想来，他不由瞪大眼睛注视着荧屏，等待重播。果然只隔一会儿，这条字幕再度徐徐推出，他随手记下了字幕内容。随即他撂下饭碗，拖着劳累了一天的身子，立刻骑车从自己家的上海西北角横穿偌大上海城，向地处上海东北角的长阳路驶去……

通过采访，记者终于了解了事件经过：当天一位营业员因为疏忽，把两包中药搞混了，其中一帖含有红花、穿山甲等活血化淤药，这些药一般人吃了，不会有副作用，但如果让孕妇或患经期血崩的妇女用，就会造成严重后果，因此药店得知这一情况后，通过许多渠道寻找配药人，在寻找无果的情况下，就去了电视台，请电视台破例插播了这条新闻字幕。1999 年 10 月 5 日《新民晚报》社会新闻版头条刊发了孙洪康写的通讯《14 帖中药错发之后……》，对万寿堂这一老牌药店对病人高度负责的行为作了报道。显然，孙洪康记者是在无意中在电视里获取了一条有价值的新闻线索。

从新闻媒介上发表的新闻作品中寻找线索，有的只能追记一篇新闻，有的还可能蕴含着一个连续报道哩。有一次，某报记者在听广播新闻时，获取了"一起因医务人员渎职，导致一名女大学生死亡"的新闻线索，随后，他立即展开追踪采访，从女大学生死亡、医院推卸责任，死者家人和医院和解不成走上法庭等过程入手，写出了一个系列报道，前后发表了 9 条新闻，还获得了新闻奖。

另外，从新闻媒介的广告中，也可以获取新闻线索，新闻媒体上刊发的如举办先进人物的公众评比，企业文化的排名，法院公告等等，都有可能成为新闻线索的来源。

5. 从记者的密友、同学、受众交往以及广大通讯员、"报料者"的来稿、来电中获取

这是获取新闻线索一个最大的也是永不枯竭的源泉。记者有特定的生活圈子，会有许多亲朋好友；记者是学生出身，从小学到中学、大学，会与许多同学成为好朋友，这些同学参加工作后，可能遍布于社会生活和工作的各个方面，直接感知新闻线索和新闻信息。"记者是一个社会活动家"，在采访实践中，还会认识和结交许多各界新朋友，与他们搞好关系，并成为知心朋友，这等于是让记者多了耳目、眼线。有个记者运用"线人"，就收到了很好的效果。他描述道：

[实例 6]

一次，一个中学老师打电话告诉我，说他们学校有一个中学生向省长写了一封信，对当前港台歌曲泛滥，少男少女追星成风提出质疑，指出造成这种现象的直接原因，就是我们新闻媒体过分"炒星"。信中还提出了一些发人深省的问题，如现在有些报纸热衷于对歌星、影星、体育明星等个人的情感、收入的炒作，已经直接危害了我们这一代青年的身心健康和价值观念的形成。这位中学生在信中建议新闻媒体应该改变作风，树立形象，不要为那些明星的隐私、收入喝彩。省领导收到这封信后，专门批示新闻界，要认真反思，好好研究，拿出具体的改进方法。这位老师还特别强调说："我知道这是一个不错的新闻，我们认识多年了，我对新闻也有爱好，我就把这个线索告诉你了，希望你能够尽快采访。”接到这位教师朋友的来电，我立即投入了采访，稿子写成后还把那位老师的名字放在前面，稿子发表后，在社会上引起了很大的反响，那位老师也非常高兴。

记者就像在战壕里苦战的战士，要获取更多的新闻线索，还应建立“据点”，在这个“据点”里，记者要不断地采集可能发生的一切新闻线索。每到一个单位进行采访，都认识结交一两个朋友，让这些朋友与你保持联系或书信联系，这样，你的新闻线索来路就宽广了。四川汶川地震发生后，有的记者请手机报的用户发短信谈地震发生时刻“你在哪里？”“你有震感吗？”然后根据回复情况做成原创性新闻报道，颇有新意和现实感。

6. 通过记者的积累、比较、亲身体验和耳闻目睹获取

记者要有一副新闻眼、新闻耳、新闻鼻，其所见、所闻、所感，必须时常与新闻联系在一起。记者不同于警察，不能那样“盯牢一人一案，耳不他闻，目不斜视”，而应该是“心有旁骛，眼观六路，耳听八方”。记者走在马路上，要能从马路上的车流、交通通畅情况、人们的服饰以及走路的神态等，看出有没有新闻发生；记者到一个工地，不能只听隆隆吊车声和施工人员所讲的“质量一流，设备一流”，而要亲自去看看，甚至动手摸一摸，捏一捏，质量究竟有没有问题，有没有说的那么好。

记者的日积月累可以获取新闻线索。许多人都想了解，我国公布的“美国人权状况”这类新闻性文章是从什么地方来？难道是我国驻外记者采访的？其实不是。这些内容都是有关人员，通过对美国新闻媒体发表的文章中收集得来的。那些有分量的文章，需要花实功夫、苦功夫，每天收集，不断积累。记者的能力素质如何提高？一个重要方面，就是善于积累。在第二次世界大战前夕，英国著名的军事记者、评论家贝尔特鲁德·叶可普曾经写过一篇重要新闻，系统描述了希特勒部队的行动方向，还涉及了希特勒部队的步兵编制和168名军官的名单及调动情况。希特勒怀疑是某个军官把机密情报泄漏给了记者，但就是查不出泄漏情报的人员。于是，希特勒下令把叶可普抓起来审讯。原来这位记者是从一条婚礼新闻里，发现新郎修腾梅鲁曼是个通信官，而其岳父是第25师第26团的古巴鲁上校团长，参加婚礼的有第25师师长夏拉少将，师部在斯图加特……①显然，这些材料都是公开发表的，言之有据可查，令审讯官咋舌，最后不得不无罪释放叶可普。这就是通过对新闻线索和有关内容日积月累所获得的新闻。

第三节　怎样使新闻线索增值

一、掌握“火候”，妥善安排，合理利用

新闻线索是记者采访写作的“生命线”，但有了新闻线索，并不等于你就能写出好新闻来，也不等于你的新闻生命永不枯竭。有些记者手里有许多好的新闻线索，但只能写出一些诸如“豆腐干”、“火柴盒”之类的小文章；还有的记者把本来一个很好的新闻线索给写坏了，连“豆腐干”、“火柴盒”之类的小文章也发不出来；更有的记者虽然抓到了独家新闻线索，但由于不识“宝”，不及时采写，最后给糟蹋了。所有这些情况，都说明一个道理，就是记者要尽可能地向新闻线索索取最大效益。

如何使新闻线索“物尽其用”呢？怎样才能使记者手里的新闻线索的价值得到充分的体现呢？一个基本的方法，就是要掌握“火候”，妥善安排，合理利用。

掌握新闻线索的运用“火候”，就好比做一道菜那样，火太急了，就可能把菜烧糊，太慢了，又有可能把菜焖黄、煮烂，而只有把握好“火候”，才能烧出一道色、香、味俱佳的好菜。同样，获取到一个新闻线索后，就应思考这样几个问题：一是要认真研究它是不是在当前状况下采写最合时宜；二是要看它在当前形势下是否具有典型性和代表性；三是要考察这个新闻线索是不是像“十月怀胎”那样，到了“瓜熟蒂落”的时候了。比如，中国网民人数10年来不断增加，当然每一次统计都可以发新闻，但并非都是重要新闻。但下列时间的网民数就意义重大了：

“据中国互联网信息中心最近一次调查，截至2007年12月底，我国网民数已达到2.1亿人，居世界第二位。其中，2007年一年增加了7 300万。而在10年之前，也就是1997年10月，该机构首次进行调查时，这个数据是62万。”（2008.3.26《人民日报》刘晓鹏文）

---

① 转引自《军事新闻采访》，八一出版社1994年版。

这里的网民数字，因居世界第二位和与10年前对比这两点，而使新闻价值增值。而半年之后，我国网民数又成为更重大的新闻。

[实例7]

我国网民数达2.53亿居世界首位

新华社北京7月24日电 中国互联网络信息中心(CNNIC)24日发布的《第22次中国互联网络发展状况统计报告》显示，截至6月底，我国网民数量达2.53亿人，首次超过美国跃居世界第一位。尽管如此，我国互联网普及率仅为19.1%，仍然低于21.1%的全球平均水平。

此外，根据统计，我国网民中接入宽带比例为84.7%，宽带网民数已达到2.14亿人，宽带网民规模为世界第一。同时，截至7月22日，我国CN域名注册量也以1 218.8万个超过德国.de域名，成为全球第一大国家顶级域名。

CNNIC指出，上述三项重大突破初步显示出互联网大国规模。报告也表明，我国互联网发展日趋成熟，网络媒体、网络商务等互联网深层次应用比例大幅提升。

说记者抓到了新闻线索，不能见到风就是雨，逮着一个就赶紧去采访，去写作，忙得不亦乐乎。其实，这对少数时效性特强的新闻线索是有用的，也是应该的。但对于大多数经常性的新闻线索而言，就需要“捂一捂”，有的还要像活鱼一样，“养一养”，等喂肥养胖后再把它捞上来。一次，一位记者从内蒙古一家地方报纸上获取这样一个新闻线索，有个蒙古族青年，用结婚办喜事的5万块钱，承包了一片荒山。这个消息发得很短，记者就打电话了解，原来这个青年刚刚才承包，荒山上的树苗还没有栽完。这个新闻事实，如果放在今天，类似的新闻报道多了，恐怕也不能算是什么大的新闻了。但在80年代后期，在全国还是第一位，事迹很感人，意义也重大，当地有位通讯员写了个3 000字的通讯。但这个消息当时已经发了，再发也没有太大意义，于是便把这个新闻线索“捂”住，并进行一段时间的观察。两年之后，记者再一次到内蒙古，与那位通讯员一起对这位青年进行了采访，结合采访还拍了荒山变绿的一组照片，被《中国青年报》以整版篇幅采用了。后来还有好几家文摘报进行了转载。

合理利用，也就是说，抓到一条新闻线索不能随意浪费掉。在采访实践中，经常会遇到一些暂时用不上的新闻线索，也会遇到一些很小的线索。还有可能对一个线索进行了采访，但还剩余一些内容，在本次报道时用不上，遇到这种情况如何处理？也就是说，对新闻线索，究竟如何利用才叫合理呢？

(1) 对新闻线索要经常翻阅、梳理

写在采访本子里的线索，经常看看，排排队"梳梳辫子"，就会有印象，就不会被淡忘掉。在经常翻阅的同时，要联系不断变化的形势任务进行梳理，推陈出新。值得一提的是，"新瓶装陈酒"，其瓶其酒也是很有价值、耐人寻味的。

(2) 经常作一些回访、追踪

对于记者原先掌握到的一些新闻线索，即使自己不能到现场去了解，也应该从朋友、通讯员那里了解一些它的新变化。这些新闻线索有的暂时可能很小，甚至还不值得写出一篇新闻，但事物总是在发展和变化之中的，一个阶段后，"小鱼"就可能养成了"大鱼"，等到"杨家有女初长成"时，这个线索就有价值，就值得去进行采访了。千万不要暂时派不了用场就一弃了之。

(3) 善于集结，提升其新闻价值和宣传价值

有时同一类的新闻线索，虽然不大，构不成一条独立的新闻，但如果把若干个同类的新闻线索集结在一起，并对它进行分析，就可能成为一个深度新闻报道。

(4) 新闻线索需要思考、汇报和议论

记者发现新闻线索后，自己应有判断、分析其价值的能力，但任何一个记者都不能对所有情况、所有领域有较为深刻的认识和理解，这就出现了一时拿不准的新闻线索。对于这类新闻线索，通常要向编辑部进行汇报，以求得编辑部对这类新闻线索的评价。

值得注意的是，汇报要讲到点子上，要挑出最有价值的内容或判断，引起编辑的兴趣。汇报新闻线索通常要做到"三多三少"：多讲事实，少讲自己的认识和看法；多讲特色，少讲过程和一般内容；多讲成果及其价值，少引起当事人对自己的评价。

二、运用新闻线索需注意的问题

新闻线索得来不易，特别是一些"带响"和"闪光"的新闻线索并不多见。另外，由于记者对新闻线索的认识和感知力的差异，有些新闻线索还是可能会从我们的眼皮底下溜掉。发现新闻线索是第一步，有了这一步作为基础，我们才有可能运用新闻线索，发挥它的最大效益。因此，对于新闻线索的运用还要注意以下一些问题。

1. 尊重事物自身发展规律，不搞拔苗助长

新闻事件和新闻人物的发生发展，具有自身的规律，是不以人们意志为转移的，新闻记者必须尊重它，遵守它。有些记者一旦获取到了某个新闻线索，便急急忙忙地盲目采写，希望抓住“大鱼”。这种想法和出发点固然是好的，但如果忽视了新闻事实的自身发展规律，硬把它摸上来，只能是“小鱼”，也有可能是“死鱼”。新闻事实在发展过程中，总有一个从萌芽、发展，到丰满、成熟的过程，有的事实还处在萌芽阶段，如果硬要实施“催生术”，拔苗助长，结果就写不出报道，或只能写出浮夸报道乃至假报道。

2. 要有求异思维，有独家新闻意识

在媒体激烈竞争的今天，记者抓新闻线索一定要有独家新闻意识，要有一点求异思维。人无我有，人有我特，人新我深。切忌一窝蜂，人云亦云，跟风炒作，否则是很难吸引受众眼球的，也是很难给人以启迪的。

[实例 8]

2006 年 11 月下旬，法国空中客车 A380 来华试飞，这是一个大新闻。据了解，空客 A380 自从落脚在中国试飞的首站广州后，许多报纸都做了好几个版的图文并茂的报道。是不是记者深入采访的结果呢？非也。知情人说众多中国记者都被邀请登机采访，11 月 24 日上海一些日报中的那些图文并茂的内容都源自空客公关公司。原来是外国人这场“豪华商务秀”在牵着中国记者编辑的鼻子走。各家媒体都在渲染空客 A380 内部装饰豪华和试飞派头十足。《新民晚报》在日报做足了宣传文章之后颇费思量。这时候，一位记者提供一个线索说，上午正好有一位读者吴先生来投诉，他乘北京至上海的航班误点近 2 个小时，事后才得知是为了给同期来沪的空客 A380 让道。晚报的记者编辑觉得这是一个新的线索。进一步了解空客未来几年在中国的实际运行机会并不多，再查了国外一些新飞机试飞常有安排夜间进行的情况，即使白天试飞也尽量避开民航的黄金时间段，而空客 A380 从北京飞上海却不顾正常的民航客运，大力造势，影响民生。民航系统还给空中巨无霸以最高级别保障，给商务飞机以专机待遇。这样一分析，晚报记者秦武平就从一个平常的投诉线索引出了一个质疑超级巨无霸享受超级待遇，侵犯一般乘客利益的新闻主题，采写了一篇《空客 A380 作“秀”误多个航班，“巨无霸”试飞为何不夜行》。发表后，其他媒体纷纷转载。这样的报道在对重要商业活动的一片赞歌声中令人感到耳目一新。

3. 注意随时核准，不硬顺藤找瓜

新闻线索是新闻事实所发出的信息或者信号，也就是像瓜的藤蔓一样，我们看到的可能只是一根藤须，但里面有没有瓜？是什么品种的瓜？这个瓜有没有食用价值？这些都需要我们去采访才能得以证实。这也如同垂钓者，看到了浮子动，只是来了一个信号，是有鱼来咬钩了，但聪明的垂钓者这时绝对不会立即收线捞鱼，而只会继续冷静观察，沉着分析，当真的是鱼咬住了钩时，就果断收竿，大鱼也就可能钓了上来。同样道理，记者对于新闻线索，好比垂钓者只得知浮标儿动了一样，对所获得的新闻线索必须冷静分析，深入下去调查研究，才能把有价值的新闻采访上来。

4. 讲究量体裁衣，不要大材小用

新闻线索有大有小，不能一概而论。这就要在抓住新闻线索时，进行合理安排，是大的线索，就重点去采访；是中等的线索，就投入一般的时间和精力；属于小的新闻线索，就信手拈来。大材小用和小材大用，都会造成事倍功半的结果。当前两种倾向都存在。大材小用是指不识货，把重要新闻当鸡毛蒜皮处理了。小材大用是指肆意炒作，有的是媒体被企业利用大肆炒作价值不大的“一产一品一店”的报道，有的是媒体自己为了发行量、收视率、点击率而拼命搞“吸引眼球”的游戏。如有的电视台一听说有出租车司机与乘客为车费吵架的新闻线索，竟然兴师动众开了直播车去现场报道，连线直播。难怪人们质问：电视台记者是不是闲着没事可干了？

正确对待“抢新闻”。多年前，我们不提倡“抢新闻”。但随着新闻事业的发展，新闻竞争的加剧（包括国内的新闻竞争和国际的新闻竞争），我国新闻工作者明确到“新闻要新就得抢”，要有抢新闻的意识、作风和技巧。我们在这方面下了工夫，花了本钱（更新采编设备，运用最先进的技术），取得了很好的战果。但同时也要防止为抢新闻而失实、泄密等种种弊病。尤其在现代媒体大发展,第四、第五媒体登上新闻舞台的时候,更要注意。因为新媒体传播速度特别快,编发播出又相当宽松自由,这就存在某种隐患,不能不有所警惕。2007 年 5 月 23 日上海《报刊文摘》转摘了下面的一篇新闻:

[实例 9]

紧急关头,向网站发"最后通牒"

险哉,新闻报道一度泄露重庆警方侦查部署

据《法制日报》5 月 18 日报道,5 月 10 日晚,重庆市公安局刑警队指挥室里,负责指挥"黑心保姆"案的重庆市公安局刑侦总队有关领导正紧张地注视着案情的进展——警方已经将两名犯罪嫌疑人中的潘学诗抓获归案,孩子也被解救了出来。但本案实施犯罪的嫌疑人罗显溶尚未落网。此时,公安机关已经掌握了这名犯罪嫌疑人的准确地址,抓捕人员已经在路上。然而,就在这紧张的时刻,突然从网络监察部门传出一个惊人的消息:某网站把犯罪嫌疑人潘学诗已经落网、孩子已经被找到、公安机关正在对罗显溶进行抓捕的消息透露了出去!

这一情况顿时让公安机关的指挥人员紧张起来。如果罗显溶在网站上见到这一消息,很可能迅速逃离她落脚的地方。如果这样,以前公安机关所做的努力将付之东流,也将错过抓捕疑犯的最佳时机。

公安机关立即通过有关部门与该网站联系,要求他们立即撤下这条消息。但该网站以各种理由,一直不撤下这条消息。公安机关最后只得给该网站下达了"最后通牒":如果该网站 5 分钟内不撤下这条消息,公安机关将以涉嫌"通风报信"传唤这网站有关负责人,并根据这一消息造成的后果,保留追究其刑事责任的权力。

最后,这家网站按时撤下了这条消息,公安机关也按计划将本案的要犯嫌疑人抓获归案。

综上所述,新闻线索对于新闻记者是非常重要的,也是记者实施成功采访的第一步。没有新闻线索,或手头的新闻线索很少,记者就经常感到没有东西采访。新闻线索是记者采访的最基本依据，获得新闻线索需要开阔视野，多方收集，而且是多多益善，获得新闻线索后要正确处理，认真核实，合理安排采访，不能等到让“活鱼”变成“死鱼”时才动手收网，也不要为“抢新闻”而不顾国家利益、人民利益。

近10年来，中国媒体记者、编辑十分重视“新闻线人”的作用。新闻线人近似过去的通讯员，又比通讯员队伍广阔得多，也复杂得多。“新闻线人”经常向媒体和记者报告新闻线索。有的还能提供完整的新闻稿件，使媒体的新闻线索、新闻稿件大大丰富起来，满足了受众的广泛多样的要求。“新闻线人”之所以产生，一是媒介竞争的结果，大家都要抢新闻；二是科技发展的产物，电话、手机、网络、传真的发展，每个人随时随地都能向媒体发送新闻或提供新闻线索；三是新闻报道面扩大的结果，新闻不再局限于各单位的工作等，而是搜寻社会四面八方、角角落落的各种信息。通讯员不能满足这些，特别是突发事件，只有生活在第一线，在最基层、在每个角落的人民大众才能最迅速地发现、感知和亲历。所以众多的线人应运而生，人人可成为新闻报道者。当然这中间难免良莠不齐、鱼龙混杂，所以在新闻真实性问题上，客观性问题上，新闻职业道德问题上，媒体和记者要严格把关。要充分发挥新闻线人的积极作用，要防止和避免其消极影响。

［实训］　从某天的主流报纸中，寻找和发现可以继续追踪、挖掘的新闻线索，然后大家交流并由老师作讲评。最后由学生投票选出最佳新闻线索五个。

第七章　新闻采访的过程和技巧

第一节　采访的两种准备

新闻采访的准备工作，对完成整个采访报道任务有着决定的作用。这是第一步的工作，第一步迈不好，下面就很困难。由于采访的内容经常在变，即使是有几十年采访经验的老记者，每接到一个新的采访任务，也要认真作好周密的准备。有的甚至说，每次外出采访的准备工作，"就像学生准备大考一样"。从来不马马虎虎，掉以轻心。有的记者说："采访前准备得充分，等于完成采访工作的一半。"这都是经验之谈。采访的准备工作有两种：

一种是战术性准备，即临时准备；

一种是战略性准备，即平时准备。

记者的采访，总是在准备——采访——再准备——再采访这样无休止的循环中进行。"有备无患"，"凡事预则立"，"不打无准备之仗"，"不打无把握之仗"——这些话，对新闻采访工作完全适用。

下面对采访的两种准备工作分别予以阐述。

一、战术性准备，也即临时准备

记者的采访任务，突击性比较强，总是十分急速的。不像其他许多工作，准备工作可以慢慢来。记者工作几乎每天都是"火烧眉毛"。而越是这种快节奏的工作，就越显得准备工作的必要。记者一有任务，就要立即具体地作好必要的准备。就像每打一次仗，都要作战术性准备一样。没有这种必要的准备，就会手忙脚乱。那么，战术性准备即临时准备工作怎么去做呢？可以从四个方面着手去做。

1. 掌握与采访内容有关的基本情况和资料

比如说，有的记者一接到要跟随考察队去南极采访的任务，立即紧张地突击准备各种有关资料，到图书馆去“摘、抄”，到新华书店去“买”，到朋友处去“借”，收集南极科学考察的专著，异国风土人情的游记，太平洋的趣闻轶事，南极洲的动植物资料等。这些准备工作，不仅丰富了记者的知识，为笔下的报道增加了情趣和色彩，也为他们在采访中与考察队员交朋友找到了“桥梁”。又比如你要去采访一位电影演员，你就要先弄清楚这个演员的基本情况：他多大年纪？从影之前在何处读书或工作？拍过几部电影？社会影响如何？演员自己有没有写过演艺生涯体会等文章？这位演员与哪些演员或导演合作过？演员的家庭概貌等等。这些基本情况先弄清楚了，采访时提问就心中有数，就不必从ＡＢＣ问题问起，而可以集中力量去挖掘最需要的情况和材料了。当今时代，互联网为我们提供了快捷方便的查阅条件，凡是稍有一点名气的文化人士、社会名流、影视明星、体育明星等，互联网上都有详细资料，稍一点击，就呈现在你眼前。只有了解得深，才能写得深。而要了解得深，就得有充分的、多方面的准备。

记者采访，如果事先毫无准备，就不要急于登门采访。采访的准备工作应当在接触采访对象之前来解决，而不应当放在与对象直接接触的谈话中来解决。

[实例 1]

有一个青年记者去采访一位中年女科学家，双方开始这样的对话：

记者先问道：几十年来，我国的高等学府培养了许多人才。请问，您毕业于哪所大学？

女科学家答：对不起，我没有上过大学，我搞科研全靠自学。我以为自己学也能成才。

记者又问：听说您成功地完成了一个科研项目。请问，您的新课题是什么？

女科学家说：看来您并不了解我的工作。我一直致力于这个项目的科学研究，目前只是又有了一些新的突破，但远远没有成功，所以谈不上有什么新课题。

记者再问道：您的孩子在哪儿学习？

女科学家说：我早已决定把毕生的精力贡献给自己的事业，因此我一直独身至今。请原谅，这个问题我不愿多谈。

显然，毫无准备的采访，必然要出这样或那样的洋相。我们当然不是说，上述问题记者一个个都要了解得十分清楚，但至少大体上要有所了解；或者可以先从外国采访中了解大概，而不应当在对采访对象的情况心中完全无数的情况下贸然接触对象本人。记者对于采访对象的初步了解，包括了解采访对象可能产生的心理状态。一个人在不同的环境和场合之下，会有不同的心理状态和表现。这就直接关系到采访的成功与失败、顺利与困难。有的人在事业上初露苗头，很希望得到新闻界的扶持；有的人刚刚出名，实力不足，并不希望记者蜂拥而上；有的人遭受刁难和打击，很需要记者给予支持；有的人老接受记者采访，已经没有多少新的东西可以谈，必有厌烦心理……事先稍稍了解这些，就有利于掌握采访的时机，从而取得成功。

采访对象和采访内容的有关情况的了解，还包括过去报刊对某一对象、某一内容、某一问题曾有过些什么报道。掌握这些，有助于了解基本情况，有助于节省时间，抓住主要问题深入挖掘，有助于跟采访对象很快熟悉起来，找到大家关心的话题。如果记者对过去的报道一无所知，采访对象就会产生厌恶心理，觉得这个记者不像记者，不像消息灵通人士，连报纸也不看。了解过去已有的报道，也有助于采写出有新意的东西，不至于和过去的新闻报道重复雷同。

2. 翻阅与报道内容有关的政策、文件、文章

这就是要在思想上武装起来。只有在政治思想清醒明确的情况下，才会有高效率的采访。随着各条战线改革和整个四化建设的进展，许多新问题摆在新闻工作者面前，记者如果糊里糊涂，按老框框、旧观点去接触新生活，就发现不了问题，也有可能要出差错，以至于贻误实际工作，有负于广大群众。比如说，大学建造高楼大厦，大学生炒股，商家用国家领导人照片做广告，房产商用几万几十万元奖金打促销；如果经常注意政策、文件，就心中有数，知道这都在反对之列。这就不能当作什么新事物来报道，如果要报道的话，只能写个批评稿或者写指出问题的记者来信。所以，许多记者在采访前特别注意学习和重温有关的政策、文件、文章，以便在采访中有指路的明灯，懂得政策的界限是什么，什么是当前党和政府所提倡的，什么是要防止和反对的，什么是可以允许但不必宣传的。记者采访，离开政策就寸步难行。因为现实生活中许许多多事情就跟一定的政策联系着，不是实行正确的政策，就是实行错误的政策。如果记者不在思想上武装起来，就会瞎撞，就会失去衡量事物的标准，就不可能有新闻敏感。记者在采访中决不可以感想代替政策，更不能离开政策而为所欲为。特别要注意政策在实践中有什么新发展，以免认识落后于形势。

3. 制订采访纲目

采访前，要把前两项准备结合起来，考虑一个采访计划：需要提些什么具体问题？什么地方要重点追问或细问？先谈什么？后谈什么？找哪些方面的人谈话？有什么问题需要共同讨论研究？这一切，都要事先做到心中有数。美国记者埃德加·斯诺三十年代到陕北"红区"采访共产党领袖人物和工农红军的时候，事先列了七十多个问题，如共产党人怎样穿衣、吃饭、娱乐、恋爱、工作？他们是怎样组织经济的？中国的苏维埃是怎样的？为什么红军没有攻占大城市……想得很细致、具体，下了一番工夫。工夫不负苦心人，斯诺的采访获得了极大成功，他根据采访的主要素材写成的《西行漫记》长篇通讯，在国内外产生了重大影响。

采访提纲细一些好，宁可多作一些设想，甚至考虑几种采访方案。可以一个人准备，也可以同组里的同事一起研究，一起分析，好比在打仗之前研究敌情和我方情况，要研究如何从实际出发采取对策，由哪里开始突破等等。一个人的思路毕竟有局限，知识和经验也有局限，几个人一凑，就更有把握了。特别是重大事件、重要问题、复杂情况的采访，更要拟订详细的采访提纲。拟采访提纲的过程，就促使你思考，思考得越具体越周密越好。因为采访工作是很"活"的，有些采访活动无法重复一遍，有些场合稍纵即逝，有些问题则千头万绪，怎么可以不慎重细致地对待呢？大而化之的作风是要不得的。当然，在具体采访进行过程中，采访提纲可以不断变动修改。不要把"纲纲"当作"框框"。不能用主观的东西去硬套客观的事物。一切还得从实际出发，随机应变。采访纲目可以帮助记者开阔思路，明确中心，提高采访的效率。那种"脚踩西瓜皮，滑到哪里算那里"的采访，只会浪费别人的时间，也糟蹋自己的劳动，从而导致采访的失败。

采访纲目在后面的采访实践中，有的起很大的作用，有的则与实际情况大有出入，需要改变以至推翻重来。这都是正常的现象。不能一次提纲没派上用场，下次就不制订提纲了。采访提纲要不断订，不断用，不断改。有了采访纲目，采访中才不会开无轨电车，才不至于漏掉重要的问题，而能够有条有理，应付裕如。特别在几家新闻单位的记者同时采访一个人或一件事的时候，记者只有详细的采访纲目，才会得到自己所需要的材料，而不是被别的记者牵着鼻子走。

4. 必要的物质准备

记者采访的地点有远有近，采访的时间有长有短，采访的对象千差万别，所以新闻记者在采访之前应作必要的物质准备。钢笔，采访本，地图，雨具，手机，充电器，照相机，录音机，衣服，鞋子，钞票，记者证等等，都要作周密细致的考虑。不要到临时急急匆匆，缺这少那，有些东西不仅要带去，而且要作进一步的检查，如带照相机，就着重检查一下机件是否正常，摄像机、采访机要试运转一下，有无故障，等等，准备不足，临时就会出些洋相，甚至狼狈不堪。特别是像手提电脑、卫星电话之类的高科技产品，一些人对其性能还不十分熟悉，出去之前最好请专家内行检验一下，以防万一。具体的东西没准备好，出些岔子，不仅要影响采访速度，还会影响记者的采访情绪和采访对象的谈话情绪。事先准备得充分，才能事半功倍。

从某种意义上说，采访的物质准备也是记者精神准备的反映。思想上重视了，就会在行动上作出种种努力。记者采访最怕自己采取无所谓态度，大而化之，粗心对待。好像自己接触过的人多了，见过的世面多了，什么都不在乎了；或者认为记者出去，样样事情有人帮助，有人照顾，麻烦人家也不要紧。对于没有经验的新记者，因为经验缺少考虑不周是常事，所以出去之前，要多向老记者请教才对。

二、战略性准备(平时准备)

新闻记者对待自己的采访工作要有战略的眼光，努力把自己的功底搞得深厚、扎实一些，争取成为一个“富有”的记者；不能总是临时观点，东打一枪，西打一炮，打完算数，没有积累，穷于应付。一步被动，往往步步被动。

新闻采访的战略性准备，要靠平时日积月累，不断地充实自己。平时准备主要是两方面的工作——

1. 理论、政策准备

我们在“记者的修养”一节中，对记者平时要注意学习的理论、政策已有阐述。从采访的过程来分析，理论和政策的准备是采访工作中具有战略意义的准备。记者采访，如果在理论、政策上是清醒的，那就会方向明确，敏锐地抓住有价值的新闻。对于被采访的人来说，他会从记者那里得到启示和产生共同语言。记者固然要勤跑、多跑，但如果只是东奔西走，忙忙碌碌，也还不能很好地完成自己的使命。理论、政策准备不足，底子薄，功夫浅，就抓不住切中时弊、尖锐重大的新闻主题；对事实认识不深，提不到应有的高度，也难以深刻地引导启发群众。有些记者采访多年而成绩平平，其中一个重要的原因是水平不高，总是现炒现卖，忙于事务，一年到头围着工作团团转，转来转去还是在原水平上，没有更上一层楼。有的记者强调工作忙，没有时间学习，不是把理论、政策的学习看作整个新闻采访活动的必要准备，而是把这种学习看作是与采访割裂和对立的。有的虽然也明了理论、政策准备的重要，但总觉得"远水救不了近火"，不能"立竿见影"，学习的热情就减下去，缺少恒心，缺少毅力。理论和政策的准备，当然不是一朝一夕之功，但只要坚持，积以时日，成效自见。新闻记者，应当是自己分工范围内有关理论、政策的专门家，有发言权、解释权。比如你是跑农村的，对于当前党的农村政策就要有比较全面的、历史的了解，要讲得出个道理来，讲得出一些政策的来龙去脉。在此基础上，还要争取熟悉其他方面的一些政策，如果在政策问题上糊里糊涂，一问三不知，那记者笔下的新闻报道会怎么样，也就可想而知了。有些记者不仅能写出思想深刻的报道，不仅能写出有理论色彩的报道，而且能就某一个问题写出述评、社论和评论。这样的记者，才是第一流的记者。

2. 建立自己的资料库

新闻采访的平时准备，要求记者勤于采撷，逐步建立起自己的资料库。资料不嫌多，"书到用时方恨少"。老记者把建立自己的资料库当作自己的基本建设，当作整个采访工作不可分割的一部分。记者的资料库里，应有以下这几方面的材料。

各种剪报。在内容上，可以有各种不同问题的专题性剪报，如关于城市改革的报道和文章，关于第三产业的报道和文章，关于生态环境的报道和文章……从新闻写作业务的表现形式上分，可以按新闻、特写、小故事、人物通讯、述评等等，将优秀的作品剪贴起来，作为自己采访写作的参考。剪报积累资料的面可以广一些，有政治性、政策性的，有业务性的，有知识资料性的；有的按问题归类，有的按部门、条线归类，有的按人物归类。这些资料要随时积累，定期翻阅，保留有价值的，淘汰掉价值不大的。几经筛选，资料的含金量会越来越高；而淘汰掉的部分，对记者也起到了熟悉、对照、对比的作用，并非无效劳动。

情况与线索摘录。记者每天在外面采访，接触各种各样的人，所得情况和线索极多，这是一笔宝贵的“财富”。有些暂时不能派用场的，日后说不定会派上大用场。所以，决不能认为一次采访就是为了一次写作。要把这些情况和线索储存起来，有空就随时翻阅、整理、归类、分档。天长日久，记者就会“富有”起来。情况和线索积累得多了，思路就自然开阔，采访就会得心应手，左右逢源，报道就会丰富多彩，而不至于枯竭。记者与记者之间，要注意情况与线索的交流，以便开阔思路；决不要搞个人垄断，互相封锁保密。我们社会主义国家记者之间的关系，应该与西方记者之间的关系完全不同，他们互相倾轧排挤，我们互相支持，互相合作，为了繁荣新闻事业而共同奋斗。

采访日记、札记、随笔。可以记情况，可以记感受，可以记思想的火花，可以记群众的语言。日记、札记和随笔，是记者对采访材料初步消化的产物，也是正式报道的雏形。苏联名记者波列伏依在第二次世界大战中，从事前线采访写作的大量日记、札记、随笔，内容具体，感受强烈，事后一看都是极宝贵的、难得的材料，于是他稍作整理和润色，连续出版了《粉碎“台风”计划》、《大进军》、《距柏林八百九十六公里》和《纽伦堡审讯》四本著作。几十年后，这些著作由新华出版社出版了中译本。读者惊叹波列伏依这些战地笔记的具体真切和完整，也从此悟出了这位权威记者之所以取得杰出成就的道理。

记者的资料库，还应包括各种报纸书刊文章的索引、目录、警句，以至照片等等。对文艺记者来说，一张戏剧节目单或一份展览会的说明书都有资料价值。有的人看过一二百场戏剧歌舞，当时把每场的节目单和说明书都保存下来，并装订成册，其中就有不少可贵的材料。所以，一切有用的东西，都要珍惜和运用。在这个问题上，要防止和避免急功近利。要有战略的眼光。一个新闻记者如果一辈子都搞一些现炒现卖的东西，是永远也不可能取得突出成就的。有些人当了一二十年新闻记者，竟然“两手空空”，拿不出像样一点的积累，临时碰到什么采写任务，缺这少那，急得要命。这恐怕是记者事业心不强的表现，事业心不强，就不能成材，顶多算个“中不溜”。有的记者痛感资料缺乏，有了这种“痛感”，才会下决心去积累，从而取得报道工作的主动权。记者的资料由“穷”变“富”之道，就在于一个“勤”字，要有耐心，不怕麻烦地去做积累的工作，时间一长，就会尝到“富”记者的甜头了，这其中的甘苦，只有亲身经历，才会体会得深刻。

总之，新闻记者采访的准备不是可有可无、随随便便的，而是要认真对待。严肃不严肃，认真不认真大不一样，千万不要自以为是，马马虎虎，掉以轻心，否则就不能很快进步。准备做得越充分，越周到，越细致，就越好，这是提高采访效率，提高采访质量的重要一环。许多老记者已经作出了榜样，这方面，我们应当很好地向老记者学习。

第二节　采访方法之一——谈话

新闻采访大量的工作是面对面的谈话。这种谈话成功与否，一般决定了采访的成败。一位新闻界前辈说：“采访有如采矿，而交谈——包括谈心，娓娓而谈、据实而谈、亲切交流、深入探讨……是开掘和采得丰富的矿产品的必要途径，是取得第一手材料的必经途径。第一手材料不丰富，文章定然写不好或写不出。”①所以，新闻记者采访中都十分重视谈话这一环，都明白谈话是一种艺术。同样的采访对象，不同的记者与之谈话，其内容和效果会相差很远很远。采访谈话的艺术，是记者一辈子追求的目标，永无满足之时。已故知名人士周谷城先生说：“要搞好采访，我的体会是要放下架子，善于谈话。最好的方法是通过聊天，把要采访的内容记在脑子里，回去整理一下就是一篇好文章。前不久，美国一份中文报上发表了一篇采访我的文章，我读后发现一点都不错，话都是我的话，情况也很正确，但我就是想不起来记者是怎么采访我的。最后还是我的儿子提醒了我，说某天某人找我聊天谈家常，这些话就是那次讲的，我这才恍然大悟。你们看，这个记者真了不起，厉害得很哪！他之所以能在谈家常中不露声色地采访到所需要了解的东西，自己首先要有很多知识。”

记者怎样和采访对方谈话呢？

---

① 商恺编：《报纸工作谈话录》，人民日报出版社1984年版。

一、架设双方谈话的桥梁

记者与采访对象一般都是素昧平生，初次接触。因此，记者首先要动足脑筋，用语言或实物取得对方的好感和信任，引出共同感兴趣的话题，联络双方的感情，使谈话气氛融洽，促进采访对象和记者互相配合。虽然记者的优点是善于跟人家“一见如故”，但对方未必很快就积极响应，所以要注意寻找双方谈话的桥梁，也就是在两颗心之间架设桥梁，使之相通。也就是说，新闻采访一开始，就要努力寻找共同语言，缩短记者和采访对象的距离。寻找共同语言的方法是：从双方的经历去寻找，从双方的兴趣、爱好中去寻找，从共同了解的事物、人物和知识中寻找，从支持、帮助和同情、关心中寻找，从双方接近的观点中去寻找，等等。比如说，你事先知道采访对象和你是同乡，或同一学校毕业，或从事过同一工种劳动，或都到过某一地方，或都有某种爱好，或都曾经有某种处境和困难等等，这就能成为很好的话题，容易谈得起来。如果有与采访对象有关的实物，如相片等，就更会引起谈话的兴趣，从而使谈话如涓涓之水，长流不息，最后达到采访的要求。

记者采访的对象绝大多数事先不认识，不了解，所以采访前要精心研究准备，找到一个“桥梁”；如果一开始就沟通不好，采访就难以深入下去。采访不要一开口就提出一大堆问题，一交谈就在采访本上不停地记，这样，对方感到太郑重其事，就会产生戒心，在心理上设置一道防线，致使谈话不自然，不真实，或表面敷衍，或欲言又止，或投其所好。所以，一开头还是要沟通情感，对一对“口径”，如果没有其他因素作为好的桥梁可以沟通双方的思想感情，那就设法找一个适当的人作为“桥梁”。如一个男青年记者去采访一位先进女青工，姑娘没见过世面，性格又内向，见了小伙子很腼腆，谈不“热络”，记者就邀请一位当过干部的，能说会道的小姐妹一道与女青工谈，果然一试就灵。采访中许多尴尬场面就是这样打破的。采访中许多失败的记录，也往往由于这第一道关口未能很好通过，采访只好半生不熟，半途而废。

记者采访各级领导，要有平等意识，像学生请教，像朋友沟通信息，不要让谈话有太多的官场气息，不要满口“请示”、“汇报”、“指示”、“教导”，这样会让人不舒服。许多事情，自然道来，就能达到目的，而一本正经地汇报、请示，恳求指教，反而会搞僵、会碰壁。

二、机智提问，双向交流

记者在采访中要提出机智幽默的问题，在轻松愉快的气氛中与采访对象交流认识，交流感情，巧妙地达到自己采访的目的。采访对象的许多认识、语言，是要记者引出来、逗出来的，而不是压出来、逼出来的。既要提出具体明确的问题，又要人家肯谈出来，还要让人讲得自然、亲切、精彩，这就是记者访谈的艺术了。

三、抓住要害紧追不放

新闻采访中，提问和追问是一种艺术。开始提问，要从具体的、简单的事实问起，从自己掌握情况较多、心中比较有数的问题问起，从亲近的人们关心的问题问起，从采访对象乐于回答的事情问起。先是侃侃而谈，创造气氛，继而抓住要害，紧追不放。对采访中的问题不能平均使用力量，而要有重点，心中有数。在重要关节之处，要锲而不舍，深入挖掘，使材料丰满，情节展开，认识谈透。有些初做记者工作的同志往往采访时间很长，而精彩材料不多，待到写作时又感到缺这少那，材料不能说明问题，其重要原因之一就是要害之处没有紧追不放。采访过程中，一般开始气氛要缓和松弛，以利于谈出更多的情况。特别是碰到由于各种情况心有狐疑的人，更不可一上来就急于追问。可以先多听，先记录。但也不能只顾作记录，要积极思维，边听边记边掂量材料的价值，对方谈话一旦显露出问题的关键，情节的重点，就要抓住重点紧追不放，连续不断地提问，问个水落石出。这是对记者水平的一次检验。记者采访中的要点，往往也就是写作中的重点、详述部分，展开部分。在采访中构思写作，有利于在重点之处深入开掘。这里体现了写作对采访的反作用。

在要害问题上，有时一次不行，谈过一会，还要第二次甚至第三、第四次提出来；有时正面提得不到满意的答复，可以从侧面、反面提出问题；有时一般谈话问不出来，可以采取错问和激问使对方不得不回答。总之，采访提问是一种艺术。《西行漫记》作者埃德加·斯诺在1936年采访毛泽东时，毛泽东一开始不愿意谈自己个人的私事，但最后，斯诺达到了目的。斯诺是怎样达到采访目的的呢？请看《西行漫记》里的叙述：

［实例2］

一天晚上，当我的其他问题都得到答复以后，毛泽东便开始回答我列为"个人历史"的问题表……不管怎样,他是不大相信有必要提供自传的。但我力争说,在一定程度上,这比其他问题上所提供的情况更为重要。我说:"大家读了你说的话,就想知道你是怎样一个人。再说,你也应该纠正一些流行的谣言。"

我提请他注意关于他的死亡的各种传说,有些人认为他能说流利的法语,有些人则说他是一个无知的农民,有一条消息说他是一个半死的肺病患者,有的消息强调他是一个发疯的狂热分子。他好像稍微感到意外,人们竟然会花费时间对他进行种种猜测。他同意应该纠正这类传说。于是他再一次审阅我写下的那些问题。

最后他说,"如果我索性撇开你的问题,而是把我的生平的梗概告诉你,你看怎么样……"

"我要的就是这个!"我叫道。

显然,斯诺是掌握了采访对象的心理,随机应变而取得成功的。

四、不要单打一

新闻采访目的明确,时间短促,但不等于要直来直去,"单打一"地完成任务。要善于从多方面思考和提问,在突出主要问题、主要情节的同时,"顺手牵羊",不放过任何一点有用的材料,充分地运用它们。有时"东方不亮西方亮,黑了南方有北方"。出去采访一次不容易,采访对象接待一次采访也不容易,一定要珍惜和充分利用这一段面对面谈话的时间。有的记者总结出一条经验,叫做"下去一把抓,上来再分家",这样,同一次采访获得的东西就多,记者的思路也开阔一些。

许多老记者都主张采访时把网撒得开一些,既心中有主见,有主线,又广采博纳,发现有意义的线索和题材,立即抓住。有的记者把这概括为"吃一抓二观三",进行交叉采访。交叉采访就是在采访第一条新闻还没有结束时,就抽空为第二条、第三条新闻收集材料,一条为主,穿插其他,充分利用时间,提高采访工作的效率。这种方法在出新闻比较多的地区和单位,特别适用。记者追踪新闻是无止境的,永远没有满足的时候。新闻是越多越好,越快越好。有些比较重要的事件或大家感兴趣的事件,要注意它的延续和发展,不断抓取新情况、新变动进行报道。这样,笔下的报道才会源源不断地涌现出来,而不会"吃了上顿没下顿"，"今天要愁明天米"。记者平时视野广阔一些，兴趣广泛一些，脑子里装的问题多一些，就能在繁重的报道任务面前应付自如。

五、一把钥匙开一把锁

新闻采访中，记者会遇到各种不同的对象。主要有四种：善谈者，不善谈者，不肯谈者，没空谈者。要分别采取不同的方法，取得你所需要的材料，这就叫"一把钥匙开一把锁"。

1. 对于善谈者怎么办?

（1）耐心听取，以"热"对"热"。采访时，谈话的情绪很重要。人家很热情，你就要有耐心，不能嫌罗嗦。即使谈到无关紧要的次要细节，你也要满怀兴趣地点头微笑，使对方保持最佳精神状态，以便经过适当引导谈出更多更好的材料。一般地说，记者采访中要做到：心头热，面带笑。

（2）对漫无边际、无轨电车式的谈话，要注意引导、启发，要善于在谈话中巧妙地提出自己关心的问题，使话题慢慢地、自然地转到采访的主要事实上来。要注意谦虚、谨慎，不要皱眉头、打哈欠，不要生硬地打断对方的谈话，不宜强扭硬顶。

（3）对自我标榜、虚张声势的人，要冷静观察，存有戒心。开始不露声色，一旦吃准，即应诚恳指出，婉转批评。可以对他说，如果真做到这些，那就好了。或告诉他自己听到的外界评论与他介绍的情况有较大出入。这样，使对方有所节制，然后再正确地、客观地作负责的介绍。

（4）对有意迎合、不讲真话的人，要注意识别，不要过早地亮出自己的全部意图，要从多方面提出疑问，使对方感到你并无先入之见，而是在从实际出发进行调查研究。在表情上，不要只注意点头微笑，这样对方会越谈越起劲，"顺竿爬"；而要冷静思考，有时直视对方，使对方感到记者不可欺骗和唬弄。当然也不要表现反感和生气，因为你的目的是要他端正态度继续向你介绍情况，而不是与他决裂。有时，要正面宣传实事求是的好处，不实事求是的祸害，采访同时也是在进行思想工作。

2. 对于不善谈者怎么办?

（1）轻声慢语，不追不逼。不善谈者，大多文化较低，见识不广，有自卑感，要十分尊重他们，使他们消除接待采访者的紧张感。可以说，你刚才谈得很好，就这样谈下去好了。也可以说，你再想想当时的情况，以轻声慢语帮助对方思考和回忆，不可紧追硬逼，使谈话阻塞。

（2）具体入手，多次反复。采访时，所提问题要小，要具体，便于回答，要从与生活接近的事物谈起，经过多次反复交谈达到采访目的。切不可用笼统的大题目一下子把对方问闷了。比如说，你到一家工厂采访，不要一开口就是："请你谈谈你厂的情况。"可以先问："你们厂生产多少产品？它与人民生活有什么关系？"这样人家容易回答，谈话就比较顺利。在可能条件下，要结合实物，启发诱导。

（3）借助力量，配合谈话。采访者自己不能很好打开对方话匣，就请被采访对象的领导、朋友或亲属一起来谈，使采访对象乐意谈话。这就是借助他人的作用消除采访者和被采访者之间的隔阂。如有一位教授是位严肃的自然科学家，来采访的记者正好是一个活泼好动的小伙子，一见面几句话一问就冷场了。后来记者请来老教授的一位得意门生一起谈，一下子就热闹起来，使采访能顺利进行下去。

（4）讲点故事，打点比方。有些事情直接谈谈不下去，就打迂回战，使对方从一些有趣的、有启发性的故事和比方中有所领悟，打开思路，打开记忆的闸门。

3. 对于不肯谈者怎么办？

（1）对新闻报道不理解，要作好宣传解释工作。以为新闻报道是为个人吹喇叭，给个人招来种种麻烦，怕当先进压力太大……要讲清报道的目的、意义，帮助对方从大局出发，而不从个人出发对待新闻报道。

（2）对新闻报道反感、不信任，要分清对方是轻信别人传言还是他自己有切身经历，从而有的放矢地从感情上打动对方，恢复他对媒体的信任感，使之愿意与记者、通讯员一起来纠正过去宣传工作中失实、摇摆等种种弊病。

（3）不便谈的内容而又必须掌握的，要请有关领导和群众做深入的思想发动工作，要把采访意图和写作方法诚恳、彻底地告诉对方，解除对方种种疑虑，使对方感到记者和通讯员可信、可靠，能对被采访者负责到底。记者要守信用，采访对象明确表示不愿公开的事实就得保密，尊重别人也是对自己的尊重。切不可言而无信，出尔反尔，违背"君子协定"，搞一锤子买卖。

4. 对于没空谈者怎么办？

（1）粘住不放，见空就钻。许多领导干部、学者专家时间宝贵，就只好在饭前饭后、会前会后、路上车上等等零星时间里插入采访活动，有时，就要有与采访对象形影不离的精神，甚至帮助做一点活，以感动对方，使之不得不在百忙之中抽时间接待采访。

(2) 外围了解，从旁观察。有些当事人和先进人物没空多谈，就要打外围战，从他（她）周围的人当中掌握尽量多的情况；并注意从旁多作观察，最后只剩下极小的、关键的部分，找本人谈话，一次成功。了解外围的工作，既要有一定的广度，又要有一定的深度。

(3) 充分准备，一次解决问题。与没空谈的人采访，要事先作好充分准备，直截了当，一下子问到问题的关节之处和实质所在，取得最有用的材料和观点。

记者和采访对象谈话，一定要体现人文关怀，记者不能一厢情愿，为所欲为，想怎么问就怎么问，而不懂得设身处地为对方着想。2008年6月22日《解放日报》"解放论坛"登载一篇《陈晓楠何以不再提问》写道：

[实例3]

6月13日上午，凤凰卫视《冷暖人生》节目主持人陈晓楠与中国人民大学新闻学院的学生进行了一场座谈。座谈结束后，陈晓楠接受记者采访时表示，在抗震报道一开始，她也非常职业化地冲上一线向受灾群众发问，直到她在北川中学，看到孩子们原本一张张的笑脸在她提出问题后突然消失。从那天之后，她就开始修正自己的做法。她说："我不再戴着记者的面具，把自己完全释放成普通人，跟每一个灾区的人聊天，感同身受。"

提问，是记者们发现新闻的利器，但是面对深陷灾难中的人们，采用什么样的方式提问，却是一个人值得重视的艺术。在很多情况下，并不是冲上一线，频繁发问，就是记者职业精神的体现，就是新闻传播行为最人性化的直接表现。这样的理解，实际上没有触及人文关怀的深层精髓。

被网友誉为"最坚强中国女警察"的蒋敏，在大地震中瞬间失去了包括父母、女儿在内的10位亲人，然而，她却始终坚持在抗震一线救助他人，蒋敏的事迹被有的媒体"逮"了个正着。可是，当记者采访正在忙着照顾灾区儿童的蒋敏时，提出的却是这样一个问题："你在救助这些灾民的时候，看到老人和小孩，会不会想到自己的父母和女儿？"此时的蒋敏面对电视镜头，竟然一句话都说不出来，一出帐篷便昏倒在地。这位记者究竟要从蒋敏的口中挖出什么料？这究竟是关心人，还是在害人？究竟是爱护人，还是在往人家的伤口上撒盐？在电视机前的观众的需要、新闻媒体自身的收视率需要，以及新闻当事人的情感需要之间，我们的记者究竟应该怎样取舍，这是所有新闻人必须深入思考的问题。

除了个别谈话之外，新闻采访中的谈话还应包括集体谈话，即开座谈会、调查会。开座谈会和调查会是弄清事实真相和形成正确全面的观点的行之有效的方法。有些问题，需要几个人凑在一起，各人根据自己所见所闻谈一点，互相补充，集合在一起才能弄清事实的全貌和来龙去脉；也有一些问题，需要开展讨论，互相启发，比较鉴别一番，才能搞清楚。开调查会首先要选择与新闻事实密切相关的人，如当事者、目击者、知情者等。其次要考虑参加座谈会的对象坐在一起是否便于谈话的敞开，他们的关系是一致的还是有利害冲突的，是互相信任的还是互相猜疑、各有戒心的。一般都要利害一致、互相信任，才能有好的座谈气氛，才能谈出有价值的材料和见解。再次，开调查会要充分准备，掌握进程，打主动仗，提高采访效率。

第三节　采访方法之二——现场观察

新闻采访的内容和对象是很广泛而复杂的，要真正了解一个人、一件事，必须用多种方法，从多种角度，做多方面的工作。除了前面所说的谈话之外，还要学会用眼睛采访，进行现场观察；在谈话中也要注意对采访对象的神态、气色、口吻等等进行观察，以便得到准确的判断。

新闻采访中重视现场观察，不仅对了解事物真相有重要的意义，而且对表现事物（写作）有重要意义，直接关系到我们笔下新闻报道的准确性、深刻性和生动性。有些记者采访时，只注意问，不注意看，结果有许多生动的、富有生活气息的东西漏掉了；写出的报道一般化、概念化；或者报道出来与实际事物不大符合，实在可惜。许多名记者都珍惜眼睛的作用。斯诺在采写《西行漫记》之前，曾有人约他写关于中国共产主义运动的报道，他也收集了一些资料，但是他一直没有动笔。他说，没有亲自看见过的东西，他是不写的。范长江在他的《记者工作随想》

一文中说："报道的时候，别人提供的材料要尽量少用，只能占三分之一，其余三分之二应该是记者自己的积累和观察。"他的《中国的西北角》一书，就有大量现场观察的材料。

一、现场观察的作用

具体说来，现场观察有如下作用。

1. 可以核实谈话材料

"耳听为虚，眼见为实"。我们并不一概认为听来的东西都不可靠，但确实不能完全相信。名记者陆诒曾说过，对别人讲的要相信一半、不相信一半，不相信的一半用自己的观察来检验。这是经验之谈。经常有这样的情况：听了许多，结果到现场一看，出入很大，甚至有时是完全相反。采访对象对一些事记忆上的差错，记者可以从现场和实物观察中核实清楚。有时粗粗一看或远远一望还不行，还要就近观察才能核实清楚。

2. 可以准确地把握事物发生的环境和气氛

事物发生的环境和气氛，光靠口谈很难表述清楚，更不要说许多谈话对象不善于表达了。而实地观察，一看就清，不仅知道具体情况，而且记者会产生主观感受，这就大大有利于把报道写得细腻生动、立体化，情景交融。

3. 可以引发谈话内容，扩大新闻线索

有时记者和采访对象在现场谈话，边谈边看，可以使采访对象见物思事，触景生情，从而使谈话源源不断，向深度广度发展。有许多重要的新闻线索和新闻的精彩情节，就是在这样的情况下谈出来的。记者的眼睛有时也能直接从现场捕获新的新闻线索。眼明手快的人，就会立即追踪采访。

4. 可以获取第一手的有力证据

新闻报道有时为了打击敌人，有时为了揭露人民内部的种种弊病，需要获取无可辩驳的证据。在这种情况下，从现场观察到的材料就最有说服力了。

[实例 4]

有一年，北京市崇文门菜市场违反商业供应政策，向外地倒卖紧俏商品，损害了群众利益的问题，新华社记者连续十几个夜晚前

往这个菜市场进行现场观察,终于获得了这样的事实:

——6月28日晚,河南一辆解放牌卡车(车号49-50205),从崇文门菜市场装走了满满一车货物,其中有麻袋装的,也有纸箱装的。

——6月30日晚8点45分,河北邯郸运输公司一辆解放牌卡车(车号32-43219),从打磨厂街开进了崇文门菜市场货场。货场内等候已久的货员们立即上货。货物超过车厢一米多高。10点25分,这辆卡车从崇外大街向南驶去。

——7月3日下午,崇文门菜市场售货员在货场备货。当晚向河南安阳饮食公司发走了这批货物。其中一张5398457号发票上写着:鱿鱼60.5斤,每斤8元,合计484元;腐竹490斤,每斤1.78元,合计872.2元。

——7月16日晚,来自河南的49-50205号卡车,又开进了崇文门菜市场。10点半过后,几个售货员开始装车。车上装了三四十个麻袋的货物,零点四分,卡车开走了。

事实是那么具体、确凿,不容置疑。这样观察的材料写成的新闻,其起到的作用是显而易见的。所以记者在采访中,常常肯用巨大的劳动去观察现场;不少新闻记者不惜冒种种艰难风险,置个人生死于度外,实地观察,掌握这种第一手的无可辩驳的证据,使报道立于不败之地,发挥出巨大的战斗力。

新闻采访的现场观察,要选择好观察的位置与角度。这主要根据观察对象的具体情况和报道的要求来决定。一般地说,观察一个人物最好是在他的工作场所中不可能得到重要情况时;观察一件事最好在事件发生的环境中,但有时在现场的背后,则能得到许多有助于理解现场所发生事情的材料。所以,现场观察要因人而制宜,因地制宜,因事制宜。只有多动脑筋,才能用好眼睛。

二、现场观察的具体方法

1. 鸟瞰法

即站在适当的制高点上,放眼观察事物的全部,获得事物的总貌。其目的是告知读者以事物的轮廓,提纲挈领地给读者一个总的印象。

宋朝大文学家苏轼有一首题为《题西林壁》的诗说:“横看成岭侧成

峰，远近高低各不同。不识庐山真面目，只缘身在此山中。”只有站得高一些、远一些，才能观察到庐山的全貌和特色。宋朝另一个大文学家王安石在一首题为《登飞来峰》说：“飞来山上千寻塔，闻说鸡鸣见日升。不畏浮云遮望眼，只缘身在最高层。”因为站得高，飘来飘去的浮云就遮不住人的视线。我们观察社会、观察生活，道理是相通的。写作，道理也相通。

比如说，你若要写运动会入场式的新闻，就一定要事先考虑好现场观察的地点，要有一定的高度来综观全局，又要有很好的角度来观察局部。

你若要写上海的夜景，最好是站在东方明珠、金茂大厦或其他高楼的最高层向下看，楼山灯海，尽收眼底。有许多事物，你若站在下面看，往往只看到了具体的人或物，有时只能看到些杂七杂八的东西；如果站到一定的高度，就会产生总的印象，就会看到某一局部在全局当中的地位，看到事物之间的错综复杂的联系。“井底之蛙”之所以产生错误的、可笑的判断，就是因为观察事物没有站到一定的高度。“天空之鸟”眼界就比较开阔，观察就比较准确。当时的中央高层领导彭真有一次用形象比喻的方法谈记者工作时说：“你看见过老鹰抓小鸡吗？老鹰不是瞎撞乱碰就能把小鸡抓住，而是先在天空盘旋飞翔，发现地面上的小鸡，看准了，就唰地飞了下来，抓起小鸡，腾空而起。它成功了。老鹰盘旋飞翔，是在做调查研究，看准目标，一下抓住……记者的工作方法，要学老鹰抓小鸡，先做好周密细致的调查研究工作，发现典型事情或问题，就要深入下去，抓住不放，直到采写成功。”显然，老鹰之所以看得那么准，是因为它身在高处观察，视野广阔，有所比较，而不是“拿到篮里就是菜”。总之，新闻采访的现场观察中，鸟瞰法不可少。鸟瞰观察要注意三点：一要一定的高度，二要有适当的角度，三要不仅仅满足于鸟瞰所得的材料。

2. 细察法

亦即“下马观花”，过细地品评一朵花。新闻报道光给读者以概貌还不够，更多地要告诉读者具体的情况。你站在东方明珠、金茂大厦的最高层，固然可以告诉读者上海夜景之壮观、美丽，但人们若进一步问：“这些楼山灯海里的人们又在如何活动呢?”这就要从高楼走下来，具体地观察上海夜景的某一个局部。比如说，南京路步行街各商场里如何兴旺热闹，美琪大戏院的文艺节目如何丰富多彩……运用细察法，可以补鸟瞰法之不足，具体而深入地了解一个点、一个局部、一个镜头，写深写透。

细察法的观察，得到的材料细致、深入、典型，容易使报道写得具有可读性和感染力。新闻通讯中的细节描写，不少是用细察才能得到表现。

运用细察法，必须是有选择的，尽可能做到精心选择。因为客观事物像万花筒：千头万绪，千变万化，事事都要细察是不可能的。特别是新闻采访，常常有严格的时间限制。所以，一定要在粗看之后再细察，把粗看和细察结合起来。没有粗看，也难有真正成功的细察。一般地说，粗看容易细察难。什么地方该细？细到什么程度？要在实践中不断总结提高，做到“打一仗，进一步”。

人们对客观世界的认识，只有经过细致的观察，才会有真正正确的认识。《解放军报》记者夏国路在去舟山群岛采访时，记下了这样一段观察笔记：

“海水都是‘湛蓝湛蓝’的吗？不，东海之滨，海水是橙黄色的。前进到舟山的海域，船头犁开的浪花，深黄居多，偶尔可见淡蓝色的一条条，一块块。有的海面时黄时蓝，黄蓝相间，竟有内河那种‘泾渭分明’的景象。再前进，靠近公海，海水则变成深蓝直至深黛，蓝得发黑了。”

显然，没有仔细的观察，大而化之，想当然，是决不会写出这样的文字来的。我们许多新闻通讯的叙述描写之所以一般化、雷同化，一个重要的原因，就是因为作者没有“细察”，只有“粗看”。对事物认识上的肤浅，必然导致对事物表现上的雷同。写来写去，只好是“湛蓝湛蓝”的了。观察不细，不仅产生表现上雷同化的弊病，还往往导致认识上的错误。正如毛泽东在《实践论》中所告诫我们的：“仅仅站在那里远远地望一望，粗枝大叶地看到一点矛盾的形象，就想动手去解决矛盾……这样的做法，没有不出乱子的。”由此可见，各种观察方法中，细察法是最根本的。观察，归根到底是要细察。

前述实例4好新闻《抢菜记》，也是运用细致观察成功的一例。这里是作者王赤兵的观察体会。

[实例5]

为了有的放矢，使批评准确无误，我要求自己进行全面细微的观察，捕捉生动的情节和细节，把所有参加抢菜的营业员，一个不漏地记录在案。我把佩戴营业员证章、身穿有号码工作服的号码，一一记在手掌上。对那些没有标记的营业员，我分别记下他们的长相特征、衣着打扮、抢菜的动作、携带的用具。如：戴前进帽的，留小黑胡的，穿背心的，趿拉拖鞋的，拿水桶的，使这些人在数难逃。据见报后商场内部反映，他们根据报上的记载，很快把抢菜的营业员一一找出来。由于证据确凿，无一人抵赖……为了采写这篇新闻，我从 11 点 50 分开始观察，一直到 12 点 40 分。在将近一个小时的时间里，我的精力高度集中，唯恐观察不细而漏掉那些更能揭示事物本质的东西。所以，连中午饭都没有吃。……在我开始的观察阶段，并没有发现那张告示。因为抢菜的地点在商场大门外的墙下，而那张告示张贴在院内的一面墙上，地点不显眼，非本店人员很难注意到它。当我目睹了整个抢菜过程之后，我觉得材料基本够用了，生动的情节和细节全装在我脑子里，但我还不大满足，因为没有发现商场领导视而不见的线索，觉得只批评营业员抢菜还欠深度，所以我还想再观察一会儿，捕捉点有关领导层的活动。就在我到处撒目之际，我们报社的总编辑李兴文同志也来商场买菜，我立即把刚才发生的一切向他作了汇报，并告诉他我准备写一篇目击新闻，得到了他的支持。李兴文同志从商场院里出来后对我说，他们院内墙上贴着一张告示，不知什么内容。我听后，马上跑到院子里，找到了那张告示。一看，竟是一张有关营业员职业道德的试题。我如获至宝……我在《抢菜记》的结尾，利用了这张告示，向商场的营业员和领导提出反讥，使报道寓意深刻，幽默有趣，主题有了升华。

3. 步移法

步移法是边走边看，随时随地将所见所闻所感告诉读者。这种方法比较自由灵活，观察时可粗可细，粗细结合，写出报道来有神有态，花影扶疏，层次分明。步移观察法在采访展览会、大规模群众性活动以及采写反映新风貌的新闻通讯时，用得最多。

比如说，你要采访上海南京路，采访深圳街头即景，采访故宫游览印象，就一定要用步移观察法，在写作时，好像耐心的导游带领游客观光游览，尽可能使读者感到“如临其境”。没有认真细致的步移观察，报道就“活”不起来。有不少写得成功的视觉新闻，就是用步移观察法进行采写的。

2008 年 5 月 13 日《中国妇女报》刊登了这样一篇报道：

[实例 6]

成都这一天

[本报记者蔡锦其　发自成都] 5 月 12 日，记者在距汶川 100 余公里的成都市感受到了强烈的地震，也见证了成都的这一天。

地震发生后，记者迅速地从三楼往下跑，当跑到院里时发现已经有几十个人了，很多人跑到空地上还惊魂未定。

在成都国际会展中心，这里本来正举办夏季品牌丝绸服装博览会，地震后一片混乱，记者赶到时，人们正在抢救外逃时被踩伤的人员。记者上了卫生执法大队的车，送一名已经昏迷的何姓妇女。同行的刘女士介绍说：地震时，购物的人和摆摊的人都往外涌，她俩手拉手站在门边，何女士被涌出的人群踩在地上。

四川省急救中心主任胡为健(音)操着救护车上的扩音设备组织抢险工作。

一位病人家属说，医生和护士在转移伤员时都很尽心，很多年轻的医生都忙着把重病人往外背。她说，背她的是一名刚毕业的实习医生，让她很感动。

在记者采访的整个过程中，市民们都很团结，大家见面不管认识与否都会相互安慰："会好的。"

记者搭乘出租车回家时，平时只有 20 分钟车程的路走了近两个小时，车上开着收音机，不断地播放着成都市政府的一号公告。公告里说，成都市委书记李春城和市长葛红林都已经赶到了紧急预案中心，指挥抗震救灾工作。

黄昏时，煤气已按政府的公告断气，人们涌向各个商店购买食物和水。

据记者所在小区的超市女老板说，地震后，店里的食物都卖光了。

傍晚，人们拿着简单的食物衣物纷纷涌向广场、街道。在记者所居住的社区，人们大多都离开家园赶往郊外的亲朋好友家中。更多的人将私家车开到郊区，停在路上过夜。

当记者在家准备发稿时，书柜再次发生了震动，无奈之下，记者只好离开家到小区的物管所在地写稿。

作者充分运用眼睛的功能，边走边看，捕捉有特点的、生动的形象，并表现于自己的笔下。谁不希望多看一些这样的新闻呢？

步移法一般是轻松漫步，娓娓道来；也有紧张捷速的步移。如采访体育比赛，采访大场面的游行、阅兵、庆祝活动等。记者要以高度紧张的快速跟踪，才能得到所需要的精彩材料。记者的步移，要跟实际生活画面的变动相适应，稍有怠惰或欠缺不周，就观察不到精彩的东西。实际生活不可能为记者观察的需要而重演一遍，记者只有以自己主观能动性来适应客观事物的变动。所以，步移法的观察，有时是紧张艰苦的劳动。

为了提高步移法观察的效率，记者有时可以邀请专家、内行、知情者一道步移观察，边介绍情况、交流感受，以免除记者个人步移观察可能产生的疏漏。

各种观察方法，常常结合在一起或者交替使用。这在新闻通讯中是屡见不鲜的。如田流的通讯《芳香万里草原行》中，就有这样的观察描写："从飞机上俯视草原，完全像是一个望不到边的绿色的汪洋大海。那连绵不断的山峦，组成了微波荡漾的海面。那蜿蜒如带的河流，就像泛起的层层波浪。而一个又一个的城镇和村庄，又像是星罗棋布的小岛。飞驰着的汽车火车，就像航行在海洋中的轮船小舟。成群的牛羊，奔驰着的骏马，又像鱼儿在大海中结伴遨游嬉戏。多么美的草原，多么辽阔的绿色的海洋啊！"这是鸟瞰法。"我曾坐着汽车以每小时六十公里的速度，去追逐前面的山峦，但是却始终不能找到它。远远望去，它是高山，而且威武地横亘在我们前进的道路上。可是当我们逐步接近它时，那些山峦却慢慢地变小了，变矮了，终于消失得无影无踪了。而汽车呢？仍像开始行驶的时候一样，奔驰在平平坦坦的草原上。"（见《田流散文特写集》）这是步移法。记者各种方法的观察，立体化地向读者介绍了内蒙古草原。不同的观察方法有不同的作用和效果，它们是不可能互相替代的。

三、观察，锤炼出记者识别新闻价值的能力

新闻采访中的观察，不单单是一个获取材料的问题。观察，对记者是一种锻炼，能够锤炼出记者识别新闻价值的能力，能够锤炼记者新闻的敏感。从某种意义上说，记者的整个工作就是观察生活、观察事物、反映生活、反映事物。这也就是著名女记者彭子冈所具备的"慧眼、神笔"四个字。慧眼是前提，是第一位的；没有慧眼，也就谈不到神笔。画

家之所以能挥笔画出优美、逼真的图画，是与他的视觉的敏感性分不开的。他们对一个事物的线条感、比例感、色调感往往比一般人强得多。记者对事物的视觉敏感与画家不尽相同。美国哥伦比亚大学新闻学教授麦尔文·曼切尔在《新闻报道与写作》一书中说："记者必须学会用孩童般的眼睛观察世界，他把每种事物都看做是新鲜的、各具特点的；同时，他必须用聪明长者的眼光洞察世界，能够区分出有意义的东西和无意义的东西。"可以说，新闻记者随时随地都在观察生活，都在进行采访。记者是没有什么"彻底的"休息时间的，除了睡觉之外。唯有时时张大眼睛观察世界，记者才能看得比别人更多、更深，并把看到的有意义的东西向读者作报道。记者只要睁着眼睛，随时随地就在进行采访。

有的记者逛商店，发现多了个便民服务柜，多看几眼，稍问几句，回去就是一篇新闻。有的记者乘车外出，发现车上有什么新的措施或有什么制度上的问题，思考一下有普遍意义，写下来就是一篇记者见闻。有的记者去亲友家吃饭，闲谈中会突然发现一个重要的新闻线索，然后跟踪追击，写出了一篇独家新闻。

记者和通讯员如果不多长一个心眼，不在日常生活中时时不忘自己是个新闻报道者，许多新闻就抓不住，成了过眼烟云。实际生活中这种情况是很多的，我们的眼睛、耳朵和头脑，往往不会用，不够用，不愿用。懒汉是当不好记者、通讯员的。记者过去在前面加上"外勤"二字，说明这个工作经常外出，十分勤奋，"勤"字底下出报道。新闻报道永远是"勤"字的产儿，勤跑、勤看、勤听、勤问、勤想、勤写，久而久之，就能锤炼出新闻记者的特殊敏感和特殊本领。

著名记者、作家刘白羽曾为《瞭望》杂志写过一篇《记者的眼睛》，文章中说："一个记者应当随时随地观察生活、思考生活、理解生活。""生活是瞬息万变的，有些印象稍纵即逝，记者要随时随地去捕捉。而那一点一滴，往往会给你鲜明印象、深深启发，因此，一刹那间的感觉，能使你深邃地进入社会里层。所以记者应该有两只敏锐的眼睛。当然，这眼力是靠经常勤劳、不懈努力，才能锤炼出来的。我写过一篇《日出》。黎明前容易发困，同机的人都睡着了，我目不转瞬地等待着，终于从万仞高空上看到日出那一刹那的壮丽奇观。这说明，记者应该是永远不休息的人。因为他采访的不只是预定的一事或一人，而是整个社会、整个人生。""高尔基称赞契诃夫有钻头一样的眼睛。不错，我们作记者就应该锻炼出这种眼睛，它能像钻头一样深深钻入事物内核，了解事物的本质。"

[实训]

1. 某省某地区发生洪水灾害，编辑部派你前往采访，请你在出发前制订一个较详细的采访提纲(至少列出20个采访提问的问题)。

2. 请在周末回家后，现场观察一个商场，或一个菜场，或一个文化娱乐场所，把观察所得写出来。要求：1）观察要细致；2）要抓住有特点的事物、人物、场景、细节；3）如能根据现场观察形成一个有意义的报道主题，写出一篇完整的现场报道，则更好。

第八章　体验式采访

第一节　亲身体验是采访的重要方法

“体验式采访”，是记者直接参与某个事件、某项活动或某一工作，成为实际生活的一个角色，从而了解到用其他采访方法了解不到的情况，得到切身体验，写出更有可读性和说服力报道的一种采访方式。这种方式，近10年来作为一种新名词、新概念在新闻界流行起来。有的记者以商人、民警、售货员、的士司机、市场管理员等身份，从事一两天或者短期工作，从而体验某一方面工作人员的酸、甜、苦、辣，把真切的感受如实告诉读者。这样的报道，自有一种魅力，为平常的记者身份采访所得大不一样，因而也就具有了新鲜感。

那么，这种采访方法是不是一种新的发明创造呢？回答是否定的。其实，这种采访方法早已有之。

1. 亲身体验是重要的采访方法

广义的新闻采访，包括了访问、观察、体验生活（如蹲点调查，参加实际工作、战斗……）。许多老新闻工作者早就身体力行体验过各种生活，包括打仗、种田、做工、当基层干部等等。

大学生也可以对各种生活进行亲身体验，从而了解国情，了解社情民意，洞明世事，练达人情。这实在是人生的必修课。记者的采访人生、人生采访，更少不了各种人生体验。请看下列大学生生存体验和经历，写得何等真实、真切并富有感情。

［实例1］

我们大学的学生会要组织一次生存体验活动。我很想去闯一次，同时也印证一下自己感觉一直不错的能力，所以就报名参加了。参加这次活动的共有 30 人。我悄悄地给自己定下了目标：一定要坚持到底，二要争取拿到名次。当然，要实现这目标并非易事，所以我对三天的各种可能性都做了尽量周全的考虑。

组织者果然残酷，他们给买了单程的车票之后，发给每个人的生活费只有 5 元钱，而且是三天的。呵呵，一天只有 1.67 元呀。为了确保安全，学生会专派两名“大将”坐镇我们去的那座城市，随时接纳收容中途支持不了退出的“逃兵”。

从学校到那座城市，我们乘了 5 个小时的火车。两员“大将”提前将联系方式给了我们，并再三告诫我们，如果支撑不了，一定要及时和他们联系，千万不要顾及什么面子。下了火车，我们便分手了。刚才在车上还有说有笑的 30 个同学迅速地被这座城市“溶解”掉了，我成了孤零零的一个人。

按照事先的设计，我在火车站附近的一家小型超市花三元钱买了两盒鞋油，一个鞋刷(我的资金用了五分之三啦)然后就近寻找了个地方坐下，专门擦皮鞋挣回晚上的饭钱。不过，我很快就发现问题了，别人总得坐着才能让你擦吧。仅有的二元钱根本就买不了一把小椅子。这难不倒我，我在车站附近的民工那里一番讨价还价，用 1 元钱租了两把小椅子。最后，我只剩下一块钱了。

我的生意不错。我在地上放了事先写好的一张“广告”，擦一双皮鞋价格为 1.5 元，比周围的价格低 0.5 元。由于我不遵守“游戏规则”，有两个擦皮鞋的“同行”过来教训我。无奈之余，我只有亮出自己的真实身份，并再三向他们保证，我的生意只做半天，明天一定退出他们的“地盘”。他们看了我的学生证，相信了。他们甚至还主动让给了我两单“生意”。下午业绩真的不错，我用 4 个小时挣了 33 元钱。

当天晚上，我去小饭店里吃了一大碗牛肉面，然后就在车站附近的一家网吧里上了网。我很快就登陆了这里的市民论坛。呵呵！不错耶。不少人还热心为我支了招。最让我兴奋的是这则帖子，竟然招来了三笔生意。一家电脑公司表示可以让我去打工两天；当地晚报“菁菁校园”版的编辑要求我给他们提供五篇“生存体验日记”，他说已征得老总同意，按每篇 150 元支付稿酬。在网上我还找到了一份家教的活。考虑到我的情况特殊，主人开给我每晚一个半小时 20 元报酬。我决定把三笔业务全部揽下来。

出了网吧,我禁不住呼了三声"网络万岁!"本来我是预备在火车站候车室里睡一夜的,现在有了钱,而且又来了"财运",我就没必要那么节俭了。我找了一家小旅馆。花了20元钱,美美睡了一个好觉。

接下来的事就很简单了。第二天我就去报社与那位编辑联系上了,凭着学生证和一篇日记,我预领了750元的稿酬。接下来,我就打的去那家电脑商店。就在我招手等车时,我看见英语系的林丽丽。她愁眉苦脸的样子,我知道她的体验肯定不如意。于是,我怜香惜玉的"毛病"犯了,当即就把两晚上家教的"生意"转让给她,并悄悄"借"给了她100元钱。

生存体验结束了,我以总收入982元名列第一名,并获得了学生会发给的证书。而晚报发的那五篇日记也使我成了一个小名人(校报又做了转载)。证书与报纸的复印件都加入了本人求职简历的附件资料中去了。我相信这些记载着我一段"非常经历"的材料会给我带来好运。最值得一提的是林丽丽现在已成了我正式的女友,须知她可是我们学校里著名的美女呀。套用一名老话说,李某真的是受益匪浅呀。

有些内容的采访,记者不宜暴露自己原有的身份,而需要以一种特定的身份进入其中,才能真正了解事实真相。所以不少隐性采访也是一种体验式采访。

2. 体验式采访能使记者的报道更扎实

新闻采访,从根本上说,是一种主体接近客体的过程,是人们认识事物的过程。一位伟人曾告诫我们:记者要到第一线去,既做工作,又当记者。他强调"真正亲知是天下实践着的人","一切真知都是从直接经验发源的","如果要直接地认识某种或某些事物,便只有亲自参加于变革现实、变革某种或某些事物的实践的斗争中,才能触到那种或那些事物的现象,也只有在亲自参加变革现实的实践的斗争中,才能暴露那种或那些事物的本质而理解它们。"他还生动地比喻:你要知道梨子的滋味,要变革梨子,先得亲口吃一吃。所以,人们认识事物,最好的方法就是亲身体验。当然,记者有自己繁忙的工作,版面、栏目那么多,天天要发新闻,怎能事事去亲身体验呢?一般情况下,只能通过访问了解,有时进行现场观察;而当条件许可的情况下,就不妨来个"进入角色",

亲身体验。这样，记者身临其境，亲历其事，对事物的认识可以更好地做到由表及里，由浅入深，由个别到一般，由具体到抽象，由感性到理性，实现认识上的飞跃。比如说，出租车司机，一般人认为这个工作很简单，开开车子而已。有的记者自己当了一天出租车司机，知道交通、道路、人流的各种情况，还接触了各种不同的来客，五花八门，无奇不有，更体验到了出租车司机吃饭、休息、大小便等方面种种甘苦，写出来的体验式报道就深刻、丰富了。

2006 年 7 月，浙江《湖州晚报》开辟《记者打工》专栏，以记者打工的形式，让记者从新闻角度观察、体验三百六十行（现在已远远超过此数）普通劳动者的酸甜苦辣，体现媒体关注民生，对广大人民群众的人文情怀。那种动态逼真、原汁原味的报道，使“三贴近”（贴近实际、贴近群众、贴近生活）原则得到了很好的体现，成为报纸版面上的一大亮点。

世界上的许多事物、许多问题，非常复杂，不深入底里是难以了解的。如再就业问题、人才流动问题，从一般的道理上解析，那是很简单的。记者如果不体验实际工作的甘苦，就很难作恰当的、有意义的报道。又如环境污染的问题、交通和住房难的问题等等，往往仅仅凭一个记者的视角，难以把握矛盾的方方面面，也很难有感同身受那种紧迫感。因此，提倡亲身体验很必要。

记者在新闻报道中为何容易犯片面性？主要原因在于对实际的生活缺少深刻的理解。对实际工作、实际生活中矛盾的复杂性、多面性、多变性没有切身体会，容易抓住一点，感情用事。所作报道不但于实际工作和生活无益无补，而且往往有弊有害。有的受众就会说：那都是记者“写”出来的，那不过是记者吹吹而已。

记者为何老做“风派”？有些记者被大众称为“天然的风派”：轴承脖子弹簧腰，哪边风大哪边倒。东风吹来往西倒，西风吹来做检讨，刮起南风又把教训都忘了！为什么？关键在于生活底子太薄，“头重脚轻根底浅，嘴尖皮厚腹中空”。老新闻工作者邓拓曾经要求记者：“深入实际兼读史，立定脚跟做圣人。”这话至今仍有现实意义。“圣人”，当然不是过去时代的“圣人”，超凡脱俗，先知先觉，而是指对历史和现实的深知深解，对实际工作、实际生活的深知深解，因而对各种人和事有自己独到而正确的认识。

当今办报，记者为何常常一窝蜂地“炒新闻”？这里既有理论、政策水平的问题，又有脱离群众、脱离生活的问题。比如说 2000 年的网络

72小时生存测试，实际主要是商家的炒作，为什么记者也跟着去测试去炒作呢？因为记者水平有限，没有多听听群众的看法、意见，只听组织者说如何如何必要，所谓体验也就被人牵着鼻子走。在市场经济条件下，在新闻竞争激烈展开之时，新闻工作者的浮躁心理往往特别明显，管他三七二十一，拿来就用，别被人家抢了先机，于是，假新闻、低俗新闻、捕风捉影新闻大行其道。这些人受文艺界"侃文学"、"玩新闻"的影响。我们坚决反对这种"时髦"货色。当前新闻界的"自由撰稿人"中，有一部分是训练有素的老新闻工作者，有一部分是生气勃勃的青年作者、新闻爱好者，也有一部分是所谓"玩新闻"的行家，剪刀加糨糊，胡编加乱造，争名加夺利。决不能让这种坏风气在新闻界蔓延滋长，记者作风漂浮，非出问题不可。

随着记者社会地位的提高，经济生活的改善，记者更有必要抽出一定的时间，到基层，到工、农、兵、知识分子中去体验生活，对于世事万物有一个真切的了解，使生活的底子厚一些，报道扎实一些，"三贴近"的新闻更多些。

第二节　亲身体验式采访的类型

亲身体验式采访有两种类型。

1. 战略性的亲身体验

目前的大量新闻记者，年纪都比较轻，人生阅历不丰富，他们从大学毕业直接进入新闻单位，优点和长处是科学文化知识丰富，外文较好，对电脑网络和高科技等新事物接受起来快，但往往对实际工作、实际生活缺少深刻体验，这是根本性的弱点，必须从战略上解决这个问题。

战略性的亲身体验，从总体上说，也是一种采访。这种采访需时较长，效果较好，但机会较少。记者应有一段时间深入基层，既做工作，又当记者，有条件的中青年记者，可以挂职锻炼，在市、县、乡或大型企业和文教卫生单位，兼任个副职，把实际工作的方方面面、来龙去脉了解个清楚，把实际工作者的酸甜苦辣尝个明白，并从处理实际事务中增长才干，提高观察问题、分析问题、解决问题的能力。这对于今后搞好新闻工作十分重要，是一种基本建设，是一种生活积累。当然下去不一定当官，也可当老百姓。没有当过工、农、兵，往往很难体会工、农、兵的思想、感情。记者应是人民群众的一员，是主人翁，对人民群众有强烈的责任感，与他们血肉相连，呼吸相通。

老一辈新闻工作者，大都在生活方面有深厚的积累，这一点很值得当今青年新闻工作者学习。不懂得、不继承传统的新闻记者，不可能成长为优秀的新闻记者。“青出于蓝”，不了解“蓝”是怎么出来的，有什么宝贵经验，又谈何“胜于蓝”呢？又谈何培养21世纪的当代“名记者”呢？

青年记者不要怕吃苦，不要怕深入生活会“赔本”，也不要急于求成，急功近利。眼光放远，下苦功夫，坚持下去，必有成效。

2. 战术性的亲身体验

这是经常可以实行的一种采访方法。即具体地为某一次报道而亲身体验。记者既是报道者，又是当事人。这里又分为几种：

(1) 体验正当的、有益的工作和活动。写探险去当探险队员，或作为记者随队探险。如“死亡之海”探险，喜马拉雅山、珠穆朗玛峰登山，长江黄河漂流等等。新闻记者身历其境可得到大量第一手资料，并写出亲身的独特感受。如果仅靠事后谈话采访，报道难免单薄、枯燥、苍白。

新闻记者写交通警，自己也在十字街头站他一天；写清洁工，帮助一起推粪车；写战士，跟着一起摸爬滚打；写球员，帮助在场边拾球；写教师自己也去上几次课；写病人，记者帮助护理或陪同挂号、就诊……这些采访方法，可以更加细致入微地体验有关人物的处境、情感、愿望、要求。这样才能更加立体化地了解人物和表现人物。要在人物艰苦、困难、拼搏时去体验，而不是在人物成功、顺利、获得荣誉时去体验，这样的采访才更有深度和力度，才更能与人物产生心灵的共鸣，并把这种共鸣准确地传达给读者。

(2) 体验错误的、违法的或者阴暗的事。新闻记者体验光明正大的事情，可以直接暴露身份去实践。而若要体验坏的事，记者就需采取不暴露身份的采访方法，即隐蔽采访或称隐性采访方法，这主要用于揭露性的新闻报道或写内部参考。这方面的问题，下面的《隐性采访》一章将作详细阐述。

(3) 体验中性的，不好不坏的事。采访的对象，既不是先进的，受表扬的，也不是落后的腐朽的，而是一般的劳动者，一般性的工作。这些普通人，平凡的工作，或者是特殊的人，特殊的工作，究竟有些什么情况，若是大众有兴趣知道，或是有必要与大众相互沟通，增进理解，缓解矛盾，就可以去接近某些人或事，甚至亲身去体验一番。平常人如公交售票员，他（她）们受气、受累，有时又冷漠、粗暴，只有进入角色，才能理解得透彻，恰当地表达出他们的情绪，才有利于他们与广大乘客的沟通理解。特殊的人群，如残疾人、同性恋者、孤儿、肥胖者、侏儒等等，这些人要好好接近他们，细心体察他们，才能很好地把握他们的思想、情绪，否则很容易把他们写“歪”了。因为这些人情况特殊，处境特殊，因而也具有与常人不同的心态，如不细心观察、体验，就很难理解他们和表现他们。

（4）体验灾难。灾难是社会、人生难以避免的，和平时期虽然没有战争灾难，但各种自然灾害接连不断。记者不能只在温室里成长。可以说，不懂得不理解灾难，也就不理解人生。当今不少记者在灾难性突发性事件的采访中，迅速成长、成熟，深刻理解社会、人生，从而写出出色的报道。也有少数一直在优厚环境中生长的青年，身临灾难第一线而感受迥异，有的从地震现场归来，回忆当时地震后的惨烈场面，说：我从来没有像现在这样，如此想摆脱自己的职业。他们（死难者）就躺在我的面前，一个又一个，一排又一排。如果我不来到这里报道他们，该有多好。这位记者奔赴灾难第一线很不容易，但他还太年轻，这样的事件经历太少，还需增加人生历练。

第三节　体验式采访的长处和局限

一、长处

新闻记者体验式采访的优点，是很明显的。

（1）这是培养新闻人才的根本途径，可以为新闻的采访写作做好总体准备，为更好地理解实际工作和实际生活打下扎实的基础。从而，也为新闻工作者的成长、成才，打下扎实的基础。

（2）就某一次具体的采写任务来说，直接接触，亲自实践，为全面地、正确地认识事物和报道事物作好了准备。听过不如见过，见过不如干过。全身心地投入，全身心地感受，必然产生深刻的见解，从而提高新闻报道的深度和力度。

(3) 记者在体验式采访的过程中，便于同采访对象打成一片，增进理解，培养激情。写作时，得心应手，更好地调动感性材料和现场景物，更细致地表现人物的内心世界，文笔也必然更真切、动人。

(4) 通过体验式采访，可以更具体地了解事物的来龙去脉和事物多方面的联系，从而进一步扩大新闻线索，挖掘出更多的新闻题材。生活、战斗，是取之不竭的新闻源泉。

(5) 记者有时亲自参与被报道的事实，成为新闻事实中的一员，并运用自己的优势推动事件的发展。记者一般只是报道事实，但有时可以参与事实，干预事实。由于记者社会联系广，媒介在群众中有威信，有些新闻事件，由于记者的介入，由于记者的穿针引线，铺路搭桥，事实可以迅速地向积极的、有利于人民大众和社会进步的方面发展，从而为媒体的新闻报道提供更好的新闻源，新闻素材。

(6) 此外，记者亲身实践，隐性采访，可以更好地了解某些事实和事件的内幕、内情，便于揭露社会弊病和打击坏人坏事。

二、局限

当然，亲身体验采访也存在一些局限性。

(1) 记者时间有限，不能事事体验，也常常不能深入体验。记者有记者的任务，几乎天天要报道新闻，从事亲身体验的时间一般不多，难以深入，体验一下就走，虽比不体验要强一些，但也难免蜻蜓点水，停留在浅层感受和理解，因而影响报道的深度和力度。如果体验那么半天、一天，回去就要写半个版、一个版，更难免失之肤浅。

(2) 记者的能力有限，许多事难以体验。不会开车，就不能当司机；缺少必要的专业知识，也不能贸然上讲台讲课或去医院值班；没有坚强的体魄，也难以参加探险活动(这里还有一个意志的问题)。三百六十行，记者纵有三头六臂，也只能选择力所能及的几行、几十行进行实践。

2000 年 10 月，在江苏吴县举行了“环太湖世界特技飞行大奖赛”，盛况空前。吴县政府将 2 亿元人民币保险全押在了太湖桥上，飞行员们将身家性命押在了创造吉尼斯纪录的荣誉上，众商家将血本押在了千载难逢的商机上，新闻单位的“老记”们也使出浑身解数在此时此地一博胜负。中央电视台出动 180 余兵马，两架直升机，以 17 个摄影机位进行现场直播。上海《生活周刊》2000 年 10 月 13 日刊发长篇文字加巨幅图片报道：《太湖穿桥幕后“豪赌？”》，其中有一节写到记者采访：

［实例 2］

水均益，险些用性命下注

“现场直播”似乎已成为中央电视台这个中国电视新闻界龙头老大的惯用招式。继钱塘江涨潮的另类直播之后，他们自然不会错过 2000 年世界特技飞行大赛，及飞越太湖桥洞的空前盛事。据悉，此次央视派出逾 180 人组成的强大阵容，赴吴县太湖国家度假村进行“穿越 2000，挑战无限——太湖世界特技飞行”的实况转播。17 个摄影机位，还有那两架盘旋头顶、印有 CCTV 字样的直升机无不显露出央视直播实力。

不过央视这次又别出心裁地想把事情搞得更大，为了向全国广大观众展示最真实的比赛感受，“穿越 2000，挑战无限”电视转播中心总指挥，现在 45 岁的盖晨光（现场直播总指挥——引者注）突发奇想——能否让新闻记者随特技飞行员亲历蓝天，亲身体验特技飞行表演中旋转、俯冲、爬升等惊险刺激的动作感受呢？

且抛开新闻创意、献身精神不谈，这样的现场亲历行为本身就无异于赌博，因为只有飞机的动力达到机身重量的 3—4 倍时，驾驶员才可能做出特技动作。换句话说，这时对人的压力也就猛增 3 至 4 倍，一般人的心脏、血液、大脑、视网膜根本难以承受，有生命危险。谁会被派上阵去，冒险一搏呢？

盖晨光在接受记者采访时说，事先他和水均益曾经商量过此事，“作为现场主持人，水均益你最好能亲身体验一下特技表演，这样就可以用亲身经历向观众传达飞行员在做各种特技飞行动作时的感受，观众也就可以通过主持人的描述了解飞行员到底有多大危险。”

当时水均益觉得言之有理，似乎也没有反对。但是国际航协一度告诫央视，“可那有生命危险”，“慎重考虑”。于是，“大家考虑到不确定因素太多，实在太危险，水均益如果完蛋了，整个节目就要受到影响。”最后盖晨光决定亲自上阵，“如果我能承受得了，水均益再上。”

经过国际航空协会特批，盖晨光登上捷克特技飞行员马丁·

斯达哈立克驾驶的苏-26 型飞机。这是目前特技飞行飞机中马力最大的一种，国际航协事先表明：可以允许记者登机亲历，但必须是自愿的，属个人行为，一切后果自负，国际航协不承担任何相关责任。盖晨光一咬牙，赌吧！

上飞机前盖晨光和马丁·斯达哈立克有约在先：如果受不了了，就举起右手，马丁·斯达哈立克立即停止其他比赛动作，赶紧降落。另外，马丁·斯达哈立克还给他一个专用的呕吐袋，挂在脖子上。据马丁说，像盖晨光这样未经任何飞行训练的人肯定会吐。预计飞行时间是 15 分钟，表演 360 度左右横滚、90 度爬升、背飞、垂直俯冲等全套特技飞行动作。

"开始我觉得挺好，一般复杂的特技动作我觉得也可以，这样转了五六分钟我觉得还可以接受，就大声对马丁说 OK。然后他开始做剧烈运动，垂直爬升，垂直下降，最难受的时候是垂直下降后，突然拉起，心脏失重，全身血液往下坠，特别难受，当时真是咬着牙去做。我睁开眼睛看全是红的，不过还能辨别出蓝天和绿地……14 分钟后，我知道所有的动作都表演完了，我觉得没有必要再忍受，就举起了右手，马丁就停止特技飞行，落地的时候我看表时 14 分半。"

下来之后，虽然感觉很恶心，但盖晨光既没有呕吐，脑子也很清醒。当他把呕吐袋还给了马丁时，场外的老外和中国飞行员都特别吃惊，中国飞行员因为飞机性能问题也从未在空中做过这些特技动作。

成功的同时，盖晨光不免后怕，"我下飞机以后劝水均益不要上了，原先协议作废，都是为了工作。"水均益本想体验一把、豪赌一回的夙愿终于还是没有兑现。

可见，新闻记者的体验式采访，还得从实际出发，实事求是，量力而行。

(3) 记者要受道德规范、法律规范的约束，不允许事事都亲身体验一番。如吸毒、"三陪"、嫖娼、斗殴、抢劫等等，都不能去亲身体验。记者的采访活动不能触犯法律，也不能违反公共道德。

(4) 亲身体验式采访，有时因记者素质、经验的关系，容易"钻得进，跳不出来"，使观察和体验产生片面性，影响新闻报道的质量。当记者进入某一角色之后，不能被一人一事牵着鼻子走，产生片面的同情心和亲和力；应站得高，看得广，把宏观和微观结合起来，而不能等同于某一行业、某事件的当事人和代言人。这也就是记者的难当和高明之处。记者不能“不识庐山真面目，只缘身在此山中”。否则，体验甚至比不体验更糟糕。

第四节　实践中存在的争议

关于体验式采访，在实践中还有两个争议的问题

一、关于记者参与，制造新闻的问题

记者有时可以参与、介入新闻事件，推动事件的发展。特别是一些牵线搭桥、为民办好事方面，大有发挥作用之处。这些参与和介入，在某种意义上可以说，本身就是在“制造新闻”，并且总是通过媒介不断进行报道的。但这种“制造”，也应当有个规范，有个“度”，而不是为所欲为。关键在于是否尊重事实，尊重别人。有的记者不顾实际情况和别人意愿，硬要事实按自己设想的方向发展；有的记者设置圈套，让群众受骗上当，然后也不告知本人即公开传播。这在电视专题片中多次出现过。有的人认为是一种“创造”，实际上这是新闻制作上的歧路，记者毕竟只是记者，而不是导演啊！

在少数报纸新闻、电视新闻、广播新闻中，记者参与和干预的痕迹太明显，使受众有失真的感觉，值得引起新闻界注意。有的新闻，干脆自编自导，更给广大群众留下不好印象。新闻是报道客观存在的事实的变动，记者要满腔热情地关注这种变动，报道这种变动。记者采访方式方法自然要多种多样，但事实第一、报道第二的原则不能改变。记者编辑不是导演，不是演员，更不是道具。试想一想，当受众老是从报纸和广播电视中看到、听到那些“导演出来的事实”，模拟出来的“故事”，当受众感觉到某些新闻实际上是记者、编辑在“演戏”的时候，他们会不感到反感和受愚弄吗？有的记者、编辑在公共场合随便装扮什么人，推动什么“事实”发生，测试各种市民的反映，万一被老百姓识破“机关”，当场拆穿“西洋镜”，记者、编辑将何言以对？媒体的权威性和公信力将如何维护？

二、记者角色与生活角色的矛盾问题

亲身体验的采访，无疑要求体验者作为生活中的一员，做自己应该做的事；但记者又要报道新闻，仍然是个记者角色，这就常常发生矛盾。比如，见人落水，或发现火灾，你首先去救人去救火或报警呢？还是注意从旁观察，“体验”别人怎样履行生活角色的义务？我们以为，在某些紧急情况下，在某些特殊情况下，记者首先应是生活的主人翁，生活角色第一，记者角色第二，你总不能见死不救，见坏人不抓，而去观察、体验别人怎么做、怎么想吧！记者首先是一个普通人，有一个公民的社会责任感，当然，在一般情况下，记者还是要别忘记自己是个记者，主要是观察和体验生活。这样，才能很好地向人们作出新闻报道。在有些稍纵即逝的历史性场合、场面，记者尤其要忠于职守，记录珍贵的、难得的事实。有时要记录重要的证据、第一手资料，也不得不把记者角色放在第一位。这从长远看，从更高角度看，记者也是忠实地、成功地履行了自己生活角色的义务，他的工作将更有人生价值。南方有位摄影记者的经历十分有意思，当他巧遇群众抓坏人的场面时，他一面与歹徒搏斗，一面又抽空隙拍下精彩镜头，按好了相机快门又继续扑上去帮助群众与歹徒搏斗。而别人把这过程也拍了下来。于是，群众抓歹徒，记者也勇敢地去抓歹徒，记者拍照片，拍完照片立即又去追打歹徒，最后一起制服歹徒的一系列照片全部在报纸上登出来。读者一方面为这件弘扬正气的事叫好，又为这位记者的巧妙机智完成两个角色任务而称颂。当然，像这种事情是个别的，但在道理上对新闻工作者不无启迪。我们无意于对新闻记者要求过高，过分苛刻，但能够做得更好一些的话，记者也应努力去做。记者也是人，记者首先应该是一个优秀的公民呵！

[实训1]

当一天（三餐）食堂售菜服务员，为校刊写一篇体验式采访报道。

[实训2]

在城市从事半天清除非法小广告的公益劳动，为区报写一篇体验式采访报道。

第九章　隐 性 采 访

2007 年 6 月 18 日上海《报刊文摘》刊登了下列隐性采访报道：

[实例 1]

掏八千元，考生档案想改就改

揭开郸城高考替考黑幕

据中央电视台《焦点访谈》6 月 10 日报道，4 月，《焦点访谈》栏目组接到举报，河南省郸城县有人找人替考。记者随即进行了暗访。一位名叫李峰、自称是河南省郸城县第二高中的老师的人说，想在北京的高校中寻找 3 名理科生和 1 名文科生到郸城替考。其中文科生是为郸城二中副校长的女儿替考。他承诺，只要能上线，替考生就能获得一笔不菲的报酬。“你要够上重点，够上一本就是一万。如果考上北大、人大这样的重点，还可以多拿。”李峰还向记者保证，身份证和准考证上的照片都是记者的，只要换个名字就行了，保证查不出来。

5 月 21 日，李峰和那个替女儿找替考的副校长赵振华，一起来到北京与记者见面。他们称虽然是其他县的老师来监考，但对这种替考的现象大家都心照不宣。每年定下哪个县监考后，他们只需要把要替考的考生名字给那个县的带队老师就行了。据透露，50 个考场中就有 10 个替考生。

6 月 5 日，记者来到郸城县，赵校长带其中两名记者在一家打字店拍照做假身份证。需要记者替考的 2 名学生一个叫做赵艳伟是他的女儿，另一个是县里某局副局长的女儿。

另一名记者被带到项城市自考办，也拍了张照片。自考办的一名女工作人员在电脑上直接打开河南省高招图像采集系统，并把一名叫做曾侍丽(音)的考生的照片直接换成了记者刚照的照片。李峰说:“现在电子档案等等什么都能改,到时候考上了还要再换过来。即使到省招办也能改过来,有人专门做这个生意。去年我改过两个,改一个照片要8 000元。”

6月5日晚上,李峰找到记者说监考老师那边已经说好了,一个人2万。在“李老师”的安排下,有两名记者于6日下午拿到了准考证,而另外一人也被告知7日即考试当天在考场上拿准考证。准考证上除了照片是记者本人的,其余信息均与记者毫无关系。

6月6日,高考开始的前一天,记者向河南省和周口市以及郸城县有关部门反映了这一情况。6月7日,郸城县第二高中的副校长赵振华被免职,并移交给警方。国家教育部对此事高度重视,河南省教育厅及周口市、郸城县有关方面随即展开调查。

隐性采访,或称隐蔽采访,是指新闻记者不公开自己身份、不讲明目的的采访方法。这是相对于一般的、公开的采访而言的。这种采访方法,实际上是一种暗察私访,是了解事实真相的一种特殊手段。它常常在特殊情况下使用。比如说,为了防范采访对象弄虚作假;为了掌握公开采访采集不到的真实材料;为了揭露某些犯罪行为,有时也为了保护记者自身的安全。这种采访方法在舆论监督和开展批评性报道时,特别有效。因为你要批评要监督,而对方则不欢迎你批评和监督,不会积极配合你采访,甚至还要千方百计地抵制记者采访。于是,需搞隐性采访。就像上面一则故事,你要揭露舞弊行为,当然只能不动声色地深入现场,而不能堂而皇之地亮明身份和采访意图。还有一种情况是对某一事、某一人或某一个问题有不同看法,有争议,记者要了解有关的内容、背景、实质等等,必须作较深入的采访,若是自己先亮出身份或暴露报道意图、目的,人家往往“欲言又止”。因此,记者便需要采取隐性采访的方法。当然,记者采访值得表扬的人和事,也可以先作隐性采访,考察一下此人此事是否真的值得表扬,吃准了,再亮身份,再表明采访意图尚不为迟。

第一节 隐性采访的优点和问题

一、隐性采访的优点

1. 可以防止采访对象弄虚作假，伪造事实，或采取其他对策

某一地区、单位、部门或个人，出了什么问题害怕媒体曝光，肯定会采取各种方法来应付或对付新闻记者。现在媒体多，记者也多，各行各业、各色人等接触记者的机会也多。在这种打交道的过程中，大家都在积累经验。就采访对象而言，有如何积极配合新闻记者进行采访活动的经验，也有如何抵制新闻记者采访的经验。如果是被批评揭露的采访对象，包括贪污受贿的腐败分子、黑社会分子、违法违纪分子、官僚主义者、地方保护主义者，等等，他们当然不希望记者了解到真实情况，因此会采取各种手段对付记者，或制造假象迷惑记者，或设置圈套欺骗记者，或拉拢腐蚀拖记者下水，或巧妙应付记者牵着他们鼻子走。隐性采访的方法，就可以防止上当受骗，就可以保护自身安全，就可以自主地活动，了解到许多难以了解到的真情实况。

2. 不会引起采访对象的恐惧、戒备，便于真诚交流或便于打入内部，挖出内幕

有些事情和问题，老百姓议论议论，自由自在地发表一些看法是正常的；但一旦记者来采访，人们就会担心自己随意讲的话被捅到媒体上去，因此就会谨慎起来，不再说下去。记者如不暴露身份，以一个老百姓的姿态和他们交流、议论，就会听到许多真话，听到一本正经地摊开采访本记录或一本正经地我问你答所得不到的材料。许多“牢骚话”也只有在日常生活中毫无戒备的情况下可以说出来。而“牢骚话”中也不乏有价值的情况和意见，记者隐性采访可以除去特殊身份带来的一些障碍，进入老百姓的内心深处。而对于另一些特殊群体来说，记者身份是绝对排斥的，如“黄牛”、走私者、制假者、贩毒者、车匪路霸等。采访这些人，了解这些人的内幕，只有“卧底”，装扮成他们的同类，取得信任，然后才能得到记者想得到的东西。而要“装扮”这一类人，又非易事。为此，有的记者不仅从外形上要做到“像”，而且要花工夫“学习”他们的习惯动作、语言以及细心揣摩他们的心理状态，稍有疏忽，就会被认出非同类，轻则采访失败，重则受皮肉之苦，以至遭受大难。所以，记者“卧底”采访一定要精心研究，认真准备，包括作好某些应急措施的准备。

3. 能够向有可能拒绝采访的人，了解到需要得到的情况

新闻记者要采访的人，有时可能因为各种原因而拒绝接受采访，不管是硬性拒绝还是软性拒绝，记者都得不到需要得到的情况。于是，记者就只能采取隐性采访的方法，巧妙地、不动声色地达到自己的目的。如有些科学家、文艺工作者常因某些记者采访报道失实、失真而对媒体产生反感，拒绝采访。记者当然可以通过沟通和交换意见达到采访的目的，但如果这些方式行不通怎么办呢？那就只好不露声色地“采访”了。

二、隐性采访的问题

隐性采访在实践中已被大量运用，但也引发了许多法律上的问题。

我国目前还没有明确的法律条文规定，记者可以从事隐性采访。当然，法律也没有特别禁止记者隐性采访的规定。既然没有特别禁止，就是可以做的，但也应受到一定的限制。这样在实际生活中，掌握上就有难度，有时各行其是。

我们认为，隐性采访是记者从事新闻采访活动的形式之一，在某些特殊的情况下，是必不可少的一种手段。因此，法律应予以保护。不能动不动就关押记者，砸坏摄录设备等。记者碰到这一类矛盾和冲突，要理直气壮地进行抗辩和斗争。记者可以举出公众知情权、社会公众利益的需要以及公众人物（包括政府官员、社会名流、明星等）的隐私权受到一定的限制（比普通老百姓小），媒体和新闻的时新性、时间性等等理由，进行辩论和驳斥。记者对社会上假丑恶现象实施舆论监督，是光荣的、神圣的任务，应积极为自己的权利而斗争。人民大众是会支持记者的正当权利的。

请看下面这则暗访报道。

［实例 2］

暗访“垃圾棉”作坊村

最近，武汉人发现一些“学生被”使用后，会让人浑身发痒，头昏作呕。人们拆开被里，这些“优质棉被”里面竟夹杂着大量的“深色垃圾”！这些“垃圾棉”来自哪儿？记者在武汉城乡结合部四处寻访。

3月初的一天，记者在后湖乡石桥村的殡仪馆附近找到了线索。一个拾垃圾的正从垃圾堆里捡破布，他把别人死了人扔出的旧棉絮也放进了篓里。记者悄悄地跟随其后，他左弯右拐，走进了汉口复兴村一个加工棉被的作坊门前，回头张望一会儿后，便进了作坊。门前的广告牌上写有“出售军被、踏花被、枕芯”等字样。

记者从窗缝向里头看，只见墙角和漂白池边堆放着不少脏破不堪的旧被，房间里堆有许多新被。大厅里，一些人正在做棉被，底层铺一层貌似白棉花的东西，中间夹一层深色垃圾状东西，上面再盖一层白色物，然后网上线挤压、装袋，一床“优质棉被”就出厂了，马上就能交到被贩子手里，迅速流入市场。

记者装扮成一名被贩子，与老板见面，不经意地问怎么能把垃圾物夹在被子中间？这位浙江籍的高老板听后大受委屈，情绪激动地指责记者怎么这样说话，他称自己是规规矩矩的生意人，绝不会干这种伤天害理的事。记者只好将被中的“馅”揭开。这时的高老板再也难以自圆其说，望着记者瞠目结舌，最后承认说：“现在生意不好做，只好用这种垃圾做原料；这些东西，是从附近的复兴三村里同乡开的工厂里进的货。”

记者紧追至复兴三村，但见灰尘弥漫的加工作坊一个挨一个，家家生意红火，不断有捡垃圾的将满板车的“原料”送过来，每公斤的收购价是一角四分。

一些小工在怪味逼人的“垃圾山”中将深色和浅色的“原料”分开，然后，放在机器里轧第一道，接着，小工们在没有任何劳动保护的情况下，扑入这“垃圾海”中，抱起垃圾，放入机器里轧第二道，就这样便成了“优质棉”。

晚上，他们大批量地将这种“优质棉”向外发货。老板透露，这是供给一些棉纺厂纺纱用的，因价格低，货供不应求。只有一小部分卖给棉被工厂和作坊。（王浩峰）

显然，如果不采取暗访的采访手段，就很难获取这些材料。而用暗访的办法将事实真相揭露出来，则是功德无量，好让有关部门采取坚决措施予以打击和处理，人民群众拍手称快。新闻记者在暗访中，常常采取偷录、偷拍的手段，这样做是否合法？难以用一句话来回答。在我国新闻法尚未出台的情况下，现行法规中，有的规定是限制这种做法的，如 1995 年 3 月 6 日最高人民法院在《关于未经对方当事人同意私自录音取得的资料能否作为证据使用问题的批复》中，有“未经对方当事人同意私自录制其谈话，系不合法行为”的规定。因此，一旦发生新闻官司，记者偷拍偷录的材料拿到法庭上，法院不予采信，记者常常败诉。2002 年 4 月 1 日起，最高人民法院《关于民事诉讼证据的若干规定》实施，对于未经对方当事人同意而私自录制的音像资料是否可以被采纳为证据，作了新的规定：限定只有以下两种情况下的偷拍偷录不予采用：一是偷拍偷录违反法律的一般禁止性规定；二是偷拍偷录侵犯了他人的合法权益或违反社会公共利益和社会公德。除此以外，法庭可以采信。这也就被称为“偷拍偷录有条件地合法化”。新闻界对此甚为欢迎。可以说，记者通过暗访作“偷拍、偷录”，是不得已的又是行之有效的方法。

第二节 隐性采访的适用范围

但是，话又说回来，记者这个职业不能等同于侦探，记者也不是公安刑侦人员，更不是“无冕之王”。所以，记者的隐性采访必须防止滥用。记者不能随便装扮成嫖客和卖淫女去活动，去勾搭人，讨价还价。有的记者在暗访报道中不仅具体细致地写到一些细节，甚至写到了卖淫女脱光了上身衣服……这样做就是引诱别人犯罪，自己也超越了采访的职责范围进入了犯罪的领域。

对于普通老百姓，记者也不宜随便装扮一个角色去搞“测试”采访，因为“装扮”就是作假，是在不得已的特殊情况之下才用的。有一次记者策划的采访活动就受到了新闻学者的批评——

[实例 3]

“超级市民”的局外人？

1 月 31 日《新民晚报》“早新闻选”头条新闻：《“超级市民”：

考验南京人》,转载了《人民日报·华东版》的一篇报道。晚报还用了提要题:"记者随机暗拍一些路人在面对他人困难时的所言所语,有些人的表现令人失望"。《人民日报》则说希望今后出现在颁奖现场上的"超级市民"不再是孤零零的一两个,而是一大群。

新闻单位这一类做法,在前几年就出现过并引起过争论,讨论中多数人认为此类做法有副作用,不可滥用,这种采访报道方法本是从海外学来的,现在《新民晚报》和《人民日报》报道后,好像这类报道方法又可以推而广之了。

然而,我的回答是:否!

《人民日报》的报道一开头引用了江苏教育电视台暗拍的一组镜头:一个5岁的儿童在南京新街口闹市区迷路了,他哭着央求行人送他回家,可是,有的推说忙,有的讲没时间,有的让孩子去找民警,有的则一声不吭扬长而去。面对成年人的冷漠面孔,孩子哭得更厉害了。

报道中,批评了市民"有的……有的……有的……有的……"。这些市民当然有不对之处;但我们是否还可以加上一个"有的"呢?——"有的记者和编导躲在暗处,明知小孩迷路也见小孩哭了,而不肯动举手之劳去帮助小孩,却在悄悄地拍摄电视准备在荧屏上给那些不帮助小孩的市民曝光"。记者和编导也许可以说:我很忙,没时间。那么,那些市民"推说忙"、"没时间"为什么就应当在荧屏上曝光呢?有的市民还告诉小孩去找警察,为什么记者和编导连这一点都不肯去做呢?

据我对类似采访的了解,有些事件本身就是记者和编导导演出来的,比如有的安排瞎子过马路,有的假装孕妇乘公交,有的故意找人在街上碰撞路人,然后在暗处拍摄现场各种人的反应。这种报道播放出来,多少有使老百姓有种受愚弄的感觉,再说,市民的一般举动,是否都应当被置于暗放的摄像机镜头之下,是否有必要走上荧屏与千万观众见面呢?

新闻记者对于违反社会公德的行为,当然可以实施舆论监督,进行必要的批评报道,有时,也可以进行暗访、"偷拍",但一定要慎重,要选择典型的事例。如果前面这种采访报道方法大量采用(现在媒体和记者多多),让一般市民感到无论何处、随时随地都有人监视、偷拍，而且还可能在媒体上曝光，这还能有一个安定团结、自由活泼、心情舒畅的局面吗？记者和编导自己也是市民，也要逛大街、游公园、挤公交、买小菜……大概不太会支持别人时时处处跟踪偷拍吧？须知一般市民并非戴安娜。戴安娜是名人、公众人物，不得已被跟踪偷拍。其实，名人对此也是很有意见的。

新闻记者进行隐性采访活动，我认为还是允许的，有时还是很有必要的；但绝大多数采访活动，还是应当名正言顺、大大方方进行。不要热衷于玩弄小聪明，出什么“金点子”，更不要沉湎于“导演”新闻事件、“制造”新闻人物。（周胜）

那么，哪些情况下新闻记者可以采取暗访中的偷录、偷拍手段呢？

1. 涉及公共利益的严重事件

如车匪路霸、黑社会性质的活动、走私、贩毒、徇私舞弊等。如果问题没有严重性，就不应采取暗访以及偷录、偷拍的采访方法。如果就个别事例来说并不严重，但已经成为一定范围的现象，具有普遍性，则个别事例相加，也就成了严重事件。如《商报》曾报道：“二奶”让人毫无疑问地联想到男人与女人，金钱与性交易，尤其是让人联想到女人的命运。“二奶”们幸福吗？她们怎样沦为“二奶”的？人们该谴责男人还是谴责女人？近日，本报记者改名埋姓装扮成落魄女人，孤身暗访东方河畔的“二奶岛”，努力去接近、了解、捕捉、反映“二奶”们的酸甜苦辣，揭开“二奶”们令人心悸的生活内幕和内心真相。

2. 公共场所的社会公害

如卖淫嫖娼、聚众闹事、砍树毁绿、破坏公务、违章驾驶、假冒伪劣商品出售、商业诈骗等，如涉及、侵犯公众利益，公开采访难以做到的，可以搞适当的隐蔽采访。如果是非公开场合，且与公众利益无关的纯属私事的活动，就不应暗访，更不能偷录、偷拍。

3. 公众人物的违法违纪行为

公众人物的行为，比普通老百姓更多地受到社会舆论的制约和监督，他们的隐私权相对也少一些；如果有损于社会风气、社会道德，记者可以通过暗访和偷拍、偷录予以应有的揭露。对普通老百姓的一般行为，不宜暗访和偷录、偷拍。

新闻记者对于明星的私生活，常常盯住不放，多数是为了获取可以哗众取宠的材料，包括一些庸俗低级的材料。这为明星和广大受众所反对。人们送给这种记者一个称号——"帕帕拉齐"，香港俗称"狗仔队"。"帕帕拉齐"（单数形式为"帕帕拉佐"）一词为意大利文，意为专门追逐名人偷拍照片的摄影记者。这一角色最初出现于意大利著名导演费利尼 1960 年拍摄的电影《甜蜜的生活》中，帕帕拉佐这个家伙是个摄影师，因为专门追逐名人偷拍照片而享誉欧洲，于是"帕帕拉齐"便成为一类记者的代称。他们把偷拍到的照片卖给低俗小报，索取高额报酬。意大利籍布雷纳因偷拍到戴安娜生前与男友法耶兹在海滩着泳装亲吻照片而获得数十万英镑。因此，西方一些记者和摄影师乐此不疲。戴安娜之死在世界范围内引起公众对"帕帕拉齐"的愤慨。我们社会主义中国的新闻记者决不应学这种不道德的行为。应懂得，记者是因公众利益、社会和国家利益而进行暗访偷录、偷拍的。即使这样，这种采访方式也要受到限制。

记者暗访、偷拍的材料，在报道时仍应有所选择，衡量利弊，恰当运用，不能一古脑儿都搬上媒体传播。

凡涉及国家机密，包括军事、政治、经济、科技、文化、商业机密，一律不许暗访偷拍；凡属机密场所，记者不得擅自进入暗访偷拍；凡公、检、法以及海关等执法单位，未经允许，不得擅自暗访和偷拍。另外，根据《国家安全法》规定，任何个人和组织，都不得非法持有、使用窃听、窃照等专用间谍器材。媒体和记者也不例外。

隐性采访与公开采访是相辅相成的，它只能是公开采访的一种补充。过分强调隐性采访的作用，也是不适当的。我们主张：要用、少用、慎用。

[实训]

目的要求：

隐蔽采访俗称暗访，是不暴露记者身份、不说明采访目的的采访，大都适用于揭露性、批评性的题材。由于要揭露问题的事实真相，其采访的难度较大，往往会遇到各种阻力，这对学生是一次很好的锻炼。如何挖掘事实真相，如何与各种阻力周旋，这里有许多的学问。要求学生不畏艰难、敢于和善于进行调查研究，机动灵活，随机应变，进一步学会采访的艺术。

实践内容：

1. 暗访商店、医院的服务态度、服务质量；

2. 暗访餐饮店、超市、菜场食品安全问题；

3. 暗访车站、码头、地铁、公园等公共场所脏乱差问题；

4. 暗访某一件假冒伪劣商品的来龙去脉或某一公务员腐败问题等；

以上内容任选其一。

采访写作要求：

由于暗访的对象往往是社会的特殊群体，报道揭示的更多为鲜为人知的社会现象，把握好暗访的"度"，做好暗访的准备，暗访的成功率和暗访报道的轰动性将大大提高。在记者暗访中要注意以下几点要求：

1. 技术要求。技术要求是指暗访整个过程中需要注意的事项，包括：访前准备、访中保密和后期追访。访前准备要细，采访过程保密，后期追访要全。访前准备，包括素材收集、方案制订、设计采访问题等等。此时最需注意的就是细致、精确。

2. 心理要求。暗访不只是对记者采写技术的考验，更是对记者心理素质和胆识的考验。既然需暗访，其事件就必然有不便告人的内幕，因此胆大心细是暗访者必不可少的素质。没有超强的心理素质，就没有胆量与人周旋，也就不能完成报道。

3. 法律要求。之所以需要暗访，事件必定严重或有较大的争议性，除了要把事件的整个事实呈现给读者外，记者往往还需要通过法律法规来证实事件的合法与否。因此，在报道的采写中，记者需要用法律法规为报道提供支持。但暗访者需要给自己提出明确的要求和规矩。在利用暗访的形式来采写报道时一定要注意保护妇女儿童、残疾人的利益，保守国家秘密、商业秘密，以及保护公民的肖像权、隐私权、人格尊严权、名誉权等。在采写过程中记者还要通过保留证据等方式保护自身权益。

注意事项：

1. 在采访过程中注意个人安全，察言观色，随机应变，不能为了达到采访目的铤而走险；

2. 注意遵守新闻职业道德规范,不能为了获取新闻不择手段;

3. 不得违法违纪,侵犯到被采访对象的肖像权、隐私权、名誉权等。

考核方法:

1. 每人写一篇暗访的过程和体会,教师按照采访难度、采访收获和体会的深浅给学生打分。

优:能充分深刻揭露事实真相,体会深刻,报道出鲜为人知的事件,主题鲜明,角度独特,暗访深入细致全面,文字流畅,结构清晰,层次分明,内容丰满、客观、真实,极富现场感。

良:能达到暗访的要求,暗访过程较详细,较完整地揭示了事实真相,体会较深刻,文章主题较为明确,行文流畅,文章结构较为完整有序。

及格:基本符合暗访的采访报道要求,有一定的暗访过程,文章结构文字一般,体会欠深刻。

不及格:不符合暗访的写作要求,主题模糊不清,内容虚假,随意凭空捏造,条理不清。

2. 能写出暗访新闻稿的加 10 分,暗访新闻稿能在媒体发表的加 25 分。

第十章 人物采访

综观整个新闻报道，都离不开人，人是创造历史的主人，人也是新闻事件的主角。随着时代的发展，各行各业涌现出的典型代表人物已经成为新闻媒体的主角，人物新闻与人物通讯，也越来越被广大受众熟知。在我国的新闻大家族中，人物的报道占了相当大的比例，它对弘扬社会向上风气，反映时代精神起了积极的作用。如反映战争年代的妇女代表刘胡兰、地雷大王李勇、狼牙山五壮士、董存瑞、黄继光、邱少云、杨根思、罗盛教等英雄事迹的报道；在社会主义建设年代，我们出现了王进喜、向秀丽、吴吉昌、雷锋、欧阳海、李四光、陈景润、蒋筑英、罗健夫、焦裕禄、孔繁森、徐虎、许振超、任长霞、牛玉儒等英雄人物；近年来，又出现了冯理达、方永刚等光彩夺目的先进人物。他们已经成为我们每个时代的光辉典范。媒体着力宣扬他们的事迹，他们的意志、力量，反映他们的斗争，他们的胜利、挫折和困难，因为他们是社会的主人公，是人民的代表，是时代精神的先驱！

中共中央宣传部、中共中央书记处研究室曾在关于加强爱国主义宣传教育的意见中，把宣传英雄人物、先进集体的模范事迹，作为对全体人民进行爱国主义教育的一项重要内容，着重指出："如果我们的人民每天都能从报刊、电台、电视上了解到身边层出不穷的先进人物、先进集体的模范事迹，那对促进社会风气越来越好，造成人人学先进、争先进的社会风尚将大有帮助。"

但是，我们的新闻报道中也不光表现先进人物和英雄人物，有些"落后人物"，甚至是"反面人物"，也是我们所要采访报道的对象，比如违法腐败分子陈良宇、周正毅等等，不管他们过去职务多高，曾经有过多么辉煌的历史，但是他们对人民犯了罪，使国家利益受到了很大的损失，这些也都是我们要采访报道的对象，对教育全党全国人民都有极大的警示作用。

第一节 怎样采访先进人物

人物报道离不开记者的采访，究竟如何进行先进人物的采访呢？

一、采访先进人物的几种方法

1. 从群众到人物，从人物到群众

即先从群众中了解先进人物的情况，打“外围战”，掌握了一定素材和线索之后，再有目的地找先进人物个人采访。这样，问题往往比较集中，容易深入下去。例如刊登在2006年7月28日《温州日报》上的《海归硕士当选村委会主任》荣获第17届“中国新闻奖”消息三等奖。这是一篇报道新农村建设的新闻精品。它是记者深入村委会、民政部门，走访了100多个群众，深入采访得来的材料写成的报道。该报道说到一名在英国留学取得硕士学位的温州青年回国后，放弃大城市的优越生活，毅然回到家乡，被村民们推选为村委会主任，担当起新农村建设的领头人。这属“全国首例”。它生动地反映了社会主义新农村建设深得民心，具有强大的感召力和吸引力，也生动地反映了当代中国海归学子以改变农村面貌为己任的责任感和事业心。在群众的采访中，他们了解到这个出生在小坑村的青年人章文琼，7岁起外出求学，21岁只身前往英国伦敦求学，取得金融工商硕士学位。5年的留学期间，他趁学习间隙坚持勤工俭学，辛苦积攒下了70多万元。回国2年里，章文琼在上海、天津等地帮助父母打理生意，赚了20多万元。2006年4月，他将自己的100万元积蓄捐给家乡，建设新农村。这篇报道由于采访的深入细致，感染力强，真实可信，传播效果好。

从人物采访到群众采访这是一个反复，因为采访了先进人物个人之后，有些人物活动的环境、细节、周围其他人物的言行，还需要进一步作补充。如果再到群众中去了解，就会使材料不断充实、丰满。

2. 从环境到事件，从事件到环境

为了了解人物所参与事件的真相，一定要把环境了解清楚。文学上讲典型环境中的典型性格，新闻与文学虽然不同，但新闻人物之所以作出先进事迹，总离不开一定的环境，不了解环境也就不能真切地了解事件,更不能真切地表现事件。

[实例1]

采访报道牛玉儒先进事迹,可是一次艰苦的采访。记者们在10天的时间里面,大大小小的座谈会开了16个,采访的对象100多人,记录了满满四个采访本。每次采访他们都流下了感动的泪水,特别是他们到通辽农村牛玉儒小时候生活过的二叔家实地采访,因为道路泥泞难行,汽车无法通过。牛玉儒同志的二叔找来马车,他们坐上去采访。因为人多车小,有的坐在马车上,有的只能在田地中步行,甚至摔倒在田里,该是多么艰苦。这使他们对牛玉儒这位从草原上成长为党的高级干部的苦孩子,又多了几分敬佩,对他的爱民之心、平民本色,又多了几分理解。

从事件到环境,就又是一个反复。了解事件之后,还可进一步了解与事件有关的环境。这一次了解环境,可以更具体、更有针对性。

3. 从中心到细节,从细节到中心

采访先进人物,往往一接触材料就很多,必须掌握一个中心。采访没有一个中心,效率就提不高。但是光掌握中心还不够,还要有一系列的细节去补充它、丰富它。

[实例2]

获得第十一届福建新闻奖一等奖的《老薛是我们的贴心人》这篇文章,记者深入采访,从细微处着墨,有血有肉,让典型"可敬、可信、可亲、可学"。如记者跟着他一到田头,农民群众都与他打招呼,有的称他"老薛",有的喊他"薛哥",而他每到一块田地看到稻子、果树、蔬菜等,总是习惯地低下身子,从随身带的包里取出放大镜、夹子、罐子"三件宝",看看有什么病,有什么虫子,如果发现,立即想方设法告诉户主。记者把深入采访得来的细节,安排到文章中去,使文章十分生动。

当记者采访了大量细节材料之后,又必须回到主题,看一看这些细节材料哪些与主题挂得上钩,能够说明主题的。这样,写作时才能更好地掌握什么该详写,什么该略写。

4. 从事实到思想,从思想到事实

采访人物,一般都先掌握事实,然后要掌握隐藏在事实背后的思想。宣传先进人物,归根到底是要宣传他们的先进思想,让这种思想转化为现代化建设的物质力量,所以要努力挖掘人的思想,掌握人物的精神面貌。了解了思想之后,还要进一步看一看在这种思想指导下的行动,哪些可以成为新闻事实,开掘出新闻事实。

例如,2007 年 11 月 30 日中午,驻金华某部机要参谋、中尉孟祥斌为救一名轻生女子,毫不犹豫地跳入冰冷的江水中,跳江女子获救了,他却没有再上来,留下了妻子和幼小的女儿。

事情刚发生的时候,社会和网络上就有对轻生女子的谩骂和对孟祥斌救人牺牲到底值不值的讨论。《金华日报》决定不展开讨论而把宣传重心放在对孟祥斌的追悼和对英雄精神的弘扬上,大力发掘孟祥斌的真、善、美的高尚品德。受众在孟祥斌一系列的感人事迹中,受到了感染,作出了思考。

当然 ,并不是每一次采访,都要经过这么几个反复,而是指大体上经历几个反复,采访才能深入,材料才能掌握得典型、扎实、丰满。采访先进人物应当有一定的广度和深度,决不是出去一次,谈一两个钟头就能写好一个先进人物的。有时采访先进人物,甚至要同这位采访对象同吃、同住、同劳动,体验他的生活,掌握他的兴趣、爱好、特长、缺点。采访时下的工夫愈深,了解人物愈透;而了解得愈透,笔下的人物才会深刻动人。

二、先进人物采访需要注意的问题

1. 不能借口“加工”、“提炼”,对人物进行随意拔高

记者一般都知道写人物必须通过先进事迹写出人物的先进思想,所以在采访中都能注意既采访事迹,又采访思想。而人的思想,往往并不是那么容易采访到的,必须要采访对象自觉自愿地敞开心灵的窗户,才能得到人物的思想。例如某县有个局长,因工作出色,常有记者光顾。但在一篇报道的文章中,却出现了这样的文字:“在职工大会上他拍着胸脯说,我不要大套(房子),也不上楼,我的房子让给最困难的同志。”这个局长看了报道,一个星期没敢出门。因为他并没有把楼房让给最困难的同志,可这句“豪言壮语”全城皆知,有人见面就问他是不是还住在平房?他不得不一再向人申明,但光凭一张嘴是解释不清楚的。这是记者的人为“拔高”。看，记者的随意“加工”、“提炼”变成了添油加酱，使这位局长背上了不应背的“道德包袱”，效果适得其反。

被科学界誉为“中国杂交水稻之父”的袁隆平，到武汉的一所中学做报告，一个中学生对他说看到过一篇报道，说他累倒在稻田里还不放弃研究，非常敬佩。袁隆平连忙澄清：“你们不要被媒体误导，累倒还工作不值得提倡，身体才是最重要的。另外，我也从来没有累倒在田里，那是耍笔杆子的人杜撰的……”（见 2002 年 2 月 20 日《中国青年报》报道《为什么不宣传袁隆平爱惜身体》）。一个“误导”，一个“杜撰”，这两个字眼对媒体原先的报道是一种分量很重的批评。

2. 话不能说绝，不留余地

有的报道说一个人好，就说他好得不得了，好得完美无缺，好到无以复加的程度。本来身上有个脓疮，也把它写成艳若桃花，真可谓“一俊遮百丑”。文章中就往往出现这样的句子：某人从不计较个人收入，从不考虑自己，一贯助人为乐……个个都形象高大，意志超人。

3. 不近人情，七情俱灭

有的报道甚至把先进人物描写成不食人间烟火的半人半神，他们没有七情六欲，没有内部矛盾，没有家庭生活，脱离了正常人的思想特点和行为特征。这是采访中不深入、不了解，有的是对先进人物不顾身体健康工作的情况，一味夸大；有的则是受“左”的观念影响，排除了先进人物身上正常的“人情”、“人性”。这样的先进人物，人们对他们只能敬而远之，这种报道的效果也就可想而知。

此外，对反面人物报道的简单化倾向也应防止。记者在采访时对他们的过去只字不提，对其做过的好事、有益的贡献有意抹杀，光采访他们自甘堕落、本性残忍的一面。但是，我们在报道国外的电视上会看到，当记者采访犯罪分子的亲人时，他们总是说，“我相信他是一时失足，我们永远爱他。”不少人最初会对这样的表白很难理解，这不是明摆着是非黑白不分吗？我们的文化要求爱憎分明、嫉恶如仇，这并没有错。但如果我们多一点人性和人情，多一点宽容和理解，少一些报复和以血还血的心态，这对于建设和谐社会也许更为有利。

媒体报道一个失败人士，包括失败的企业家，赛输的运动员，未能治好患者疾病的医生，制作出不受欢迎作品的作家、导演、演员等等，都应有一个理性的态度。请看下面 2008 年 7 月 31 日《解放日报》刊登的文章：

[实例 3]

请给一个失败的企业家以尊重

□ 舒圣祥

曾经表示“撞到南墙也不回头”的福布斯富豪陈金义，曾于2006年被曝欠债3 600多万元，如今，他再被曝欠债4 500余万元，并在欠款8 000多万元后神秘失踪。《上海证券报》报道说，这位前福布斯富豪，从当年杭州树园开始起家，到现在树园成为唯一栖身之处，在几经峰回路转之后似乎又陷入穷途末路。

也许是时候说，执著于“乳化油”科研项目的陈金义，真的失败了。从当年的福布斯中国内地富豪榜第35位，到毅然决定停止已成气候的饮料业投资，主攻被称为“水变油”的重油乳化，陈金义在这场既是与科学又是与市场的艰难较量中败下阵来，成了我们这个时代的又一个悲情人物。

既然是技术创新，就会有成功有失败；既然是商业投资，就会有盈利有亏损。陈金义虽然失败了，但在他身上所体现的对技术创新的主动和渴望，以及在他行为中所彰显的敢闯敢干的勇毅和执著，依然给我留下了深刻的印象。这一切固然加重了陈金义的悲情色彩，但谁又能说它不是我们时代的企业家们应该具备的优秀品质呢？

无论如何，在这样的时刻，我们应该对一个失败的企业家报以尊重，就好像给一个失败的运动员报以掌声一样。一定意义上，正是因为有了无数的失败，成功才显得那么宝贵。别人的失败，不应该成为我们的笑柄。然而，“陈金义败走‘水变油’”的消息，却引发了一番变态的欢乐狂潮：奚落声和嘲笑声，幸灾乐祸声和落井下石声，是那样的刺耳和无情。

不去同情一个失败的企业家，只乐意臭骂一个“弱智的神经病”；明明是乳化油，就是要言必称“水变油”；不去关心陈金义失败的原因和背景，而只关心他是否去四川当了和尚；不去欣赏陈金义的创新精神和执著精神，而只把他看作一个可耻的“老赖”……人情之冷暖，世态之炎凉，何必如此，何以至此？

成功了就赢者通吃，失败了则狗屁不是，这种悲哀的“传统”只会窒息我们的思考力和想象力。我觉得，媒体真的没有必要去寻遍四川的寺庙，非要找出那个疑似陈金义的和尚不可；既然法律的问题可以通过法律的途径去解决，媒体就应该把这最后的体面留给这个失败的企业家。与其花大力气去伤害一个落魄的人，倒不如去认真剖析其中的经验和教训，以便后来的企业家从中汲取。

人物采访中应着重注意的方面：

1. 要牢固树立新闻必须真实的观念

真实是新闻的生命。写真实事，说真实话，这是每个记者（通讯员）应具备的最基本的职业道德。列宁说：“我们的力量在于说真话。”“政治上采取讲求实效态度，是有力量的表现。”我们应该以此作为采写新闻的座右铭。

2. 要学习运用辩证法，一分为二全面看问题

既看到成绩，也看到不足，既看到优点，也看到缺点，既看到主流，也看到支流。一些优秀的人物新闻在评价先进人物的功过时，就注意到了客观、公正、全面地看问题。

3. 要掌握好分寸，留有余地

一个人有几分好就写他几分好，一般说来，写一个人好，说他几成好，或七八成好就可以了。不要把话说得很满，更不能说过头。

4. 要认真核实

稿件写好后，要让被采访对象过目一下，如因时间、地点等因素不允许，也要争取通过电话、传真等方式将那些尚有疑问的数字、事实或评价用语进行核对。

采访新闻人物提问时要切忌四大通病：

1. 盲动症

有的记者由于不懂采访方法和提问艺术，在深入现场之前，忽视了静态采访，而仓促上阵，到现场后也是无计划地盲目提问。由于知识贫乏，提问时废话连篇，甚至让对方哭笑不得。这种不做事前准备的盲动采访，是断然不会收到理想效果的。

2. 抢谈症

抢谈症多见于健谈的记者。这种“病症”的表现是在采访时不讲礼貌，不顾对方正在向您介绍情况，而是不恰当地抢先发言。这种发言常常不考虑被采访对象的谈话内容与心情，而是屡次三番地打断对方的讲话，结果形成了“倒采访”的局面。这时被采访对象只好忍而听之，等到记者说完，他便无话可说了。这种抢谈的效果往往使采访“流产”。

3. 高傲症

在我们记者队伍中，确有少数人傲气十足。其表现主要是对被采访对象不尊重，好像采访谁，谁就得乖乖地为自己服务，因此在采访提问时，常常形成审问的态势，有时对方表达不清，记者还表现了不满情绪，让人家产生反感。

4. 狠心症

有个别记者片面追求人物显赫与轰动的报道效应，有时就会丧失新闻职业道德，与“敬畏生命”、“人性化服务原则”产生矛盾。例如，气象战线的优秀科研人员雷雨顺，资助100多个孩子读书的深圳歌手丛飞，他们身患绝症，手术后躺在病床上，靠输液输氧维持生命，但仍然要接受记者的“一线采访”。面对话筒，他们几乎竭尽全力“配合”，上气不接下气，一个字一个字地挤出极微弱的声音，有时用沙哑的声音极艰难地回答。人们难以理解：记者到底是在关心丛飞和雷雨顺的病情，还是忍心“折磨”病危中的先进人物，虐待他们呢？我们认为记者真要宣扬先进人物，就不要惊动以至“加害”重病人，而去采访医生、护士、病人的家属亲友，走“曲线采访”之路。

下面这篇人物通讯，曾获得2001年中国新闻奖通讯一等奖。作者的采访，比较全面地体现了上述关于先进人物采访的几个要求。

[实例4]

教育局长的好榜样

——追记湖南桂东县教育局局长胡昭程

地处湘粤赣边界的桂东县，是国家和湖南省贫困县。然而，这里的土地上却有着一座座现代化的学校；这里的小学适龄儿童入学率达99.3%，巩固率达99.9%；初中生入学率100%，巩固率达98.1%。

贫困地区办出了发达地区的教育！然而历尽艰辛，用自己的生命参与创造这一奇迹的桂东县教育局长胡昭程，却在2000年12月21日走完了他52年的人生里程。父老乡亲们敬仰他、怀念他。

一幅挽联诉说出了人们对他的评价和思念——“一腔热血倾教育，两袖清风为人民”。

山区教育的奇迹

1994 年，胡昭程向县委县政府提出一个大胆的改革方案：调整学校布局，重新规划布点学校 107 所，撤并 81 所学校。

桂东县的学校 80% 是干打垒校舍，危房面积曾上升到 3.5 万平方米，这些干打垒校舍要全部改造，至少需要 1 亿元资金，桂东的财力无力承受。

胡昭程认为：“穷县办教育，更要讲效益。撒胡椒面不如攥紧拳头。”可一些乡村干部不愿撤校，怕影响自己的形象。胡昭程耐心做干部和群众的思想工作，解释教育规律，讲清教育投资与效益的关系。学校调整布局一举成功，学校数减少了近一半，校均规模扩大了 1.5 倍。桂东走出了一条贫困地区通过调整学校布局，优化教育资源配置，提高办学效益，推进素质教育的发展之路，受到教育部、省、市领导的充分肯定。

几个教师第一次出山，好奇地俯在铁轨上倾听火车的声音，这深深触动了胡昭程。他认识到，要提高教学质量，必须实行“走出引进、开放办学”的教育思路。为此，该县先后与清华大学附中、附小，北京朝阳中学，湖南师大，郴州市一完小签订了帮教协议。10 余年来全县派出 45 批 516 名教师去北京“学艺取经”，600 多名教师到长沙和郴州拜师学艺。还邀请北京和长沙的专家学者来桂东讲学示范。引进或自创教改实验课题，在全县形成了大教改大教研的氛围。教师素质得到提高，143 名教师收回了请调报告。

一腔热血倾教育

胡昭程走了，可他的办公桌上，还静静地躺着：指南针、皮卷尺和规划图。人们说这是他生前随身携带的三件宝贝。

这几年全县新建扩建近百所学校，每所学校的选址、划线、验收，胡昭程都要到场。为了给每所学校选择合适的地点，他像当年的焦裕禄一样跑遍了全县的山山水水。进入施工阶段，他每到一所学校都先拿出规划图看施工是否走样，再掏出卷尺量一量房子的规格是否合乎要求，然后拿出指南针，看采光通风是否合理。1997 年兴建县一中校舍，胡昭程亲自带人采购瓷砖，他对质量不放心，对 500 万块瓷砖一箱一箱地检查，从上午 8 点一直干到晚上

8点，整整用了12个小时。桂东的教育经费发挥了最大的效益，创造了数千万元基建工程没有招待费的纪录，先后争取到了世界银行贷款、贫困地区义务教育工程、香港苗圃行动等多方资金的支持。

胡昭程的家有6口人：当教师的妻子，80高龄的父母和两个孩子。记者想看看他的全家福。悲伤的妻子张彩云竟拿不出一张完整的全家福。“不是我们感情不好，是老胡太忙太忙了。”张彩云的话饱含泪水：“人家成双成对散步，看电影，而我总是站在窗前等他、盼他回家吃饭。晚上回得晚，一大早又走，双休日从来不休息。1994年涨大水，家里进两尺深的水，打电话通知他，他不回家，在乡下抗灾。我两次得肺病住院，他也不在家。直到这一回，他在长沙动手术，我陪他。他说，这辈子最对不起的就是你。你看，现在我病了，才有机会在一起。”

妻子张彩云患病后不适合上讲台了，局里照顾她调换轻松一点的工作，胡昭程知道后，硬是追回了调令，继续让她当班主任。女儿胡婷中专毕业，指望父亲在教育部门安排就业，可父亲没有这样做，直到去世前一天，女儿还在待业。

这几年桂东教育基建工程数千万元，胡昭程办建筑公司的弟弟却没有争到一分钱的业务，胡昭程对弟弟说：“你到别处竞争，不要挨我桂东教育工程的边。”

胡昭程下乡从来不领补贴，局里造了个节假日加班的补助表，胡昭程挥笔划去自己的名字。他拒绝了基建工地发给他的长筒雨靴，坚持穿自己的鞋子在工地上奔忙。偶尔因私事坐公家的小车，他把汽油费交到财务室。局长当了多年，买房子的时候，他家仅有3 000元积蓄，只好找银行贷款。

在生命最后的日子里

近年来，胡昭程经常感到腹部隐隐作痛，但只是悄悄用手按住，无暇顾及。直到2000年9月28日，他才趁到省教育厅汇报工作的机会，去医院检查，诊断为：巨块型弥漫型晚期肝癌。生命已进入倒计时。他把不幸瞒住亲人，全身心投入最后的冲刺。

从9月28日到12月21日，短暂而又漫长的84天，他时时忍受着病痛的折磨，多次到省教育厅、体委和郴州市政府、教委汇报工作，亲自指挥郴州市青少年运动会在桂东召开的筹备工作，向省里递交了关于改造桥头和大塘乡校舍危房的报告。

10 月 20 日深夜，他被一阵风雨声惊醒，赶紧爬起来，在窗前踱来踱去，焦虑不已，他给县教育局的同志打电话，叮嘱仔细检查校舍的危房，千万不要出问题。

（记者唐湘岳，原载《光明日报》2001 年 2 月 5 日
头版头条，本文有删节）

据介绍，作者是在参加一次湖南省组织的素质教育采访团活动时，偶然与身患绝症处在弥留之际的胡昭程同日返回桂东县而关注起这一闪光题材的。因为胡昭程的事迹和成就，正好扣住了当前社会上绷得很紧的一根弦——我国广大落后贫困地区如何赶上先进发达地区的问题，而教育，正是基础和关键；这一题材又与《光明日报》的内容定位和使命十分贴切。所以，下决心抓紧抓好抓出亮色来。作者从主人公工作单位到县委、县政府，从主人公的家庭到医院，进行了深入细致的全方位多侧面的采访调查，谈事实，谈细节，抓本质，抓特色，在大量素材的基础上，提炼出了鲜明、突出、富有时代感和现实针对性的主题思想。

作者在表现“一腔热血倾教育，两袖清风为人民”这一主题思想时，以过硬的事实材料说明问题，如：“胡昭程走了，可他的办公桌上，还静静地躺着：指南针、皮卷尺和规划图。人们说这是他生前随身携带的三件宝贝。”这是胡昭程为学校建设选校舍、检查质量、效益等所常用的。作者在采访中善于抓住这三个形象性的事实材料，具体生动，可感可触。“女儿胡婷中专毕业，指望父亲在教育部门安排就业，可父亲没有这样做，直到去世前一天，女儿还在待业。”“这几年桂东教育基建工程数千万元，胡昭程办建筑公司的弟弟却没有争到一分钱的业务，胡昭程对弟弟说：‘你到别处竞争，不要挨我桂东教育工程的边。’”“局长当了多年，买房子的时候，他家仅有 3 000 元积蓄，只好找银行贷款。”这几段事实材料，都很有说服力，深入受众心坎。

应当指出，上述通讯许多叙述和描写都是具有时代特征和现实的针对性的，质朴的叙述和深情的描写中蕴蓄着理性的思考，文章的生命力即在于此。可以看出，作者的立场、思想、感情、价值取向、趣味品位等等，都尽在其中了。由此也可以悟出：人物通讯采写的根本问题，不仅仅在于采访，也不仅仅在于写作，而在于作者和先进人物心灵的交感。而且这种交感，又有着深刻的时代背景。

这篇通讯的最后一段，写这位教育局长最后一回检阅运动会开幕式团体操的排练，特地嘱咐再加一面大鼓，以增加雄壮的气氛。“寒风凛冽，一位教师心疼地给局长披上围巾，另一位教师含着眼泪为局长撑开雨伞。胡昭程忍着剧烈的疼痛，挺立着，犹如一棵不倒的松树。人们怎会想到，这竟是胡昭程壮丽人生的闭幕式！”这就再一次为人物定格、塑像，给人们留下永远难忘的印象。作者通篇用事实说话，选材精当，语言质朴、纯粹，富有节奏感和感染力；只用寥寥几笔，画龙点睛，即达到了最佳的传播效果。仔细想来，这一切莫不是采访功夫到家的结果。

第二节 名人采访

新闻报道中的人物采访，除了先进人物采访之外，恐怕最多的就是名人采访了。名人，包括著名政要、企业家、科学家、名作家、名导演、名演员、名教授、名医生、名运动员等等。这些人在社会上有较大影响，他们身历的事，他们的言谈为广大受众所感兴趣。在新闻价值理论中，显著性就是新闻价值的一个重要因素，所以媒体绝不能拒绝名人，相反要很好地、多多地反映名人的各种经历、事迹和生活等各方面。

名人采访与一般人物采访又有许多不同。对记者要求可以说要更高一些。名人采访的特殊要求是——

一、要有更多的知识准备

名人生活在各个不同的领域里，各有自己的专业特长，记者要接近他们，很快地获得所需的材料，记者自己必须有充足的储备。不能对名人的专业一无所知，就贸然找名人采访。《文汇报》老报人黄裳曾说过：“判断一个记者是否合格，要看他与被访问者的谈话，在一个小时内是否露出马脚。无论遇到国学大师、书画名宿、佛教居士、历史学者……都能谈话入港，使对象觉得你是个水平线上的通人。”这是经验之谈。所以采访名人要在知识方面多作准备。至于名人的基本情况，包括成就、著作、所得奖项、兴趣爱好等等一切，现在互联网上稍一点击，便很快地呈现在面前。可以查阅 Google、百度、雅虎等著名网站，也可查阅有关领域的网站即可获取。这方面准备充分了，与名人谈话的资本也就有了一些，自己谈话的底气也足了一些。

二、要因人而异，选择不同的谈话地点、时间、方式方法

名人大都是忙人，要他们挤出时间接待采访很不容易。要研究对方什么时候有空。有的记者跟着名人不放，一定要采访到，甚至名人去看病时陪同名人去看病，帮助挂号买药，感动了名人，终于同意挤时间接受记者采访。名人采访的地点也要仔细考虑，教授、作家可以在他们的书房，科学家可以在他工作的实验室，导演、演员可以在拍摄现场，医生则最好不要离开病房和病人……因人而异，只要比较能引导谈话深入或引发更多的话题和线索。名人中有严肃的、严谨的，也有潇洒的活泼的，更有古板的、独来独往的人，要采取不同方式接近他们。记者自己的服饰打扮等细节也要考虑周到，女记者不要打扮得花枝招展去采访科学家、老教授，男记者也不必西装革履的打扮去采访活泼好动的运动员、演员。至于谈话方式，包括语速、口吻、神情姿态等，都要考虑对方是否易于接受、乐于接受。

三、要重点挖掘名人的个性特征和最新亮点

名人往往已被一次又一次报道过，你在采访中如果一般化、表面化，肯定写不出新意和神采来。要研究过去有过些什么报道，这位名人的独特风采和事业最新亮点在何处，尽量把它表现出来，形成此时此地的“这一个”。这样，才能在过去许多报道的基础上推出一篇受众值得一看的最新篇章。如有的名演员，过去事业有成就，后来又绯闻不断、非议不少，最近又热心于慈善事业，你抓住最新最近点采访，报道的个性特色就鲜明了。有的企业家，在国内打拼了十几年取得突出成就，最近又有突破，把企业打到国外，把品牌推向五洲四海，实现跨国经营，这就是亮点。有的农民种树，居然能种到“联合国”，这也很有新意，展示了中国新时代农民的特有风采。

［实例 5］

有记者采访原复旦大学校长杨福家院士，个别记者拿着笔记本请杨校长谈工作，谈个人成就。杨校长平时太忙，没时间，都一一婉拒了。也有个别记者有时费了好大口舌仍谈不到一块，最后不得不结束交谈。但有一位记者作了充分准备，看了杨校长写的书，知道他一身追求卓越，非常爱国，而且还建起了当时在全国来

说最先进的实验室，以吸引和留住人才。采访前的准备工作做了许多。这位记者便去找杨校长进行采访，她一去不马上进入主题，而是先寒暄一番，似乎是“偶然”路过，顺道看望杨校长，然后关心地问起杨的身体情况，先打“外围战”，然后故意发现新大陆似地说：“听说你们最近建了一个新的物理实验室，很先进哪！”杨校长眼睛一亮，马上精神一振地说：“你也知道啦！”然后杨校长滔滔不绝地介绍起实验室在全国的位置，怎样吸引海外学子归来，说海外学子原来就因为国内没有好的研究条件，才出国的，如今国内研究条件改善了，许多学子在海外知道了消息，纷纷要求回国效力。杨校长说自己心中有一个梦，就是要带出一支人才队伍，永远追求卓越。记者抓住了杨校长身上鲜明的特点，写出了生动的文章。

四、名人采访特别要注意核实并征求意见

名人因为影响大，涉及面广，稍有不慎，就会引发侵权官司，或者因为许多事情专业性强，稍有不慎就表达不准确、不科学，加上有些名人特别要求严格，重视自己言行在社会上的影响，所以最好反复核对事实，多征求本人意见。对于个性强的、与媒体屡有冲突的名人，更不可掉以轻心，尽量把工作做细做实做到家。名人采访在注意核实和征求本人意见的时候，也要注意防止完全被名人牵着鼻子走，名人说什么就报什么，怎么说就怎么报。记者仍然应在客观公正的立场上审视名人的言谈。应当说，绝大多数名人是职业道德和为人处世堪称楷模的，但有时也有个别名人出于某种目的和需要，不够实事求是，不能正确对待自己、对待别人，记者不能因为崇拜名人而失去自我独立公正的立场，简单地成为名人的传声筒、抬轿人。记者在生活中可以是Fans，在工作中则永远要记住不辱使命。

［实例6］

名人名声大，他们的一言一行很引人关注，因此对记者来说采访与报道名人更要细心注意核实，并一定要征求意见。很多名人工作忙，事情繁杂，变化也多，因人物采访不如突发事件的时效性强，某些报社往往根据安排，有时有关名人的稿件编好后不是马上用，而是视形势或版面需要刊登。这样往往容易出问题，因为当时

对名人的采访稿件是经他们审核过的，但过一段时间再刊登出来，情况可能已发生变化。有些媒体刊登时也不征求意见，结果就出了洋相，名人就有意见了。

有一次一位作者采访了著名数学家胡和生院士和谷超豪院士夫妇。这对院士夫妇，一生相濡以沫，比翼双飞，双双在数学的领域里做出了杰出贡献，并为祖国培养了人才。作者在稿件中写到他们培养的一位学生也在数学领域作出了成绩，并成为优秀人才。当时他们看了稿件很满意，某报社也要登载，后因另有报道任务，暂时搁一搁。半年后某报社来电说第二天一早要刊登，作者急忙与院士夫妇打招呼。院士夫妇正要出去开会，表示回来审阅稿件后再刊载。没想到第二天报社还是报道了，说否则就会开"天窗"了。院士夫妇回来看到报道后，很不满意，因为该报道中他们的一位优秀学生已在车祸中丧生，现在的报道还是按照他生前的写法，其中有几处已有变化，也未作修改。这件事发生后，该作者也很难过，对她以及对使用该篇报道的媒体都是值得吸取的教训。

[实训]

名人采访和人物写作实习指导

一、项目任务

主题：采访文化名人(包括文化名人的事业、成就、兴趣爱好、家庭等几个方面)。

采访时间：第一次3学时，第二次3学时，第三次3学时，共9学时。

组织安排：3—4人一组，采访一位文化名人。

成果：在规定学时内，采写一篇人物通讯或人物特写、人物专访。

二、目的要求

人物采写是《新闻采访》、《新闻写作基础》、《高级新闻写作》以及《新闻采访实用实训教程》等课程的重要内容，也是新闻工作的主要任务之一。本次实训，是要理论联系实际，把课堂上学到的理论知识和实际操作技能训练结合起来，在实训中学会人物采访，提高采访技能，并在此基础上深化对课程内容的认识。要求学会采访先进人物或社会名流，学会开群众座谈会，学会采访党政领导干部，学会分析材料，抓住重点、特点，并用较好的文字和规范的写作完成一篇人物报道。

三、实施方案和写作

1. 准备工作

(1) 搜集采访对象的有关情况。打开互联网，从Google、百度、雅虎等国内外著名网站搜寻查找相关名人的有关资料，下载全部或部分信息资料并作适当的分类。如，可以按照名人从事相关活动的时间顺序进行分类。也可以将材料依据名人事业和生活两部分进行分门别类。

(2) 研究所搜集的资料。反复阅读、观看相关资料，认真做笔记和写研究心得。

(3) 认真周密地拟定采访计划及采访提纲，列出所要提问的主要问题。问题设计要事业、生活都有所涉及。另外，最好挑选一些名人的典型事迹以及受众最想弄清楚的相关问题，突出重点，忌大忌全(至少10个)。

2. 进行采访

(1) 采访对象(文化名人)单位的领导，了解该名人的优缺点、表现及社会影响。主要掌握从互联网和论著上了解不到的信息，如组织上的评价等。召开一次群众座谈会(注意群众人员的选择)，以便对采访对象有全面的认识与了解，做到心中有数。“凡事预则立，不预则废。”对采访对象如果没有一定的了解而直奔现场，这样的采访可能会闹笑话。

(2) 直接找采访对象(文化名人)本人进行访谈，地点可在单位，也可在家中，视名人情况和写作需要而定。要注意准确把握采访时机。访问时机把握得好，有利于采访的顺利进行和访问效果的成功实现。注意控制谈话方向，尽量围绕设计好的主题进行谈话。可以开门见山打开采访话题。名人十分繁忙，应酬也多，不喜欢拖泥带水。可以直接向对方说明来历，单刀直入，缩短采访时间，这会让对方刮目相看。另外，要学会随机应变。不管你事先采访提纲准备得多么充分，真正采访时，总会发现有很多内容出乎我们的想象。这时候，就需要随机应变，抓住对方回答中的新线索、新疑问，继续提问。

(3) 拍两张或多张能够反映采访对象精神风貌和主要成就的照

片。如,工作中或生活中的文化名人的精神风貌,他(她)的主要作品、论著等。

(4) 整理资料,分析采访对象的主要成就和个性特点,明确哪些获悉的材料最具有新闻价值。人物通讯或人物专访、特写要有新闻性,要体现时代特征,要富有时代气息,所以整理资料的时候要注意联系实际,切忌变成人物传记。

(5) 考虑初稿的写作,并构思主要框架,发现尚欠缺的内容、信息和资料。

(6) 第二次采访:补充采访。更有计划性地挖掘材料。

四、理想的采访要求

(1) 从周围群众到采访对象,从采访对象再到周围群众。这一完整的采访程序有利于核对信息的真实性,也容易对采访对象有个更深刻更全面的认识,使报道更加丰满。

(2) 从中心到细节,再从细节到中心。“攻其一点,略及其余”,采访过程中既要抓住名人的主要事迹与主要个性,同时也不能忽略对这些事迹的背景与原因探究。

(3) 从领导到采访对象,最后由领导以及采访对象分别审阅,听取意见后修改定稿。很多时候记者会夸大名人的优点、长处,听取采访对象的意见,有利于记者核对事实,有利于客观地报道人物。

五、写作

1. 确定新闻报道的体裁(人物通讯、人物特写或人物专访)

有关人物的新闻报道的体裁形式很多,人物消息、人物通讯、人物专访、人物特写等,此外还有主要用来刻画人物的报告文学。人物消息因受消息的特征限制往往截取名人最具有新闻性、最有新闻价值的某一片段,展开报道,字数通常为七八百字,所以不能够全面反映名人的特性与主要成就。报告文学虽然可以大篇幅地全面报道名人,但因采访时间有限,记者很难在短时间内对名人有深刻、全面的把握。另外,报告文学文学性很浓,若处理不好文学描写的尺度,容易使人物失真。

2. 确定报道的主题思想和报道角度(切入点)

主题要明确,人物特点要鲜明。名人的生活经历往往都比较丰富,记者不可能对所搜集来的相关信息全部报道。所以,记者在报道时要展现名人最鲜明、给人印象最深的事实进行报道。提炼好新闻主题,这样,报道的才真正是“这一个人”。

3. 构思标题、文章开头，并明确所要写入报道的主要材料(包括情节、细节、数据、人物语言等)

人物通讯能否波澜曲折、引人入胜，人物形象能否充实、饱满，主要取决于情节及其处理。可以说，记者抓取了特色情节，并对其进行有张有弛的艺术处理，人物及人物通讯就立得起来，反之，就可能苍白无力。

古人云："闻其声，如见其人"，言为心声。有个性的语言最能反映一个人的本质特征。人物新闻一定要让人物说话，说自己的话，这样，人物就"活"，新闻就活。

第一步，写出初稿(在一定范围内征求意见，如同学之间)。

第二步，修改初稿(运用的修改符号要正确规范、清晰易辨)。

第三步，修改稿交采访对象本人审阅。

第四步，最后定稿。

六、成果

交一篇 2 500 至 3 000 字的新闻报道(通讯、特写或专访)文本和电子版各一份。另交至少两张照片(一张人物形象，一张反映人物成就)。

学生习作全部完成并经指导老师审阅后，组织一次交流，

内容：

一是文章交流，让大家看看别人写出了怎样的一篇习作，向优秀作品学习；

二是采访体会的交流，成功的经验以及曲折、失败都能成为共同的财富。

七、考核标准

1. 教师对学生习作进行批改并写评语。

2. 教师对习作进行评分。评分标准：

(1) 采访深入、细致　20 分

(2) 主题鲜明、集中、新鲜　25 分

(3) 报道材料典型、真实　15 分

(4) 文字质朴、清新　10 分

(5) 图片能反映人物精神风貌和主要成就　10 分

(6) 结构完整有序　10 分

(7) 标题、开头、结尾好或角度新颖　10 分

(8) 习作字数少于规定 500 字以上扣 3 分，少于 1 000 字以上扣 5—10 分

(9) 错别字较多，语句不通，根据情况酌情扣 5—10 分

(10) 思维混乱，文章条理不清晰扣 10—20 分

(11) 采访过程中有明显缺点或有不实反映者酌情扣 5—15 分

成绩评定：

优：根据以上评分标准得 90—100 分

良：根据以上评分标准得 80—90 分

中：根据以上评分标准得 70—80 分

及格：根据以上评分标准得 60—70 分

不及格：根据以上评分标准得 60 分以下

3. 教师在上述任务完成之后，在课堂上作一次讲评和总结。

第十一章　网 络 采 访

网络，今天人们把它称为“第四媒体”(即网络新闻传播媒体)。通过短短10年的快速发展，网络新闻逐步为广大网民所熟悉、了解，并很快接受了它。2008年1月，中国互联网信息中心发表《第21次中国互联网发展状况统计报告》显示，截至去年年底，我国网民总人数达到2.1亿人(目前已超过2.5亿，居世界第一位)。在网络传播如火如荼的发展中，网上新闻采访也进入了记者的视线，并渐渐成为当代新闻工作者的一项专业技能。

记者从网上了解信息、查阅资料已经不是什么新闻。当代网络信息业比较发达的美国，记者早就开始利用互联网技术，为记者采访提供方便了。我国互联网技术虽然起步晚一些，但其发展之势绝不弱于美国。同样，互联网已成为中国记者最常用的工具之一。在当今互联网大国里，记者们涉足网络，让网络技术最大限度地造福新闻事业，造福记者采访。

网上采访和网上购物、网上医疗、网上教学、网上征婚、网上送花等一样，其前提是有一台能够上网的电脑，同时，还必须掌握互联网的基本使用知识。有这些条件，上网进行新闻采访就可以进行了。

第一节　网上采访的特点、规律

网上新闻采访，对记者提出的基本要求是，既要熟练掌握新闻采访活动的技巧和有关知识，还必须了解掌握互联网的使用技术。对于前者，则是记者的一项基本功，只不过规律和特点略有区别罢了。因此，在研究分析网上采访活动特点、规律前，有必要对互联网知识作一些简单的介绍和说明。

互联网的基础是计算机。1946 年,世界上诞生了第一台电子计算机,那时的计算机主要是由电子管等元件构成,体积有三间房子那么大,运算速度仅仅只比一个数学家快 10 倍左右。但计算机的发展速度,就像它自身运算速度一样,在此后的每 10—20 年间,便更新一代。进入 20 世纪 80 年代以后,它的运算能力加快以及体积缩小,向家庭化、便携化趋势的发展速度,几乎超过了算术级数,而且发展的周期大大缩短了。到了 90 年代,它几乎是“日新月异”。

如果说,电脑更新换代的速度已经足以让人无法“赶上形势”的话,那么,电脑软件就不能以传统的年、月、日计算,而应该以时、分、秒来度量了。现在,一个新的电脑软件上午刚刚推出,下午就有更新的软件来取代它。同样,上网的速度也是如此,从调制解调器到宽带网的接入运用,也仅仅只有三四年时间。自从提出“信息高速公路”这个新概念后,地区化、国家化、全球化发展趋势锐不可当。华盛顿 6 点发生的重大新闻事件,中国北京的网络爱好者不会超过 6 点零 3 分便能知道,几乎就在同时,上海、广州人也毫不逊色,他们打开互联网,走上“信息高速公路”,也就立即知晓美国发生了什么事情。

正因为互联网快速,也因为它便捷,一贯“喜新厌旧”的新闻记者便盯上了它。于是,在新的新闻学辞典里,又出现了一个最新的概念——第四媒体。有了这个媒体,网上采访也就应运而生了。

网上采访与传统的新闻采访相比较,主要特点、规律体现在以下几方面。

一、拥有更多的新闻信息,能拓宽记者视野

信息对于新闻工作者,犹如空气和水对于人的生命那样重要,须臾不能离开。一个新闻记者,一旦信息不灵,由“消息灵通人士”变成“消息不通人士”,那也就意味着他的“新闻生命”的完结。现代信息流通管道五花八门,人际传播的信息,传统媒体传播的信息,内部文件通报的信息等等,不一而足。而互联网提供的网络信息,给我们提供的则是一个硕大无比的新闻信息库,其共享的新闻信息丰富得难以计数。当今信息时代,社会小众化,利益多元化,诉求多样化,所以信息、观点丰富多彩。而其最适宜的载体就是互联网。现在国际互联网上的新闻信息量,已经超过了世界上所有报刊、杂志、电台、电视台所播出新闻的总量,而且更新速度也是其他任何一种媒体无法比拟的。

网上信息多，而且大多数是共享信息，这无疑给当代新闻记者提供了一个获取新闻信息的广阔空间。但目前的互联网是一个开放的媒体，任何人都可以建立网站，在网上发布信息。这样，作为讲究新闻事实、视新闻真实为生命的新闻工作者，在利用网上信息时，那真实性又怎样保证呢？网上提供的新闻线索和新闻信息，能否为新闻记者所使用呢？实际上，新闻记者对于网上信息是不能采取“拿来主义”的，要想方设法对其进行验证，采用有所鉴别、有所选择的办法。

记者在外地进行采访中，还可以充分利用网上信息，采写出与众不同的新闻报道。2008 年 8 月 8 日中国北京举办奥运会，互联网在新闻报道方面大显神威。

二、使新闻记者的消息来源大大丰富

记者的采访活动，最担心的就是消息缺乏来源。俗话说，巧妇难为无米之炊。再高明的记者，如果没有可靠的消息源，也是无法采访和写出新闻报道的、但互联网为广大记者提供了一个取之不尽、用之不竭的“新闻源”。网上不乏存在着许多新鲜的、有重大新闻价值的新闻线索。由于网上信息传播迅速、详细，如果记者善于捕捉，还可能获取“独家新闻”。有的是记者从网上获取了新闻信息后，经过进一步验证和采访写成的，也有的直接从网上摘录编写出来的，有些在消息来源中注明了“互联网”，有些则干脆用了“本报讯”取而代之(当然，这种做法并不可取，更不应该提倡)。

“网上公告”是重要的“新闻源”。网民对象纷纭复杂，经常上网看看公告，尽管五花八门，但可以从一些有意义、有价值的 BBS 公告中，获取最新发生的事情，最新的新闻信息。

网络采访要注意消息来源的准确性、权威性、具体性。一般不要用“可靠人士”、“消息灵通人士”、“据了解”、“据透露”等词语作为消息来源。

网上采访还应当注意综合网民的思想、立场、观点。当然信息质量参差不齐，很多原创被埋没在大量的散乱芜杂的内容之中。但沙里有金，这些网上舆论有时也可能成为一个非常不错的新闻。西方媒体对于中国 2008 年 3 月 14 日西藏藏独势力骚扰事件作片面甚至歪曲报道，激起网民愤怒，纷纷上网批驳，有些记者就以此为材料写出了颇有力度的新闻报道，在主流媒体上发表。

三、进行网上采访，能够节省时间，确保新闻的时新性

网络的最大优势，就是快。互联网将世界联在了一起，使地球变成了一个“村”，使数十亿人口的信息沟通近在咫尺。通常能够在事件发生的第一时间里，通过互联网知晓世界上发生的重大事件，从网上得到有关信息。对重大事件的报道与议论，网上信息多如牛毛，一些不能派出驻外记者的新闻机构，不用出国，就可能采写到世界上最新发生的重大事件，也可以获取比驻外记者更快速、更全面的新闻信息。同时，进行网上采访，还能够在网上了解网民对于新闻事件所持的态度和看法。当然，网上信息有真有假，网民所发表的意见和观点，不一定都能表达群众的心声，这就是要新闻记者善于辨别，去伪存真，发挥互联网新闻信息时效性强的长处，克服信息不够准确的短处，而展开正确的网上采访。

四、能够方便地搜集新闻背景信息

新闻写作往往需要大量的背景资料，即便在稿件里一时用不上，但作为记者，也需要记在采访本里，心里有数。传统的搜集新闻背景方法，常常是借助于资料室、图书馆，一天也翻阅不了几本，效益低，涉猎面窄。有些背景材料还不能在已有的资料室、图书馆里找到。互联网这个硕大无比的信息库，为我们提供了各方面的资料，利用它，就能很快速、方便地查到相关背景资料。现在的互联网，不但拥有大量的上网书籍、上网报纸，还有许多期刊杂志。有些背景资料，已经发展到不仅仅是单一的文字内容，多媒体内容也应时而生。它们集声音、图片、文字等于一体，满足了各种媒体记者的需要。善于运用网上资料，将是现代新闻工作者的一项基本功，也是一项需要学习和掌握的新的采访技能。媒体上大量出现的“相关链接”、“背景资料”、“事件回放”大都从网上搜索而得。

五、能够通过网络收集量化新闻

在人们对于新闻信息需求多样化的今天，量化新闻也进入了普通受众的视野。以往了解新闻，我们只需要知道大概是什么就行了，至于这个大概是多少，则很少有人去探索。今天读者的需要则发生了变化，他们有的不再满足于你所说的一些概念，更想知道的是，既有质的情

况，也有量的变化。我们传统的新闻采访，不十分重视量化问题，一提到量，就往往说报道要尽可能少用数字。这倒是事实。但量就只有用数字来表达吗？换句话说，数字是量化新闻的惟一表达方式吗？显然不是。互联网的采访从特点和优势上，基本能弥补这一量上的不足。比如，有位记者了解全国电信资费调整后用户的反应情况，他通过互联网调查，得出一个量的结论：有多少固定电话用户对高速不满意，不满意的理由是什么，这里没有用多少长串数字，就把问题说清楚了，也满足了广大受众对于新闻的需求。

第二节　网上采访的基本方法

网上采访的特点、规律已经显示，网上采访有着多方面的优势。那么，记者如何通过互联网进行网上采访呢？一般来说，网上采访主要有五种方法。

一、通过预约进行网上访问

这种方法，就是通过发出网上寻呼、在 BBS 上发帖子或者是对话等方法，向采访对象预约，商定在某个网站上进行采访，就某个问题或事件进行访问。

二、通过 E-mail 进行电子书信采访

用电子邮件采访，就是获取采访对象的电子邮件后，把采访提纲、要访问的问题，通过电子邮件发给对方，请对方予以回答。这种采访，比较适用于采访知名学者、专家以及国家元首、重要领导人和各地要员。现在一些国家元首、重要领导人，如中国的胡锦涛、美国的布什等，都建立了自己的网页，他们通过网络解答社会各界提出的问题。当然，记者的问题也可以提出来，让他们回答，从而获得采访的成功。运用电子邮件采访，速度快，节省时间，节省费用，便于回答。但也有许多弱点，如：比较缺乏感情上的沟通，互动性差，难以形成采访中的思想交流和情感共鸣。记者提出的问题，对方愿意回答就回答，不愿意回答也就放在了一边。电子邮件只有在上网时才能被发现，不上网就不能阅读，由此，采访的时效性也难以保证。但电子邮件采访，毕竟是新闻记

者借助于现代科技进行新闻采访活动的一个新品种，属新生事物，还需要进一步努力挖掘它的潜在价值。

三、进行网络调查

传统的调查，一般采用开座谈会、出问卷等随机访问方法，工作量大、花费高，但覆盖范围不广，收获自然也有限。有了网络，在进行调查时，就可以利用网站、利用 BBS 公告完成。网站的访问量通常很大，访问者来自四面八方，这种调查方式可信度高，代表性强，对于保证调查结论的准确性有着重要意义。

四、网上查阅有关材料

网站搜索功能对于新闻记者非常重要，你需要什么材料，不必一个网站一个网站地调阅，而只要你输入“关键词”就可以了。如有的记者参加人大、政协“两会”的采访。由于他是新手，许多这方面的资料需要查阅。于是他采用了上网查阅的方法，在一些网页的“搜索”栏里，输入“两会”，便有上万条关于“两会”的资料。原来需要做一个星期、甚至一个月的资料准备，他只用了一天时间就收集齐了。

五、网上聊天是轻便灵活、富有亲和力的采访手段

经常上网聊天，可以认识许多工作在不同岗位、处于不同阶层、具有不同特点的网上采访对象。可以立体化地、全面地了解各种新闻事件和新闻人物的方方面面。聊多了，聊熟了，也能从他们那里获取网上新闻线索，采用适当的方法，也能完成网上采访。

网上采访方法很多，随着新闻记者对于网络技术了解的增加，对于网络采访方法的探索，将会更加丰富我们的视野。

第三节　网上采访应注意的问题

互联网的发展，互联网信息的广泛传播，给新闻记者增加了一种全新的采访方式。但是，若要熟练地掌握并运用互联网，为我们的采访工作服务，还必须深入了解和研究网上信息的特点规律，以及网上访问的技巧。当然，这首先是以熟练掌握电脑、熟悉上网方法为基础的。一个

不能对互联网使用得心应手的记者，是不可能从互联网上获得任何收益的。因此，要掌握并能正确使用互联网上的新闻信息，还应该注意以下几方面的问题。

一、掌握更多网络和多媒体知识，拓宽网络视野

记者的知识要宽、深、广，更要适应时代发展需要，及时更新已有的知识结构。网络和多媒体知识，记者使用电脑的时间和场合随着采访的需要经常发生变化。如到外地采访，有条件的记者只携带一台手提电脑就可以了。这样，他就必须学会手提电脑的一般保养和使用，熟悉软件、硬件的简单维护。有个记者，从北京到上海采访，刚刚住下，就发现自己携带的手提电脑操作系统工作不正常，更上不了网。于是，只好先去修理他的电脑，等电脑修好，采访时机丧失了，报社老总非常不高兴，后来，干脆收回了给他配备的手提电脑，并通知他，你既然不会使用电脑，那还是带上采访包，向报社发传真稿件好了。记者掌握电脑知识，也不能等同于学计算机专业的，那样的要求未免太苛刻了一些。根据当今记者的实践体会，记者掌握电脑知识，主要是掌握电脑的中英文输入、电脑上网、网上查阅资料、网上信息交流以及通过互联网发送电子邮件、传递信息等技能，同时，可以加深了解一些电脑多媒体软件的制作、修改技术。有了这些技能，并在新的软件出来时，善于及时关注、学习和运用，那么，新闻记者的电脑知识也就能够满足一般网上采访的需要了。当然，学无止境，网上采访本身就是一种全新形式的采访，亟待拓宽的领域还很多，有待于新闻工作者去开拓、去创新。

二、随时把握和验证互联网信息的准确性

网上信息犹如太平洋之水，浩瀚广阔。但互联网由于发送信息的开放性，使网上信息既杂乱又无章，鱼龙混杂，良莠不齐，真假难辨。记者利用互联网上信息，并完成在互联网上采访，必须慧眼独具，善于识别，才能保证采访到真实、准确的网上信息。通常情况下，记者上网采访，在获取了网上重要新闻信息后，一是通过与相关网站取得联系，了解消息来源，掌握新闻人物或者新闻事件的最新动态，以便于及时跟踪采访；二是在网上获得新闻信息后，记者用传统方式前往采访，以便验证网上信息的准确性和方向性；三是通过发电子邮件，对与新闻信息有关的当事人、知情人进行网络采访；四是向相关网站，以发帖子、聊天、

参与讨论等形式，对新闻进行验证；五是查阅有关多媒体资料，通过在网上获取文字、图片、声音、录像等资料，判别网上新闻信息的可靠性与真实性，以确保网上采访内容的准确。

三、增强“版权”意识，严禁抄袭和剽窃

有些记者认为，既然网上信息可用，既然网上采访可行，网上信息又有千千万万，谁采集的，谁发布的，属谁的版权，都不明确，干脆“拿来”，把网上采访新闻当成了网上抄袭新闻，这是对网上采访的一种误解。我们说，网上采访，是一种借助于互联网所进行的远程电子访问，它与电话采访有许多类似之处，具有远距离交流、不受时空限制、花费少等特点，但也有时效难保证、对方能不能接受采访难把握、缺乏现场采访的情感因素等不足之处。网上采访有它自身的缺陷，然而一些记者图省事，为方便，走捷径，打开互联网后，发现有价值的新闻，就立即采用“电子剪刀”，这不是新闻采访，而是抄袭和剽窃。这是一个新闻工作者所必须反对的，也是与记者正确的职业道德观念格格不入的。

四、树立法制观念，遵守网络规定

互联网作为一种新型媒体，有继报纸、广播、电视之后的“第四媒体”之称。由于互联网发展速度很快，网络新闻管理、网站管理，以及网上新闻发布等制度还没有建立健全起来，网络法规也刚刚涉及。从现状上看，正因为存在着管理等多方面的漏洞，以至于黄色新闻、“教唆犯罪”类的新闻、反动新闻、封建迷信新闻、人身诬陷和人身攻击性新闻等，屡屡出现。对于这些问题，不仅我国存在，西方一些网络技术与传播相对发达国家也莫不例外。对于新闻工作者，进行网上新闻采访，应当带头遵守有关法律、规定和相关制度。1997 年 5 月 20 日，我国国务院发布了《国务院关于修改〈中华人民共和国计算机信息网络国际联网管理暂行规定〉的决定》，随后在 12 月 30 日，经国务院批准，由公安部发布的《计算机信息网络国际联网安全保护管理办法》也在全国实施。这些规定无疑是我国新闻工作者和所有网民所应共同遵守的。此外，近几年一些计算机犯罪也相继出现，如侵入他人网站，修改他人信息，盗窃他人密码，充当网络“黑客”等，这些行为有的已经触犯了有关法律。我们每一个新闻工作者，既要提高警惕，善于保护自己，更要严格自律，模范遵守有关法规。

在科学技术迅猛发展的当今时代，21世纪新闻记者的采访活动将会出现许多意想不到的情况，记者们无论如何都要思路开阔，敢想敢做，而不要目光短浅，因循守旧——惟有如此，才能与时代同步，并力求站在时代前列，向广大受众作出“时代潮流的弄潮儿”的报告。

[实训1]

就当前某一热点问题，举办网上专题讨论会，并根据讨论的内容，编写成一篇新闻报道(1 200字以内)。

[实训2]

阅读下列文章并进行课堂讨论，讨论题：

《网络采访如何取其利避其弊?》

(也可组织学生进行教学辩论赛，甲、乙双方各推出4名辩手，主持人毛遂自荐。辩论题：网络采访利大于弊还是弊大于利? 甲方观点是：网络采访利大于弊，乙方观点为网络采访弊大于利，然后进行交锋、辩论。最后对辩论得胜一方，适当予以奖励。)

网上得来终觉险

网络采访虽然不尽完美，但它毕竟丰富了采访手段。我们没有理由拒绝这种最快捷、最经济的采访方式，而应当合理使用。像遇到突发重大事件，记者一时无法赶到现场，网络采访也不失为一种有效的补救措施。又如采写人物访谈类报道，网络可提供文字、语音、视频等交流方式，完全能够满足采访要求。

值得注意的是那种采而不访的“网络采访”。这个“采”字，有人换了一种说法，叫“扒”。有些电脑术语很有意思，如编辑一栏中就有“复制”“剪切”“粘贴”等，再加上那形似硕鼠的鼠标，细细玩味就会觉得这个“扒”字很损，但很到位。

网扒者，专在网上扒东西之人也。他们一看到有用的东西就眼睛发亮，赶紧移动鼠标，全选、复制、粘贴，从网上扒到自己库里，一气呵成走完“采”的程序。接下来进入“写”的程序，确切地说是“编”，结构稍作调整，文字稍作变动，改头换面，一篇新闻轻松搞定，然后署上记者的大名。有人说,“网扒”比盗版者还厉害,盗版者只图利,“网扒”既图利又图名,而且坐不改姓行不改名,胆子真大!

“网扒”胆大心细,极少失手,他们自有一套规避办法。

一曰不贪大。他们一般不会去扒价值很高的新闻,那太显眼,容易被人识破。走“中间路线”,选择既有一定价值又不特别显眼的新闻下手,相对比较安全。

二曰求保险。他们一般不会上可信度不高的网站去扒。即使扒了,也会通过相对权威的渠道予以证实,以免惹出报道失实的麻烦。各地主流新闻媒体所办网站比较可靠,点击率又不是太高,更保险一点。

三曰搅浑水。网上看到“大活鱼”,又不甘心眼睁睁看着它逃掉,“网扒”也有妙招:材料扒到手后,打电话找到知情者聊一聊,挖一点细枝末节作“浇头”。然后将其掺进网上扒来的材料中,尽管两者比例悬殊,但一搅和就分不清了。把水搅浑,鱼就容易捉了。

“网扒”屡试不爽,还得拜托大环境“宽松”。时下扒风盛行,大有无扒不成文之势,“爬格子”快成“扒格子”了。写学术论文,扒!写工作总结,扒!写心得体会,扒!司空见惯,见怪不怪,民不告,官不究,大家相安无事。“网扒”如鱼得水,活得潇洒,活得滋润。别人动腿,“踏破铁鞋无觅处”,吃力不赚钱;他们动手,“得来全不费工夫”,赚钱不吃力。不过,长时间守着电脑,不活络活络腿脚,血脉不畅,也有“高位截瘫”之虞:双腿肌肉严重萎缩,行走困难,最后只能靠手去“扒”了。

“纸上得来终觉浅,绝知此事要躬行”。这是宋代诗人陆游冬夜读书时发出的感慨。纸上得来的尚且如此,那网上得来的不只“浅”,更有“险”。在网络这个虚拟世界里,良莠不齐,真假杂呈,乱花迷眼,一不小心就会掉入陷阱。真实是新闻的生命。从某种意义上讲,新闻真实也关乎记者的职业生命。一个记者如果整天沉迷于虚拟世界里淘新闻,人云亦云,跟风炒作,那是非常危险的。最近通报批评的“纸馅包子”假新闻事件,足见时下假新闻之难防。以北京电视台的权威性,大家对其“纸馅包子”的报道深信不疑,包括中央电视台在内的数十家媒体纷纷跟进。结果,始作俑者訾某一人造假,多少人跟着吃“药”,有的甚至断送了新闻职业前程。这个案例虽然与网络无关,但对那些迷上网上新闻的人很有警示作用。与传统媒体相比,网上新闻的安全系数差得多了。心存侥幸,弄险玩火,迟早会付出高昂的代价。

网上得来终觉险,还有另一层意思。媒体的公信力不仅取决于它传播的信息是否真实，还取决于它获得信息的手段和途径是否正当。一张报纸经常刊登从网上扒来的二手新闻甚至三手新闻，即使这些都是真实的新闻，读者一看尽是些别人嚼过的馍，也会大倒胃口。网络乃公共信息平台，“无冕之王”毫无特权可言，你能看到的，读者同样能看到。别以为自己手艺高超，可以将扒来的材料做成无缝天衣，大大方方穿在身上招摇过市；但众目睽睽，总有人能看出破绽，将你扒个精光。到那时不只个人丢脸，势必累及报纸丢分。对一张报纸的信誉而言，假新闻有杀伤力，内容真实但来路不正的新闻同样有杀伤力。当读者不断随着报纸公信力的流失而流失，恐怕剩下来的就是一个“险”字了。

（丁任耀）

第十二章 记者招待会

记者的人生价值在两个地方最能够充分体现：其一是人烟最少的地方，那里需要记者去探险、去考察，甚至去牺牲，但获取的将是重要新闻；其二是记者最密集的地方，那就是记者招待会和新闻发布会，那里堪称是新闻的“富矿”。

记者招待会(Press Conference)的定义，按《中国大百科全书·新闻出版卷》的规范是：“官方机构、各种团体的代表或知名人士等向新闻界提供情况的常用方法之一，有正式的、非正式的，定期的、不定期的。记者招待会由一人或数人主持。主持人先发表谈话，然后回答记者提出的问题。政府官员或各方面知名人士与记者对话并回答问题，也可称为记者招待会。”按《新闻学大辞典》(甘惜分主编，河南人民出版社出版)的说法是：记者招待会是“党政部门、社会团体或个人邀请新闻记者参加的公开新闻发布会，它既为发言人(或主持人)提供了同一个场所面对较多记者的机会，也为新闻界提供了获得新闻材料的一种有效而又简便的采访形式。记者招待会一般先由发言人(或主持人)介绍情况，发布新闻(或有书面材料)，然后由记者提问，发言人(或主持人)予以回答。记者招待会一般有时间限制”。

第一节 记者招待会的由来和特点

一、记者招待会在美国

据资料记载，记者招待会和新闻发布会起源于美国。美国第一任总统华盛顿就曾专门安排时间接见记者，当时称“记者约见会”，有些中文书翻译成“记者接见会”①。此后，大约是在伍德罗·威尔逊时期（任期：1913—1921年），美国政府逐渐形成了一项专门招待记者的制度。在威尔逊的任期里，起初这种“记者招待会”每周举行2次，后来减少为1次，通常在星期二的上午举行。历史上，召开记者招待会最多的是富兰克林·D·罗斯福总统。他执政12年，举行记者招待会多达998次，平均每年83次。而在他第一届任期的头一年里，他就召开记者会340次，几乎每天1次②。

美国总统重视召开记者招待会的原因：一是可以利用记者招待会宣传美国政府的政策、方针、重大举措，也可通过记者向世人宣告美国政府对国际、国内发生的重大事件所持的态度和立场。对于商业经济已经较为发达的美国政府来说，这确实又是一个免费的广告；二是可以通过记者会引导社会舆论，使政府的观点通过媒体传播变成大众的观点，更好地统治美国人民；三是向世人推销美国的价值观和生活方式，宣扬西方的“民主”、“自由”、“人权”，竭力推销资本主义的政治理念。

二、记者招待会在中国

记者招待会在我国早已有之。新中国成立前，无论是官方还是民间，都有运用记者招待会方式发布新闻的。“重庆谈判”时，中共谈判负责人周恩来等，就多次举办记者招待会，宣布共产党的谈判主张和谈判所坚持的立场，为广大国统区人民了解共产党的方针政策作了宣传。20世纪50年代和60年代，我国在内政、外交、科学、文化、体育等许多方面，都曾召集过由国内记者和国外记者参加的记者招待会。1962年5月29日，国务院副总理兼外交部长陈毅就举行过轰动世界的记者招待会。但由于受“左”的思想干扰和破坏，到“文革”开始后，我国召集记者招待会和新闻发布会的活动几乎被停止。那时，新闻发布活动基本上都被领袖人物的“最新指示”和政治活动的发动部署替代了，真正发布事实信息、动态趋势的几乎没有。这种不正常的现象，一直到改革开放后才得以扭转。1982年初，中央对外宣传领导小组起草《关于设计新闻发言人制度的请示》。次年2月中宣部、中央对外宣传领导小组联

① 约翰·特贝尔、萨拉·迈克斯·瓦茨著：《从华盛顿到里根——美国历届总统与新闻出版界》，吉林人民出版社1989年版。

② 迈克尔·埃默里、埃德温·埃默里著：《美国新闻史》，新华出版社2001年版。

合下发《关于实施〈设立新闻发言人制度〉》和《加强对外国记者工作的意见》，要求外交部与对外交往较多的国务院各部门建立制度，定期或不定期地发布新闻。

现在，记者招待会和新闻发布会已经成了我国政府政治生活中的一件经常性事务，信息公开是常态，不公开是例外。有关部门还建立了"新闻发言人"制度。我国政府的记者招待会，不同于美国，任何人、任何新闻单位，只要能获准参加会议，都有提问的自由。参加会议的记者，只有先来后到之说，而没有高低贵贱、前后排序之分。我国领导人和相关新闻发言人，对记者的提问，都能够给予认真回答。

三、记者招待会既是新闻"找"记者，也是记者找新闻

所谓记者招待会或新闻发布会，一般是指举办会议的一方，即掌握新闻内容方，经过充分准备，主动向记者发布新闻的一种形式。记者参加这样的会议，不是自己去搜集新闻线索、找新闻来源，而是新闻主动找记者，是新闻发布机构，邀请记者参与，面向众媒体发布新闻。这个特点决定了记者在参加招待会以前，必须精心准备，认真思考，开会时争取主动提出自己媒体和受众最关注的问题。

当然，招待会主办方提供新闻，不等于他们提供的每一句话都是新闻，都照录下来就算完成了采访任务。记者的能动性在于，在新闻发布人的谈话中，找出最有价值的内容，找出最有吸引力和影响力的表现角度，以及主动提问挖掘更符合本媒体受众需要的新闻，有时甚至会后还要进一步追踪挖掘。参加记者招待会的记者有数十至数百，他们最后写出的报道内容、重点、角度、表现方法会各不一样。这就有高下之别、优劣之分。不动脑筋，人云亦云，只能写一些应景式、一般化的报道。新闻找记者易，记者找新闻难，记者要把记者招待会当作一种实训的战场，打一仗，进一步，不断总结提高，逐渐使自己成熟起来。

对于记者招待会的主办方来说，一定要主动发布新闻，要研究记者的需求，有预为之计。各地发生突发事件，有关的地方政府、企业、学校、医院、人民团体往往习惯的做法是，等事情处理完了以后再说，喜欢"捂"。其实这很不聪明。互联网时代怎么"捂"得了重要信息呢？"当真理还没穿上裤子的时候，谣言已经走遍了半个地球。"新闻发言人不是播音员，不是花瓶，要主动地、创造性地为媒体记者服务，提供应该提供的信息。有的暂时不能具体说也应当吹点风。

四、记者应以竞技的姿态和随机应变的智慧在角逐中取胜

记者招待会所面向的不是一个记者，而是所有记者，从新闻发布方讲，对获准参加招待会的任何新闻机构和新闻记者，通常都采取一视同仁的态度，这就给记者提供了一个公平竞争的战场；从记者一方讲，获取的新闻和有关的消息是等量的，但能否采访到符合自己媒体需要的以及视角独特的新闻，则是“仁者见仁，智者见智”。记者能否在这一公平角逐中取胜，能否表现出其超人的智慧和能力，高水平完成采访任务，则是对记者的综合能力和素质的考验。

有的记者参加记者招待会，抢坐第一排或最佳位置；有的女记者以鲜红的服装或围巾吸引主持人注意以争得发言机会；有的记者在招待会结束之时守候在预先考察过的地点截住发言人作补充采访；也有的记者以尖锐而又得体的提问在众记者中显示出自己媒体的风格和个性；更有的记者会千方百计与其他记者合作、联动进行采访。这些，都是记者综合能力和素质的表现。记者参加新闻发布会，切忌只带耳朵，不动脑筋；只顾被动记录，忘记主动出击。

记者在遇到自己对事情的看法与新闻发言人不一致时，主要要用巧妙的提问把新闻发言人的思想观点和事实信息问出来、引出来，不要与发言人开展争辩。在记者招待会上，“驳倒对方”，既不是新闻发言人的目标，也不是记者的目标。记者只是获取观点和事实，向外作报道。

五、记者招待会时间的限制性，只容许记者当机立断，而不能优柔寡断，犹豫不决

记者招待会一般只有一两小时，最多也不会超过三四小时。而且这个时间不是记者能够控制的。记者要在有限的时间内，不人云亦云，而是在充分准备、深思熟虑的基础上，敢开第一腔，“冲锋陷阵”争取获准提问的机会，完成采访任务，这对记者敏捷的思维，临场发挥和思辨能力提出了很高的要求。任何彷徨犹豫，都会导致采访的无所作为、一般化，乃至某种意义上的失败。

在大小媒体众多、记者云集的场合，记者千万不要怯场。年轻记者不要认为许多老记者在，没有我提问的资格；小媒体记者不要认为我总是“听众”、“配角”，大媒体记者才是“主角”；国内媒体的记者也不要认

为国外名声显赫的媒体记者在场，自己就矮人一等。在记者招待会上，大家都是记者，是平等的。不要有思想障碍，否则，短短的招待会上稍一犹豫就会错失良机，再也无法补救。

六、既要把重点放在会场内，也需要注视会场外的情形

记者招待会会场内的一举一动、一问一答，当然是记者必须把握的。但一般而言，记者不能就会场内的情况了解会内情况，而对会场外发生的一切无动于衷。比如，江泽民 1998 年访问美国期间，为了表明我国政府对于"台湾是中国领土不可分割的一部分"的态度，继所谓台湾"总统"李登辉访问美国、并在康奈尔大学作过臭名昭著的"两国论"演讲后，在另一所更加有名的学校举行了记者招待会。当时会场内是江泽民主席，是美国政府派出的 200 多名保安人员以及来自世界各地的 800 名记者同行；会场外却是所谓"民运分子"的抗议活动。记者既要在 800 多名同行中，努力做好采访工作，争取获准提问机会，还要了解会外"民运分子"的活动情况。这样，才能采访到更多的素材，才能报道出更有价值的新闻。

第二节　采访记者招待会的方法

一、采访记者招待会的几种基本方法

记者招待会的以上特点，决定了记者参加招待会的采访方法。据众多记者的实践经验，主要有以下几种基本方法：

1. 从会议资料中发现和挖掘新闻

记者招待会通常都有一些见诸于文字的材料，认真研究这些材料，就可能发现许多新闻线索，找到有特色的新闻内容。比如，某企业集团开发了一种最新产品，产生了巨大的经济效益。为了推广和宣传这一科技成果，企业组织了一次新闻发布会，发布了有关产品的研制过程、技术性能、经济价值等近 10 万字材料。有的记者嫌材料过长，便抓住记者招待会的一些公告性材料，摘编成了一条消息。但有的记者却在认真阅读材料基础上，又进行了会后的采访，写出了追踪报道。这就是记者招待会上的"仁者见仁，智者见智"。

2. 精心准备提出重要的、个性化的问题

记者招待会通常既有时间的限制，又有问题的限制。要在有限的时间和有限的提问中，提出自己想采访到的东西，唯一的方法，就是必须精心准备提问的问题。比如，2001 年 3 月 15 日下午，时任总理朱镕基举行了第九届人大四次会议结束时的记者招待会。这次会议原定开 90 分钟，后来，由于提问记者过多，延长了半小时，也不过只有 2 个小时。朱总理在 2 个小时内，先后回答了中外 19 名记者提出的共 19 个问题。这些问题应该说都经过了记者的精心准备。特别是新华社记者的提问："您在这次会议的报告中提出，近期要继续实施积极的财政政策，请问您如何看待中国现在的财政赤字？如果再连续几年增发国债的话，财政风险会不会逐渐加大？会不会出现通货膨胀？"还有韩国《中央日报》记者的提问："中国人民完成'十五'计划的那一年，您认为您会在哪儿？还是在总理的位置上，或者是在学校，或者退休在家？您认为到多大年龄时，您就不再合适担任公职？"①这些问题，引人注目。能够提出这些既有深度更有难度，又必须要总理才能回答的问题，足以体现记者的应有水平和个性化发挥的能力。

3. 努力克服怯场心理

出席记者招待会，在少则有数十名同行、多则上百名同行面前，会不会临阵退缩，能不能举起手提问，而且还能提出有新意、有价值、有特色的问题，是记者的一大功夫。因此，参加新闻发布会的记者，必须有过人的胆识，有随机应变的魄力，更有不怕丢"面子"、砸"牌子"的思想。当然，大胆是靠自己的能力素质作支撑的，这种众多记者云集的场合当然不能轻率乱来，肚里没货，难免会丢面子，砸牌子，这涉及到一家媒体的声誉。

二、参加记者招待会的特殊要求

记者招待会的采访，不同于个别访问，也不同于记者出席一般会议。参加记者招待会进行采访，对于记者有着多方面的特殊要求。

1. 必须排除思想障碍

记者参加记者招待会或者新闻发布会，关键是能够在会议上提问。而在众多同行面前进行提问，又不同于日常采访的提问。如果记者没

① 《人民日报》，2001 年 3 月 16 日。

有作认真准备，信心不足，就可能产生种种心理障碍。这些障碍主要包括：

一是在记者招待会上提问是“跟对方过不去”的思想障碍。据《中国记者为什么不提问》①一文中说，1980年在中国人民大会堂举行了一次记者招待会，与会的提问记者基本上都是外国记者，惟独没有一个中国媒体的记者站起来提问。会后，有关方面对这一现象进行了调查了解。原来起因于一个记者的一句玩笑说：“咱们的领导已经让人家问得难以应付了，咱们如果再问，那不更热闹了吗？”而另一名记者则随声附和地说：“问得不合适了，说你尽给领导出难题，这个饭碗你还想不想继续端下去！”其实，在记者招待会上，不提问，才是真正给领导出难题。因为领导主持记者会，本身就是有备而来的，他希望你能提出问题，希望记者能行使好自己的权力。这些记者之所以有这种顾虑，主要是由于当时政治环境还未十分宽松，导致一些记者在采访的认识态度上有偏差，从而出现了不敢问的现象。

二是克服在同行面前提问容易丢“面子”的心理。中国有句古话，叫做“枪打出头鸟”。有些记者认为，上级派我来参加记者招待会，主要就是听的，把主办记者招待会单位所发布的新闻听进去，记下来，就是我的职责，至于会不会提问，能不能提问，那是无关紧要的。有了这种想法，记者就觉得自己能力、水平如何，还是不暴露出来为妙，以免留下话柄，让别人笑话，丢了自己或本单位的面子。于是，他们参加记者招待会便成了听客，抓到的仅仅是一些“大路货”的新闻，而采访不到独家新闻。

三是克服现场提问都是“有关领导指定的”心理。有的记者把同行变相地分为“三六九等”，他们认为，现场提问都是领导和有关部门事先约定好的。有的甚至片面地归纳为：中央主办的新闻记者招待会，提问的应该是中央新闻媒体的记者；省级主办的新闻发布会是省级新闻媒体唱主角，根本不会轮到我们这些普通新闻单位的记者提问。由此，他们认定，我们举手也是白搭，与其如此，还不如老老实实做看客，当听客。在通常情况下，参与记者会的记者的确要考虑场合，考虑自己所服务的新闻媒体的档次。但就记者招待会而言，既然人家同意你参加了，你也领到了进场采访证，就应该珍惜采访机会，提出自己想问的内容。

① 《人民日报》，1980年11月11日。

况且,任何新闻发布会都没有明文规定,只准某些新闻单位的记者提问,而不允许另一些新闻单位的记者提问,凡参加记者会议的记者都应该是平等的,都享有提问的权利。当然,大单位的新闻记者不应该有什么过分的优越感,更不能沾沾自喜;小新闻单位的记者,只要参加了会议,就有提问的权利,也没有必要自卑,看不起自己。

2. 要打主动仗,做好提问准备,切忌偏听偏信,人云亦云

在记者招待会上,许多记者都是围绕会议的主题进行准备的,他们所准备的问题,可能会雷同。参会的记者,如果仅仅准备了一两个问题,一旦被别人抢先问过了,而且得到了回答,那么,自己就有可能出现无问题可问的尴尬场面。因此,记者在进行问题准备时,一定要多准备一些,列出第一问题、第二问题、第三问题等。这样,就可能争取到主动。比如,法新社一位记者在出席我们党的一次重要的新闻发布会时,就曾准备了20道问题。这名记者把这20个问题,又划分为首要、重要、一般层次加以准备。当他获准提问时,他所列的首要问题已经被别的同行问过了,他就提出重要问题来,不辱这次采访的真正使命。

记者参加新闻发布会,要防止偏听偏信,人云亦云。老记者干城写过这样一篇文章:

[实例]

谨防新闻发布有诡计

2008年1月12日,上海媒体报道了青浦大观园发生了一件疑案,"潇湘馆"、"稻香村"内12件红木家具不翼而飞,是外偷还是内盗,如属外偷又如何作案,报道语焉不详。于是市民议论纷纷,猜测种种。

大观园便召开新闻发布会,统一介绍情况,请媒体连续报道。有趣的是,介绍虽统一,报道版本却不同。

一种版本说,上海大观园有两个安全防范漏洞,即人防缺乏,技防落后。全园占地135亩却无专业保安队伍,园内红外线报警设备也已老化。这个版本告诉人们:发生窃案,领导有责任,既然不设防,窃案迟早会发生。

另一个版本却说:"令园方稍感欣慰的是,稻香村失窃的是李纨会客厅中的家具,而李纨卧室中的8个明式椅子没有失窃。""潇湘馆中失窃的是林黛玉卧室内的，而林黛玉书房中一整套几十件竹节型红木家具（有非常高的历史和收藏价值），幸好也没有失窃。"

这个版本无疑是说，偷走的是普通的红木家具，"有非常高的历史和收藏价值"的红木家具并未偷走，所以，不但"园方稍感欣慰"，上海市民也应为之欣慰。

不过，老百姓实在欣慰不起来。有位退休老记就批评这种"欣慰论"说，假如这位写稿的记者家中失窃，有人上门说"恭喜恭喜，虽然被偷了，幸好更加值铜钿的没有偷走"。他听过后，不骂此人神经病才怪！

现在有人向记者发布新闻别有用意，记者需要明察。以大观园为例，他们讲安保有两个漏洞，是出于无奈，不得不讲；而提出"欣慰论"，目的却是减轻责任。要是记者不察，有啥写啥，帮助他们宣传"欣慰论"，那就中他们之计了。

3. 要在"抢"字上多下功夫

西方新闻界同行有一句沿用多年的行话：新闻是"抢"出来的。争分夺秒，时不我待，是新闻采访时间性保证的基本要求。对于记者招待会和新闻发布会上的采访，由于新闻发布内容和方式是一致的，如果你慢悠悠，四平八稳，那么，别人的新闻可能已经登上了版面，而你发出的，也许已成旧闻，是不为读者所欢迎的垃圾。从这一意义上说，招待会议上记者的角逐，也是时间的角逐。要在这个时间角逐中获胜，记者必须在"抢"字上多下功夫。

记者参加招待会议，应该怎样"抢"新闻？抢些什么新闻呢？

首先要抢座位。在一般情况下，记者招待会的座次不是由主办新闻会议的单位安排的，而是遵循先来后到的顺序、由记者去"抢"来的。这种抢，是根据记者自己到场的先后，按照自己的观念，选择最有利的"地形"。这个有利地形，通常具备这样一些特点：一是靠前的位置，以方便记者提问；二是居中的位置，能够把握会议全场情景；三是能够引起主持人注意的地方，如主持人的正前方；四是便于听到的地方，以确保能够在嘈杂声较大的情况下，听清全部内容。要具备这些条件，就需要记者提前到场，而不应该"踩点"到场。

其次要抢视线。参加记者会议的记者，一定要在主持人面前经常出现，才有可能获取现场提问的机会，而不当记者会议的“记录员”。抢视线，应注意这样一些问题：一是精心安排自己的衣着，基本要求是新颖、显眼，时代感强。比如，1998 年 3 月 19 日，朱总理主持召开了九届人大一次会议的新闻发布会，参加会议的中外记者共有 600 多人。香港凤凰卫视台记者吴小莉提前了两个多小时到场，抢到了第一排左侧的一个座位。那天她还特地穿了一件设计较为新颖的大红色外衣，特别显眼，引人注目。用她本人的话说，她那天穿大红色，是对新选出的一届人民政府的祝贺。她在多次举手都没有被叫到的情况下，由于总是在总理眼前晃动，后来被总理指名请她提问，破了记者会上记者向主持人提问，而没有主持人向记者索问的先例①。当然，衣着仅仅是一个外部因素，衣着也必须与会议主题相合拍，脱离主题，着奇装异服，不但不可能引起主持人注意，相反，还会让人反感。抢视线还与所抢到的座次有关，你的衣着再显眼，但到了会议开始时才姗姗来迟，只能坐在最后一排位置的某一角落里，自然不可能引起主持人的注意。

再次还要抢提问。从某种意义上说，记者会上抢提问，是记者与同行角逐的最激烈的战场，也是表明一个记者能否在竞争中获取一席之地的象征。有一年全国人大开会期间举行中外记者招待会。这次参加会议的中外记者有近 800 人。在短短的两个小时里，总理回答了记者提出的 19 个问题。看看获准提问的记者，并不是世界上最享有盛名的，不乏一些并不太大的新闻媒体记者获准提问。关键靠什么呢？就是抢提问。有的记者看到那么多同行，临场退缩不敢提问了，有的记者准备问题过少，原先准备的几个问题一看被人提到了，一时又不能应变，只好当“记录员”了。有的记者则瞅准机会，勇敢出击，获得了成功。

最后还是要抢发稿。记者招待会上采访的内容大体上是相同的，为了不使新闻变旧闻，参加记者会议的记者，还必须抢发稿。在每年召开的“两会”期间，一些新闻机构给记者配发的高科技通讯工具都派上了用场：香港记者边采访，边用手机发稿；美国记者一边用手提电脑进行采访记录，一边就把记录的全部内容发回报社；澳门记者把文字新闻、录像新闻合而为一，让澳门读者、观众及时获取“两会”的第一新闻。

抢座位、抢视线、抢提问、抢发稿，是记者参与记者招待会和新闻发

---

① 《经济日报》，1998 年 4 月 17 日。

布会业务竞争的基本要求。那些到会凭请柬、参会找材料、采访靠记录的会议采访，实际上是一种无能的表现，也不是一个合格记者的所为。

［实训］

举行一次模拟记者招待会，由院长或系主任介绍本院或本系教学改革状况及五年发展规划，学生作为记者在会上提问，院长或系主任回答记者所提问题。

要求：

1. 每个同学（记者）准备10个提问问题。

2. 先在学生中进行交流，互学互评所提问题的优劣。

3. 在正式提问之后，对每个记者提问的方式、语言、姿态等各方面表现进行议论并由教师进行点评指导。在此基础上，由同学选出三名“最佳记者”。

4. 对整个记者招待会举办方和记者方进行评论和总结。

第十三章　记者的资料积累

资料，是记者的财富。资料丰厚扎实的记者，被称为“富记者”。

记者接触的资料很多，有报刊杂志上的资料，有文件报告上的材料，也有记者采访日积月累的所得。记者手里的资料，一般可分为两大类，其一是直接材料，即记者的采访所得，它包括记者的采访记录、录音、摄影、录像资料，也包括那些已经用到新闻报道或者还没有用上的材料等。其二是间接资料，是记者积累和收集到的材料，它包括报刊、杂志、书籍、广播、电视乃至互联网上已经公开发表过的图文材料，机关、部门提供的形成文字图片的资料等。记者整天都在与文字图片打交道，出新意，出新思想、新观点，防止新闻报道的简单重复，是新闻记者的长期追求。要避免重复，避免“新瓶装陈酒”，确保每篇新闻作品都能让受众耳目一新，记者必须注意积累资料，必须舍得在积累资料上多下工夫。

第一节　记者积累资料的作用

许多记者认为，现在的新闻单位都有资料室，有专门的资料员，互联网还给我们提供了一个巨大无比的资料信息库，这已经足够了，干吗还需要花时间、花力气搞什么资料积累？他们在一次采访完成后，有用的东西就写进稿子，没用的东西就扔掉了，也没有必要搞所谓的“剩余资料”积累。这种“吃了上顿不顾下顿”的想法，在当前的新闻记者队伍中，特别是年轻记者中，有相当的市场。因此必须弄明白，记者搞好资料和材料积累的意义是什么？在通常情况下，记者进行资料积累的意义和作用主要体现在：它有利于记者在采访新闻时，总结自己采访的经验得失，指导现在和将来的采访活动；有利于自己在采写同类型新闻报道时，挖掘出深度和新意；也有利于从已有的采访内容中，产生和丰富自己的新闻敏感，进而思考和演绎出更多更新的新闻线索。

在新闻采访实践中，我们常常感到有些老新闻工作者对情况很熟悉，他们手里的材料很多；更让人叹服的是，他们知识丰富，谈古论今，引经据典，左右逢源，得心应手。即使采访遭遇“冷场”时，他们也能笑谈自如，调节好气氛，着实让人佩服。其实，他们之所以有如此造诣，绝非一日之功，是与平时注意积累分不开的。新华社一位记者在谈及资料积累的作用时说：平时积累多了，使用起来，就可以从广阔的历史背景上观察问题，从不同角度对比选择材料，这样才能挖掘出比别人更多、更新、更深的东西，才会产生独到的见解，写出有特点的新闻报道。

记者自己动手做资料积累，最基本的目的，就是为自己搞好采访和写好报道服务。具体来说，主要体现在以下几个方面。

一、方便查阅

记者采访所涉及的内容、领域方方面面，角角落落，很难说哪一类资料在什么时候能派上用场，但如果不注意在平时搜集资料，到需要用时，就很难找到了。通常情况下，不论分工负责哪个方面的报道，都应当积累一些资料，如党的路线方针政策类的材料，法律方面的资料，重大新闻事件的背景，地理历史人文掌故的资料，前沿学科的知识等等。这些东西手上多了，不论你采访什么内容，也不论采访哪个行业，就不会感到陌生了。到采访完成、进行写稿时，因为“手里有粮”而“心中不慌”，信手拈来，省去了许多时间，能够保证及时把采访所得变成报道。

二、助人联想对比，触发灵感

有道是“养兵千日，用兵一时”，资料积累也是如此，“搜集千日，运用一时”。记者积累资料，主要有两方面的用处，一是参考借鉴，一是直接使用。但无论如何，有用是根本。资料容易助人产生联想对比，触发灵感，从而产生一个又一个的新闻线索、新闻题材、新闻主题。

三、方便发挥

记者如何才能克服写新闻干巴巴的问题，一个重要的方法，就是巧用新闻背景。引用有关背景材料，能够增强新闻报道的趣味性、可读性。而背景材料、新知识的插入，前提条件就是记者肚子里有“货”，这个“货”就是资料。一个资料工作做得好的记者，不管他采访什么内容，也不论他写什么新闻体裁，都能把文章写得有血有肉。因此，只有注重资料的积累，用时善于发挥，才能写出好的新闻作品。

四、有助于创新提高

周恩来曾对新中国的作家们说："长期积累，偶然得之。"其实，记者也存在着"长期积累，偶然得之"的成果，记者"长期积累"，不是去归纳，也不是从原型中去提炼，而是从"长期积累"中受到启发，进而进行升华、提高和创新。

此外，记者积累资料还可为将来著书立说提供准备。记者成年累月都在与活生生的新闻事实打交道，每天都能接触大量的新人新事和坏人坏事，这可是最好的素材。善于运用它，归纳它，正是记者日后写专著、文学作品和论文的基础。记者当然要写"火柴盒"、"豆腐块"，但也不排斥深造提高，成为专家、作家、理论家。记者应该看准这个目标，咬定这座青山。但如果像猴子摘桃，捡一个扔一个而不注意收藏，那他就只能写消息通讯了。另外，长期积累还能丰富记者的知识底蕴，增强记者的新闻敏感性和工作记忆力。可以说，善于积累，是记者一本万利、一举多得的事情。

第二节　记者积累资料的方法途径及其要求

积累资料是新闻工作者的一项基本功，也是一门学问。资料到处都有，关键就是看你会不会搜集，从哪里去搜集。对于初学者而言，由于其生活阅历不很丰富，见识也相对贫乏，但有一点是共性，那就是人人都从这里开始。那么，如何从现在开始，时不我待地进行资料搜集和积累呢？又应该从哪些方面着手进行搜集呢？

一、方法途径

记者积累资料应讲究方法途径。其基本方法和途径有——

一是做好自己的采访本。记者的采访本通常有两个，一个是供采访专用的，记录与采访对象交谈的内容，采访对象所阐述的观点、问题以及谈到的实例。记者在进行采访记录时，还应标明自己认为属于重要的思想、内容、观点；记录在采访中的观察所得，把采访对象当时的神态、举止、神情等写下来，以便于写作时选用；采访时的偶有所悟，如果对确定主题、拟定报道思想有用，也记在一边。记者的另一个笔记本，主要就是用来收集各种资料、背景的。记者每到一地，都要眼观六路、耳听八方；每翻阅一张报纸，应该留心与自己有关的信息和材料；听广播、看电视，对于一些重要观点和事例，也需要尽可能地把它记在本子里。这些东西，对记者很有用。有的记者把自己的笔记本称之为“锦囊”，这很有道理。

二是搜集图片音像资料。记者所搜集的图片资料，大致有两个部分，其一是照片、摄录像资料，主要包括记者为采访对象所拍摄的照片、音像资料，也有报纸、画刊上发表过的图片新闻与专辑，还有一些是相关的录音音像以及广告漫画等。其二是记者在采访现场随手画的草图或速写，是记者在采访现场无法用文字或者用摄录像机拍摄下来的生动场面、个人溢于言表的神态等。音像图片资料通常能够再现新闻事件或新闻人物的场景、细节、音容笑貌，对记者写作时再现采访场面，回忆采访对象的言谈举止，或剪辑相关资料，把新闻报道制作得生动活泼有厚度，非常有用。

三是记采访日记。这与个人写日记一样，不过是记者写的，也是记者对一天所见所闻所感的记录。记者每天接触到许多新人、新事、新情况、新问题，这些东西看上去可能像流水账，但时间长了，就如同一部记者工作的历史。从这里，就可能精选出新闻主题，获得新闻采访所不能获取的东西。许多老一辈新闻工作者非常注意记采访笔记，还坚持每天记采访日记，从而为党和国家积累了大量党史、国史和国家政治、经济文化史的珍贵资料。

四是学会做剪报、剪辑音像作品，积累资料。记者应及时搜集并剪下涉及有关党的路线、方针、政策类的文件、决议和公告，剪下党中央重要领导人发表的重要讲话，剪下报纸上发表的重要社论、专论以及写得好的新闻通讯，并及时做好索引和分类。一种内容最好每年或两三年搜集一本，按时间顺序，做出方便自己查阅的检索标记。这些东西可能暂时用不上，但长期积累，对自己提高理论水平，丰富知识，增强新闻敏感和新闻鉴别力以及提高写作技能都有相当大的帮助。

五是从互联网上搜集资料并加以积累。互联网上有许多新的资料，值得我们去搜集。因此，在浏览时，最好带上一个 U 盘，随时随地将有用的内容及时拷贝下来，分类归档，以便阅读。

记者积累资料还有一些方法，根本的一条，就是必须时时处处做有心人。

二、要求

对于记者是不是必须积累资料，虽然没有硬性规定，但这并不表明就没有标准、没有要求了。根据许多新闻工作者的实践体会，记者积累资料通常有以下一些要求。

1. 各方搜集，标明出处

记者搜集资料，就像蜜蜂采集花粉一样，凡是鲜花都可以成为采集的对象，也就是说，凡是对自己工作有用的材料，都应该搜集并积累起来。记者是与事实打交道的人，讲话、发言、从事采访活动，都应该有根据。正因为如此，记者对所搜集资料也需要了解其出处。没有出处的资料，或者非法宣传品、街头地摊小报里的东西，记者是不能随便引用和参考的。记者搜集资料时，注意出处至少有两方面的好处：一是能够经得起受众的检验，也就是能经得起事实的验证。二是经得起历史的检验，今天的新闻是明天的历史，历史必须经得起时间的检验。如果涉及到有关法律问题，因为有出处，也能够找出合适正当的理由，从而确保记者工作在法律保护下进行。因此，记者作风要严谨，不论搜集何种资料，也不论是重大问题还是一般问题，都应该做到有据可查，有因可考。切忌不求甚解，粗疏浮躁。

2. 划分时期，搞好索引

不同时期需要的资料是不同的，况且新闻工作者必须时时刻刻关注最新的东西；同时，记者涉及不同的采访内容，也需要有不同的资料作参考。因此，记者积累的资料，一般应划分不同的时期，并按不同时期搞好资料的分类和索引。通常情况下，记者每年要做一套或几套资料。到一年结束时，花上一点时间，进行装订和制作“索引”，便于查阅。但由于各人积累资料的方法途径和内容不同，也由于各记者所分工的报道领域不同，有的人可能积累得多一些，有的就少一些，可以根据资料的多少，来确定自己的索引装订方法。《人民日报》国内政治部有个记者，就以五年召开一次的党的全国代表大会作为他积累资料的时间段，并一次又一次做索引，这样对于从资料里把握党的方针政策的演变，脉络就很清楚了。

3. 经常翻阅,入心入脑

资料既是留着给后人的,更是自己用的。只立足于给后人而自己不掌握资料,就不能充分发挥积累资料的作用。因此,积累资料虽然可贵,但更可贵的是,能够经常翻阅和记忆那些资料,使积累的资料成为自己的知识、学识和见识。人的记忆是有规律的,这种规律主要体现在有一定的记忆衰减周期上。比如,有的人即时性记忆力很好,每天都能记忆大量的东西,但时间长了,也就淡忘了;有的人即时性记性不好,但他好记,通过反复记忆,留在大脑中长期难忘。但无论如何记忆,任何人都不可能做到不遗忘。遗忘没有关系,经常把所积累的资料拿出来翻一翻,不断加深印象,那忘记的可能性就会大大减少。有的记者采访了一个对象,十多年后,当再相见时,依然还记得那么清晰,就是对采访对象的神情笑貌反复记忆的结果。

4. 长期坚持,持之以恒

积累资料一时一月一年容易,难就难在长期坚持,数年如一日,甚至几十年如一日,日积月累,持之以恒。一个善于做资料工作的记者,每年都有相当的进步,而这个进步就在于他对新闻业务了解和认识的透彻性。有人说,中医是越做越有名。其实,记者也应该是越做越容易。而这个容易,主要就来自于他对于知识的积累。你资料积累得厚实了,材料丰富了,所了解认识的人多了,当然,采访写作所花的气力也就比普通新手少得多。一个记者工作得如何,在很大程度上,要看他对资料的积累坚持得怎么样。不善于做资料积累的记者,或者对于资料积累热一时冷一时的记者,无论他工作经验怎样丰富,工作时间多么长久,但写出的东西还不免肤浅、幼稚。新华社有的分社对于新招聘进来的记者的要求就是让他先做资料。

在信息技术、特别是互联网技术发达的今天和未来,有的人认为积累资料工作已经过时了,其实不然。那些资料积累了,经常阅读了,才能属于你的。而网上的东西,永远也不会成为你的大脑里的东西。网上的东西很多,你脑袋里空空如也,那也运用不好。

第三节 记者积累资料的主要内容

记者通常需要积累哪些方面的资料呢?根据许多记者的实践体

会，有以下六个方面的内容是值得注意积累的。

一、规范性资料

这里所讲述的规范性资料，不是指其他一切资料就不规范，而是指具有权威性和可靠性的资料，如涉及到国家的法律、政府法规、党的有关路线方针等方面的资料、文件、公告。在所涉及的内容中，如果与自己所分工的报道相关，不仅仅要有相当了解，而且还应该建立文字图片资料簿或 PPT，以备随时查阅和观看。

二、工具性资料

记者应当拥有许多工具类的书籍、辞典，同时还要根据自己工作需要建立相应的资料查阅手段。这些工具资料通常包括各种辞典、年鉴、名人录、大事记、手册以及地方或行业先进经验材料汇编类的书籍等。对于这种资料，记者还应该有一个自己方便和熟悉的索引和查访方法。此外，记者应养成经常泡图书馆、上网阅读的好习惯。在查阅和浏览这些资料时，还应该及时把那些权威的、有据可查的资料抄录下来，以建立自己的“百科资料库”。记者如发现有公开出版或内部编印的厂史、校史、地方志等，尽量要一本或买一本，以备日后有用。

三、档案性资料

记者在所分工的领域或者范围内，应该建立属于自己的档案资料。这些资料主要包括各相关单位的历史情况，主要领导人的情况，最典型的经验，已经在媒体上报道过的人物、经验、重要事件，被上级有关部门转发过的经验材料和事迹，受到上级批评或通报的材料等等，还有如所创造的纪录，所取得的科技进步项目，所获得的专利项目等。把这些内容作为“档案”积累后，很有利于自己在行业里的活动，也非常有利于自己从中挖掘新闻报道线索。有时一些图片或一张表格保存得好，10 年 20 年之后就是一条有价值的新闻。

四、信息类的资料

这方面的资料，主要是记者在平时的读书、读报、聊天、开会以及所参加的其他活动中，获取和搜集到的材料。这些资料往往比较零碎，但如果注意搜集和积累，也会收到意想不到的效果。著名记者穆青曾经说过，把这些资料贮存起来，就像电子计算机一样，到用时，我们就能够快速、方便地调阅了。

五、语言和声像资料

新闻记者时刻要与群众打交道，群众有个性、有特色的“格言妙语”，是我们采访必须了解和记录的重要内容，也是记者资料积累不可忽视的重要组成部分。有的记者对群众语言进行搜集并分类，以方便自己掌握，这个方法很好。比如，有的记者就将群众的语言分为三类：一是富有哲理性的语言，这些语言主要包括名句、警句、诗词、对联、谚语、俚语等；第二类是有幽默感的语言，如歇后语、顺口溜、打油诗以及俏皮话等；再一类就是形象、生动、有特色的流行用语。声像资料的积累也非常重要，记者应该建立自己的声像资料库，把重要的采访对象的声音和图像资料保存起来，以便于及时查阅。

记者积累的资料还有纪实性资料、回忆性资料、预测类资料，按地域分还有国外各方面的资料等等。总之，一个记者要在新闻工作领域里，真正做到“海阔凭鱼跃，天高任鸟飞”，手里必须占有大量真实、生动、形象的资料。而长期积累好这些资料，对于一个记者成长、发展乃至成才、成名都大有裨益。

后 记

《新闻采访实用实训教程》一书的写作，可谓源远流长。它主要是脱胎于下列三本教材：

《新闻采访写作教程》，周胜林、严硕勤著，中央广播电视大学出版社 1985 年 8 月第一版。当年，著名新闻学者、复旦大学新闻系采访写作教研室学科带头人周胜林即以此为教材，以中央广播电视大学主讲教师的身份，面对全国数万学子，通过卫星电视开讲新闻采访与写作课程，获得广泛好评。

《新闻采访写作学》，袁蓉芳、周胜林著，厦门大学出版社 1999 年 3 月第一版。

《新闻采访艺术》，周胜林主编，张晨（周胜林）、卢冰著，福建人民出版社 2001 年 8 月第一版。

今天奉献于广大读者的这本《新闻采访实用实训教程》，是在以上三本书的基础上，留取精华，重搭框架，更新观点和实例，强化技能实训的新教材。它由上海商学院新闻与传播学院和上海震旦职业学院新闻与传播系合作编写。本教材系上海市教委重点学科"商务传播学"（沪教委科[2007]49 号文）阶段性成果之一，由周胜林教授、吕继红教授主撰著，孙雯、卢冰、马玥、金瑶、戎春海、陆燕等参与了部分工作。资深出版人、新闻传播学专家顾潜教授给予业务上的帮助和完善。文汇出版社领导对本书的出版予以积极支持。在此，一并致以衷心的感谢。

本教材既适合于高职高专新闻与传播专业作为教材，适合于社会各单位从事采访、调研、宣传和相关工作的人员阅读，同时也适合于大学本科新闻专业作为加强实践操作之用教材。经过几十年本科和高职高专新闻专业的教学实践，我们深深体会到新闻采访课是一门实践性很强的课程，无论大学本科或高职院校，主要是着重于职业技能的培养，包括新闻敏感、访谈观察，各类新闻采访的过程和技巧，以及职业精神、职业道德的培养。在新的媒介生态中，必须强化实践性、开放性、职业性的要求，突出技能教学、案例教学，以及用项目、任务带动教学的新思路、新方法。本教材就是为一种探索性、开拓性的实践提供思路、资料和样本。旧的采访课必须改革。改革还只是开始，远未结束。期待业内人士和专家、读者多多赐教并共同探索。

作　者

2008 年 8 月

图书在版编目(CIP)数据

新闻采访实用实训教程 / 周胜林，吕继红编著. —上海：文汇出版社，2008.9

ISBN 978-7-80741-416-2

Ⅰ.新… Ⅱ.①周…②吕… Ⅲ.新闻采访—高等学校—教材 Ⅳ.G212.1

中国版本图书馆 CIP 数据核字(2008)第 132877 号

新闻采访实用实训教程

编　　著 / 周胜林　吕继红

责任编辑 / 甘　棠
封面装帧 / 王　翔

出版发行 / 文匯出版社
上海市威海路 755 号
(邮政编码 200041)
经　　销 / 全国新华书店
照　　排 / 南京展望文化发展有限公司
印刷装订 / 上海界龙艺术印刷有限公司
版　　次 / 2008 年 9 月第 1 版
印　　次 / 2008 年 9 月第 1 次印刷
开　　本 / 787×960　1/16
字　　数 / 200 千
印　　张 / 13.75
印　　数 / 1-4100

ISBN 978-7-80741-416-2
定　　价 / 26.00 元